Kontaktadresse nach EU-Produktsicherheitsverordnung:
produktsicherheit@fischerverlage.de

»Mein Tobias«, sagt Luise Rinser, »ist ein desorientierter junger Mann, der, unzufrieden mit seinem leiblichen Vater, sich einbildet, er sei ein außerehelich gezeugtes Kind. Er begibt sich auf die Suche nach dem Wunsch-Vater, dem Vorbild, dem Ideal. Dabei begegnet er verschiedenen Männertypen unserer Zeit. Diese Männer sind, wie ich nachträglich sehe, zugleich die verschiedenen Formen der Versuchung für einen jungen Mann von heute: der Pastor, der nicht mehr glauben kann; der Manager, der Tobias zum verfrühten Erfolg verführen will; der Homosexuelle; der selbstgenügsame Halbkünstler. Andere Gestalten dagegen könnten Leitbilder sein: der atheistische, ganz im selbstlosen Dienst aufgehende Arzt; der einfache weltfromme Sänger; der über alle seine Skepsis hinauswachsende alte Jesuit; der Physiker, der nach der Grundformel für den Sinn des Lebens forscht, sie nicht finden kann und darüber wahnsinnig wird. Tobias, vergeblich unter diesen allen den Vater suchend, sucht in Wahrheit das verlorene Vaterbild.«

Luise Rinser, 1911 in Pitzling in Oberbayern geboren, war eine der meistgelesenen und bedeutendsten deutschen Autorinnen nicht nur der Nachkriegszeit. 1941 debütierte sie mit der Erzählung *Die gläsernen Ringe* bei S. Fischer. Romane, Erzählungen, Essayistisches gehören zu ihrem umfangreichen Werk. Waches und aktives Interesse an menschlichen Schicksalen wie an politischen Ereignissen prägen vor allem ihre Tagebuchaufzeichnungen. Ihre intensive Auseinandersetzung mit den großen Themen des Buddhismus und des Christentums hat vielfältig in ihr Werk Eingang gefunden. 1983 veröffentlichte sie den Roman *Mirjam*, 1991 *Abaelards Liebe*. Die autobiographischen Berichte *Den Wolf umarmen* und *Saturn auf der Sonne* erschienen 1981 und 1994. Luise Rinser erhielt zahlreiche Preise, zuletzt 1991 den Internationalen Literaturpreis Ignazio Silone. Seit 1965 lebte sie in der Nähe von Rom; im März 2002 ist sie in München gestorben.

Unsere Adresse im Internet: www.fischerverlage.de

Luise Rinser

Ich bin Tobias

Roman

Fischer Taschenbuch Verlag

20. Auflage

Ungekürzte Ausgabe
© 2024 S. Fischer Verlag GmbH,
Hedderichstr. 114, 60596 Frankfurt am Main

Die Nutzung unserer Werke für Text- und
Data-Mining im Sinne von § 44b UrhG
behalten wir uns explizit vor.
Printed in Germany
ISBN 978-3-596-21551-5

ICH BIN TOBIAS

L. D.

καίπερ οὐ στέργων ὅμως

Nein.
Was: nein?
Ich will nicht.
Was willst du nicht?
Sein. Ich will nicht sein.
Will ich denn, daß du bist?
Es scheint so. Seit Monaten versuchen Sie, aus einem flüchtigen Einfall etwas zu machen.
Nicht etwas. Dich!
Aber ich widersetze mich.
Das tun alle. Es ist immer dasselbe: ein Blitz flammt auf, da steht einer von euch, ganz klar und scharf steht er da, man braucht nur nach ihm zu greifen – im nächsten Augenblick verschluckt ihn die Dunkelheit. Wo ist er, den man eben so wirklich und kräftig in seinem Fleisch gesehen hat? Jetzt beginnt die Qual. Man muß den wiederfinden, den man gesehen hat. Um jeden Preis muß man ihn fangen, halten, überwältigen.
Warum?
Ich weiß nicht. Es muß eben so sein. Und schließlich ergebt Ihr euch doch, denn Ihr habt ja darauf gewartet, euch zu ergeben, Ihr seid gierig auf Leben und Dauer.
Ich nicht, ich gewiß nicht. Ich bin schon dabei, mich wieder aufzulösen. Leben Sie wohl.
Du machst mich lachen. Du kannst schon zwischen Sein und Nichtsein unterscheiden. Du hast schon Geschmack am Wählen. Also bist du.
Wenn ich bin – bin ich dann frei?
Wozu frei?
Nicht mehr zu sein, wenn ich will.
Nein. Das ist das Fürchterliche am Sein, daß es ein für alle Male ist.

Aber man kann vergessen.
Das Leben hat ein langes Gedächtnis.
Es handelt sich hier also offenbar um eine Art Vergewaltigung.
Die Frage ist, wer wen vergewaltigt.
Was soll das heißen?
Habe ich dich aus dem Nichts gerufen? Hätte ich dich sehen können, wärst du nicht zu mir gekommen?
Bin ich nicht Ihr Wunschgeschöpf?
Nein, das bist du nicht.
So wäre also ich derjenige, der wünscht, von Ihnen gehalten zu werden?
Warum lachst du?
Weil, wenn das stimmte, ich mir gewiß einen andern Jäger ausgesucht hätte.
Kennst du mich denn?
Mir scheint es so.
Du liebst mich nicht?
Nein. Sie sind mir zu alt. Sie wissen vermutlich auf alles eine Antwort. Wie können Sie mich verstehen, der ich nichts weiß?
Meinst du, ich liebte dich? Du bist mir lästig, du bist mir ungeheuer fremd. Ich ahne, welche Schwierigkeiten du mir machen wirst. Keine meiner Gestalten hat mich je so sehr und so lange gequält wie du.
Verrückt. Wo ich doch gar nicht sein will!
Du irrst, du irrst, glaub es endlich. Du willst sein. Und ich muß wollen, daß du bist. Ich könnte jetzt sogar sagen: ich bitte dich zu bleiben, denn ich bin neugierig auf dich.
Aber ich fürchte dich.
Warum?
Weil du mir fremd bist. Alle andern, die früher zu mir kamen, die waren mir vertraut, die kamen aus mir, waren Teil von meinem Wesen. Aber du! Deine Probleme sind nicht die meinen, deine Aufregungen liegen weit hinter

mir, deine Unruhe stört mich. Du bist mir Sand im Getriebe.
Die Rolle ist nach meinem Geschmack. Ich werde also dazu dasein, Sie zu quälen.
Ja, und ich weiß nicht einmal, worauf das alles zielt, und wozu es gut ist. Ich stürze mich mit dir zusammen ins Dunkle. Willst du nicht doch lieber ... Du lachst?
Ich lache. Was für einen lächerlichen Tanz wir umeinander aufführen. Balztanz der Feinde, die einander loswerden wollen.
Wie du mich entzückst mit deiner Frechheit!
Erwarten Sie etwas anderes von mir als Widersetzlichkeit?
Wie du an Wirklichkeit gewinnst mit jedem Satz!
Ich werde Ihnen unter der Hand so wirklich werden, daß Ihnen graust.
Du magst recht haben. Vieles an dir stößt mich ab. Knaben deines Alters haben Träume, die mich anöden. Und eure Anmaßung ist widerwärtig. Die ganze riesige Welt ist nur dazu da, um euern Heißhunger nach Wahrheit, nach Geist zu stillen, ach, und dieser Hunger ist so rasch befriedigt mit einem bißchen Fleisch. Welcher Aufwand an Ehrgeiz und Gefühlen für ein so klägliches Ergebnis. Aber vielleicht, vielleicht bist du anders. Du mußt anders sein. Hättest du sonst mich gesucht?
Die Anmaßung ist, scheint mir, auf Ihrer Seite. Die Angelegenheit wird immer verzwickter. Ich bin neugierig, wohinaus das läuft.
Ich auch, ja, trotz allem. Wollen wir also endlich zur Sache kommen?
Zu welcher?
Du gibst also zu, daß du bist?
Meinetwegen.
Da du also bist, mußt du auch eine Gestalt haben. Welche willst du? Mit andern Worten: wie willst du aussehen?
Das ist mir doch gleichgültig.

Gut denn: wenn es nach mir geht und da ich monatelang unaufhörlich mit dir werde umgehen müssen, sollst du mir ein wenig angenehm sein, also groß, schlank, dunkelhaarig, mit einem Worte: schön. Du lachst? Du kannst bereits ironisch lachen? Wie alt bist du denn, daß du das schon kannst?
Zwanzig, und ein Zwanzigjähriger von heute ist keine poetische Traumfigur nach Ihrem Geschmack. Ich will so sein: mittelgroß, grobknochig, schlaksig, die Haare wie eine bis aufs Holz gestutzte Bürste und waagrecht abgeschnitten über der Stirn, damit sie niedriger erscheint, eine Metzgerburschenstirn, und die Hände hängen zu lang aus den Ärmeln und wissen nicht wohin aus Furcht und Begierde, etwas und jemand und alles zu zerbrechen, und querköpfig bin ich, und ich widerspreche fast immer, aus Prinzip, und die Augen sind kurzsichtig oder schielend...
Und traurig.
Traurig? Wieso traurig? Nein: aufsässig, mißtrauisch.
Auch gegen mich?
Gegen wen sonst? Sie haben den Frosch aus dem tiefen Brunnen gezogen in einem Eimer voll Wasser. Fortan wird er an Ihrem Tische hocken, von Ihrem Teller Ihren Tag und Ihre Kraft fressen, in Ihren friedlichen weißen Schränken wird er ein und aus gehen und alles in Unordnung bringen, was Sie dort aufgehäuft haben an überkommenem Kram, wird auf alles spucken, wird sie zwingen mit ihm von vorn zu beginnen, statt Ihrer gewohnten bekömmlichen Speisen das Brot aus dem Brunnen zu essen, schwarz und feucht, es wird Ihnen im Magen liegen bleiben, das Brot der schweren Fragen, und wehe, wenn Sie sich loszukaufen versuchen mit einer Antwort, und wehe, wenn Sie sich einer Antwort entziehen.
Für dein Alter bist du erstaunlich maulfertig.
Paßt es Ihnen nicht, was ich sage? Paßt Ihnen schon jetzt

nicht, wie ich bin? So werfen Sie mich doch wieder in
den Brunnen, augenblicklich. Oder hoffen Sie etwa, Sie
könnten aus dem Frosch einen Prinzen machen, indem
Sie ihn an die Wand schleudern im Zorn?
Vielleicht ist es das, was ich möchte, vielleicht.
Einen Prinzen. Einen Ordnungsprinzen. Sie lieben doch
die Ordnung so. Geistige Ordnung, das ist doch eines
Ihrer Lieblingsworte, wie? Ich pfeife aber auf diese Ordnung, diese Hierarchie von Vorurteilen. Ich pfeife auf das
ganze Erbe. Ich bin Anarchist.
*Sei es doch, wenn du weißt, was das ist, mir soll's recht
sein; für deine zwanzig Jahre paßt das ganz gut. Aber
du bist mir zu vorlaut, zu wortgewandt, das ist kein
gutes Zeichen.*
Ich bin es aus Notwehr, das könnten Sie doch spüren,
Sie! Alles, was einen Zwanzigjährigen so widerwärtig und
so beschwerlich macht für Euch, ist sein Trieb, sich zu
wehren, sich Eurer zu erwehren. Ihnen geht es übrigens
nicht besser: auch Sie sind in Notwehr, ich greife Sie an,
mein Dasein bedrängt das Ihre, stellt es in Frage. Stimmts?
*Ja. Und dazu kommt bei mir noch die Angst davor, ein
Geschöpf in die Welt zu setzen, das durch keinen Zauberspruch mehr nichtseiend gemacht werden kann. Selbst
wenn ich alles, was ich über dich schreibe, verbrennen
würde: du bliebest da. Selbst wenn man dich und mich
einst vergessen hat: du bleibst, und ich werde vor Gericht gestellt deinetwegen. Du und ich, wir sind fortan
eins; ein in sich zerfallenes, mit sich streitendes, untrenn-
bar Eines. Aber es ist nun, wie es ist. Kommen wir zur
Sache. Da du bist, hast du auch eine Vergangenheit.
Wir müssen uns einigen über deine Herkunft. Wer sind
deine Eltern?*
Weiß ich es? Ich kenne nur Sie.
*Aber du mußt doch Eltern haben. Jedermann hat Eltern.
Versuche dich zu erinnern.*

Also gut denn: einen Vater habe ich nicht, ich bin Waise, oder ein Findelkind, nein: ein illegitimes Kind, während der Ehe meiner Mutter von einem andern Mann gezeugt, gelte aber als Kind ihres Ehemannes.
Um Himmelswillen, warum, wozu diese Wirrnis?
Unordnung muß sein. Lebe ich nicht in der zweiten Hälfte des zwanzigsten Jahrhunderts?
Gefällt dir deine Zeit nicht?
Sie gefällt mir so, daß ich auf schnellstem Weg sie wieder zu verlassen wünsche.
Ich verstehe nicht: du erklärst, du seist Anarchist, und dennoch gefällt dir die Unordnung nicht, aber die Ordnung auch nicht. Was also willst du eigentlich, du verdrossenes verqueres Geschöpf?
Mit zwanzig Jahren mich davonbegeben, mit andern Worten: sterben.
Ich darf dich darauf aufmerksam machen, daß Sterben nicht das gleiche ist wie ins Nichtsein zurückfallen.
Das müßte erst bewiesen werden.
Und warum willst du gerade mit zwanzig sterben?
Aus dem simplen Grund, weil ich eben zwanzig bin. Davon abgesehen ist zwanzig gerade der rechte Zeitpunkt dafür. Mit zwanzig ist man alles, was man je werden kann. Der Entwurf des ganzen Lebens liegt vor. Der Rest ist Ausarbeitung, langweilig. Übrigens, was sagte ich eben: Entwurf? Sonderbares Wort. Unterbrechen Sie mich nicht. Ich entdecke ein Wort. Ich bin ein Entwurf. Das hat mit Werfen zu tun. Aus etwas hinaus in etwas hinein geworfen. Der Wurf eines Muttertiers. Gähnen Sie?
Nein, das nicht. Du bist eben dabei, ein bißchen moderne Philosophie für dich zu entdecken. Ich möchte dazu nur sagen, daß das Wort aus der Webersprache kommt. Entwurf ist das Gewebe, das entsteht durch Werfen, nämlich des Schiffchens zwischen den aufgespannten Kettfäden hindurch.

Dann ist Entwurf also zugleich das Geplante und das Fertige? Dann sind die noch leeren Stellen, die noch keine Einschüsse aufweisen, keine Einbuße fürs Ganze? Das ist Wasser auf meine Mühle. Mit zwanzig ist man, was man ist, und man ist, was man sein wird; über die Zwanzig kommt man nicht hinaus. Das ist wie bei einem Schulaufsatz: hat man die Disposition, so ist die Arbeit schon geleistet. Stimmt nicht, sagen Sie?
Ich sagte nichts. Red nur weiter. Du hast gesagt: Schulaufsatz.
Schule. Schulaufsatz. Sonderbar: ich beginne, mich erinnern zu können an etwas, wovon ich eben noch nichts wußte. Schulaufsatz. Ich war Oberprimaner. Man gab uns ein Aufsatzthema. »Glauben Sie an die Zukunft des Menschen?« Stellen Sie sich vor: ein Neunzehnjähriger wird so gefragt. Warum, wozu, wer will seine Meinung wirklich wissen, wer nimmt sie ernst, wer zieht irgendeine noch so kleine Folgerung daraus, wessen Leben ändert es, wenn er erfährt, daß ein Neunzehnjähriger der Menschheit keine Chance mehr gibt? Und doch fragen sie einen solche Fragen. Oder erwarten sie wirklich eine Antwort? Daß man schriebe: Ja, ich glaube an den Menschen und seine Herrlichkeit und glorreiche Zukunft? Lauern sie darauf, wie der Alte, dem man ein junges Mädchen ins Bett legt, darauf lauert, daß er an ihr seine Männlichkeit wiedergewinnt? Erwarten sie von der Jugend die Benediktion ihres Alters, die Absolution ihrer Laster? Wenn die Jugend an die Zukunft glaubt, dann, so sagen sie sich, können wir doch nicht alles verwirtschaftet, nicht alles verspielt haben, dann sind wir doch etwas wert. So einfach denken die sich das. Wie eifrig habe ich damals nachgedacht, wie brav ja gesagt auf ihre Frage. Schreiben Schüler, was sie denken? Schreiben Schriftsteller, was sie sind? Ich sehe mich dasitzen, braver Knabe, und ja ja ja sagen, ein abgerichteter Papagei. Glaubst du an Gott? Ich glaube. Und

an den Sinn des Lebens? Ich glaube. Und an den Menschen und seine Würde? Ich glaube. Und daran, daß wir Eltern Lehrer Priester Staatsmänner Polizisten Schriftsteller euer Bestes wollen und nichts als das? Ich glaube. Aber der Papagei hat nebenher doch einiges andere aufgeschnappt, und so hören sie ihn denn plötzlich schreien: Nein, ich glaube nichts von allem, Ihr seid Heuchler Betrüger senile Schwätzer. Das Gezeter! Wer hat dem Papagei das beigebracht? Wir nicht. Es muß ein Anarchist in der Familie sein, ein Nihilist, jagt ihn!... Ich wollte gar nicht so ausschweifend bitter werden. Nur wenn ich daran denke, daß ich Primus war: um welchen Preis war ich es? Ich habe mit mir selbst bezahlt. Mit mir, das heißt mit der Wahrheit. Alles, was sie von einem wollen, ist, daß man lügt wie sie, damit man sich handlich einfügen läßt in ihr aufgeblähtes Bauwerk aus Dreck und Spinnweben. Haben Sie sich eingefügt?
Wer? Ich? Aber von mir ist doch hier nicht die Rede.
Ich habe Sie gefragt, ob Sie sich eingefügt haben. Gibt es nicht in Ihrer Dokumentenmappe noch einen Brief, den Brief der Internatsvorsteherin an Ihre Eltern, in dem steht: »Wir können Ihre Tochter, dieses renitente Element, nicht länger im Hause dulden?« Sie flogen nämlich aus dem Internat, als Sie vierzehn waren.
Fünfzehn.
Und in Ihren Schulzeugnissen, ebenfalls in jener Mappe zu finden, was steht da, fast in jedem steht es: »Das aufsässige Benehmen dieser Schülerin trübt die teilweise hervorragenden Leistungen.« Aufsässig, renitent: nicht übel! Mir scheint, ich weiß jetzt, warum ich, sofern es stimmt daß ich wählen konnte, gerade Sie gewählt habe. Ich weiß noch mehr.
Was denn?
Gibt es nicht in Ihren Bücherregalen ein paar zerlesene Reclambändchen? Ihr Name steht vorne drin und das

Datum des Buchkaufs. Sie waren neunzehn. Erstes Semester. Es stehen Randbemerkungen darin, mit Bleistift geschrieben, halb verwischt, waren nicht für die Ewigkeit gedacht und nicht einmal dafür, daß eines Tages, eine Generation später, ein Zwanzigjähriger lesen würde, wie gescheit Sie damals waren.
Damals? Du bist nicht eben höflich.
Ja, damals, denn damals waren Sie verzweifelt, und wer verzweifelt ist, beweist mit seiner Verzweiflung seinen Geist.
So? Meinst du? Aber ich war gar nicht verzweifelt. Ich war nur schwermütig und ratlos.
Meinetwegen. Das läuft auf das gleiche hinaus: auf das unbeschreibliche Unbehagen an der Welt, die bodenlose Unlust am Dasein, den hilflosen Zorn darüber, ungefragt in diese widerwärtige Welt hinein ... ach zum Teufel mit diesem Wort, komme ich denn nicht darüber hinweg, aber wie soll ich es sonst sagen? Also denn: in diese Welt hineingeworfen zu sein und so leicht nicht mehr aus ihr hinauszugelangen. Auch Sie wollten mit Zwanzig sterben. Gibt es nicht ein Tagebuchfragment von Ihnen? Lächeln Sie nicht! Es scheint Ihnen verdammt ernst gewesen zu sein.
So ernst wie dir jetzt. Red weiter.
Also: es ist abgemacht, daß ich mit Zwanzig sterbe. Ich habe zugunsten dieses Planes bereits einiges angeführt. Ich kann noch hinzufügen, daß es ästhetisch ist, jung zu sterben. Ich bin nicht schön, aber meine Haut ist, abgesehen von den Pickeln am Kinn, ohne Flecken und Runzeln, meine Muskeln sind fest und geschmeidig, mein Bauch ist glatt. Vierzig Jahre später: Hängebacken, Glatze, Speckfalten im Nacken, vorquellender Bauch. Und wie das Fleisch, so der Geist. Nein? Das stimmt nicht? Thomas von Aquin? Natürlich ist er mir ein Begriff. Was, denken Sie, lernt man im humanistischen Gymnasium, im Religionsunterricht? Übrigens habe ich auf eigene Faust in seiner

Summa Theologiae gelesen. Warum, wozu. Nur so. Oder ehrlich gesagt: ich wollte bei ihm etwas erfahren über Gott. Nun, und? Nein, ich habe nichts erfahren; vor lauter Aussagen über das Nicht-aussagen-Können war Gott auf einmal nicht mehr da; aber ich gebe zu, daß das an mir lag, nicht an Thomas und nicht an Gott. Aber was wollten Sie eigentlich sagen? Daß Thomas unförmig dick war, und ein messerscharfer Geist. Ja, ich weiß: das Altern machte seinen Bauch dicker und seinen Geist schärfer. Aber Sie werden zugeben, daß er als Ausnahme gelten kann. Regel ist: daß mit dem Leib zugleich der Geist verfettet und verfällt. Wenn nun ein Zwanzigjähriger nicht eines sogenannten natürlichen Todes stirbt (als sei der andere nicht natürlich!), so muß es ihm vergönnt sein, von sich aus dem Verfall zuvorzukommen, Haltung zu wahren, sich in bester Form hinwegzubegeben, mit anderen Worten: sich umzubringen. Zucken Sie zusammen? Ich verstehe, daß es eine starke Zumutung ist für Sie, die christliche Autorin, sich einverstanden zu erklären mit meinem Selbstmord. Sagte ich Ihnen nicht, daß ich verdammt unbequem sein würde für Sie? Aber geben Sie doch zu, daß so einer wie ich nicht dazu geschaffen ist, sich mit einer Erkältung zu Bett zu legen, Lungenentzündung zu bekommen und, weil die Penicillinspritze vielleicht zu spät gegeben wird, mehr oder minder zufällig zu sterben. Nein: ich bin ein federnder Pfeil auf der straff gespannten Bogensehne, das wissen Sie genau; ich bin es, auch wenn ich mich träge gebe und nachlässig und verdrossen maulend.
Wohin zielt der Pfeil?
Wohin anders als aufs Absolute.
Was ist das?
Das brauche ich Ihnen, gerade Ihnen doch nicht zu erklären.
Ich bestehe auf einer Erklärung.
Also denn: das Absolute ... das Absolute ist ...

Was denn?
Das Absolute ... verdammt nochmal: das Absolute ...
Warum lachen Sie?
Weil ich daran denken muß, wie ich ein Schulmädchen war, Volksschülerin, ich sollte etwas aufsagen, was ich auswendig gelernt haben sollte, etwas aus der Naturkunde, vom Torf. Ich hatte es nicht gelernt, nie lernte ich derlei, aber ich hoffte, es würde mir schon etwas einfallen, und so begann ich eifrig: Der Torf. Der Torf... Der Torf... Der Lehrer, es war mein Vater, runzelte die Brauen, ich machte einen neuen Anlauf: Der Torf, der Torf... Die Mitschüler grinsten, mein Vater trommelte auf dem Pult, und ich fing von neuem an: Der Torf... Aber da kam es heraus, daß ich nichts gelernt hatte. Ich mußte nachsitzen und diese saudumme Torfsache lernen. Also: Das Absolute, das Absolute...?
Himmeldonnerwetter. Nun, es ist eigentlich ganz einfach: Das Absolute ist das Vollkommene, und vollkommen ist etwas, das fehlerlos ist in seiner Art; das seine Art makellos und vollständig darstellt; das identisch ist mit sich selbst; das aus sich selbst groß ist. Stimmts?
Was denn ist so, wie du sagst?
Ich komme mir vor wie im mündlichen Abitur. Gleich werde ich schwitzen. Vollkommen ist zum Beispiel ... Ach zum Teufel, wie soll ich das wissen; ich kenne nichts Vollkommenes. Hätten Sie mich vor fünf Jahren gefragt, hätte ich gesagt: die Sixtinische Madonna, die Neunte Symphonie, die Divina Commedia. Vor drei Jahren hätte ich geantwortet: Brechts »Mutter Courage«, Picassos »Guernica«, Strawinskys »Rake's Progress«. Vor zwei Jahren: einige Verse von Gottfried Benn, einige Plastiken von Henry Moore und »Uli der Pächter« von Jeremias Gotthelf, aber das hätte ich nur so hingesagt, aus purem Snobismus, um Sie zu verblüffen, ich hab die Geschichte nämlich nie gelesen.

Und jetzt?
Das Vollkommene, das gibt es nicht. Es gibt nichts, das schlechthin für alle Zeiten, unter allen Umständen, unabhängig von Ansichten und Geschmäckern, kurzum an sich und für ewig vollkommen ist.
Aber du hast doch gesagt vorhin, du seist ein Pfeil, der aufs Absolute gerichtet ist.
Ist das ein Widerspruch? Der Pfeil zielt einfach ins Leere. Dort vermutet er das Vollkommene. Ist es dort? Wer weiß. Was ist es? Unnötig, den Namen zu kennen. Daß man eine solche Sehnsucht, eine solch gespannte Unruhe fühlt, ist das nicht der Beweis dafür, daß es dieses Vollkommene gibt? Für einen Zwanzigjährigen, wohlgemerkt! Zwei drei Jahre später zielt er nicht mehr so hoch und nicht mehr ins große Leere, er zielt aufs Handgreifliche, wie alle Erwachsenen, auf Schießbuden-Preise zielt er, und dann ist er eben auch erwachsen.
Ich ... Soll ich es dir sagen? Wirst du mich dann für töricht halten? Ich, ich ziele immer noch ins Unbekannte.
Ich denke, Sie sind gläubige Christin?
Und?
Und?! Für Sie ist das Unbekannte doch nicht unbekannt. Für Sie hat es einen Namen.
Einen Namen, ja. Das ist, als setztest du in einer Gleichung ein Y statt eines X ein, wenn beides unbekannt und unter den gegebenen Umständen nicht zu errechnen ist. Aber kehren wir zur Sache zurück. Du willst also mit zwanzig sterben, und zwar durch Selbstmord. Lassen wir das einmal gelten und auf sich beruhen, jetzt. Aber vorher, was ist da mit dir?
Das wird sich zeigen. Ich bestehe darauf, daß wir von hinten beginnen und daß Sie mich zu meiner Beerdigung begleiten. Es ist beinahe schon zu spät. Sie hätten mich gleich als Toten einführen sollen, als Totgeborenen am besten; keinesfalls hätte ich mich in ein Gespräch mit Ih-

nen einlassen sollen, das mir zuviel Wirklichkeit gab. Jetzt können wir nichts mehr tun als zu meiner Beerdigung gehen und zuschauen. Kommen Sie. Ich werde auf dem Waldfriedhof begraben, da ist unser Familiengrab. Ich werde mich da hinaufbegeben auf das Friedhofskreuz, auf dem rostigen Querbalken werde ich hocken, eine übergroße plumpe Fledermaus, und Sie, Sie stehen am Fuß des Kreuzes, so können wir uns bequem verständigen mit Worten und mit Blicksignalen. Da kommt schon der Leichenzug. Mein Sarg. Wer trägt ihn denn? Das sind ja Mitschüler vom Gymnasium: der Ulrich Berger, und der Bernhard Federmann, natürlich, der tut sowas mit Begeisterung, und der dritte, wie hieß er eigentlich, Baby hieß er mit Spitznamen, und, nein, wirklich, der Peter Frey. Aber der studiert doch in Göttingen, ist der eigens mitten im Semester zu meiner Beerdigung gekommen, das versteh ich nicht, wir haben uns nie recht leiden können, das heißt, ich habe ihn nicht gemocht, er hat mich gestört mit seiner blonden Heiterkeit, mit der er siegte, überall siegte, seine ganze Familie war so blond und heiter und siegreich, eigentlich nette Leute, der Vater Chefarzt, Privatklinik, aufreizend gutartige Leute, schenkten nach allen Seiten Lächeln und Geld und was weiß ich, mir waren sie einfach zu blond, soviel Helligkeit verträgt man schlecht, wenn man selber dunkel ist und schwerfällig, und als ich einmal längere Zeit in der Schule fehlte, ich hatte eine Blinddarmoperation hinter mir, da kam der Peter jeden Tag und brachte mir das Versäumte bei, dafür haßte ich ihn, er war ein Rivale, in allem ein Rivale, ein Lebens-Rivale; sonderbar: indem man ist wie man ist, stört man die andern darin, so zu sein wie sie sind; mit dem eigenen Dasein setzt man dem der andern Grenzen, stiehlt man ihm etwas weg; es ist schwer, andre gelten zu lassen in ihrem Anderssein, warum eigentlich, und jetzt ist dieser Peter Frey eigens hergefahren, um eine Stunde lang vor einem Loch zu stehen, in das ich, in Sägespäne, Abituranzug, Papierhemd (oder haben sie mir ein seidenes angezogen) und in Sargholz verpackt hinuntergelassen werde, und er scheint sogar traurig zu sein, falls dieser schmerzliche Ausdruck in seinem Gesicht nicht einfach daher kommt, daß er unausgeschlafen ist von der Nachtfahrt, oder daß der Sarg ihn zu arg auf der Schulter drückt. Mein Sarg. Mein Sarg und mein Tod. Sonderbar, hier noch »mein« zu sagen. Aber schließlich: wenn etwas mein ist, dann dies. Bis jetzt hat mir nie etwas wirklich gehört, nie mir allein und nie unwiderruflich und für immer. Meinen Sarg macht mir niemand streitig. Und mein Tod, der gehört mir. Das Grab nicht, das ist ein Familiengrab. Scheußlich, nicht einmal dort von der Familie verschont zu sein. bein ze beine, bluot ze bluote... Der Mischmasch aus unsrer ganzen Familie. Wer liegt da eigentlich? Die Tante Bertha kam als letzte hinein. Eine alte Jungfer, spärlichen Fleisches, hoffentlich strickt sie nicht noch im Grab und ich höre ihre langen Nadeln klappern in ihren sauber abgenagten klappernden Knöchelhänden, Hände und Nadeln klappern eine Ewigkeit lang, und über diesem Ostinato die langhingezogene Melodie ihrer Seufzer: Ach Tobias, mein Kleiner, die Welt ist voller Schlechtigkeit, glaub mir, trau niemand, zieh dich zurück, warum willst du nicht ins Kloster gehen? Warum bist du nicht ins Kloster gegangen, Tante Bertha? Ich, mein Kleiner, war nicht berufen. Ein tiefer Seufzer, der bedeutet: weil ich immer auf meinen Bräutigam gewartet habe. Wer war dieser Bräutigam, der sagenhafte, wo war er, gab es ihn überhaupt je? Ja, es gab ihn. Er war verheiratet und nur in ihrer Einbildung ihr präsumptiver Ehemann. Seine Frau starb leider nicht vor ihm. Auf ihren Tod hat Tante Bertha gewartet. Ein Leben lang, strickend, zäh, an ihrem Fenster sitzend, von wo aus sie jene Frau jeden Tag sehen konnte, einmal, mehrmals, und in ihrem Gesicht gierig nach den Spuren eines tödliches Leidens ·suchen. Aber jene lebt noch, eine reiche Witwe, und Jungfrau Bertha ist tot und liegt nicht einmal im gleichen Grab mit ihrem Traumgemahl, ganz weit weg liegt er, dort drüben das Grab mit den zwei Zypressen ist seines, aber ich wette, sie strickt noch immer und wartet. Wer ist denn sonst noch in unserm Familiengrab? Familiengrab, das klingt nach Familientag, Familientisch, nach gemütlichem Beisammensein, bei dem alle die fehlen durchgehechelt werden, in aller Gemütlichkeit wird da Ehrabschneidung getrieben, Gift ins Ohr und in den Kaffee geträufelt, eine Spur Verleumdung kann nie schaden, »ich will nichts gesagt haben, aber Onkel Philipp, weißt du: ist das ein anständiger Beruf, Haut- und Geschlechtskrankheiten behandeln, ist das nicht ein bißchen, na du weißt schon, wer kommt denn zu so einem Arzt, mit wem verkehrt er, und er glaubt ja auch nichts, geht nicht zur Kirche, ein Atheist, und verheiratet ist er auch nicht, wer weiß, vielleicht ist er ... wäre kein Wunder bei seinem Beruf ... aber ich will nichts gesagt haben.« Und da liegen sie nun beieinander im Grab, die liebe Familie liegt da und klappert mit Nadeln und Knöchelchen und Zähnen, und klappert Bosheit und klappert Angst, eine Klappermühle, die nichts mahlt, leer mahlt, ihr eigenes Knochengeklapper zermahlt, und da mitten hinein legen sie nun meinen Sarg, sozusagen in den beinernen Schoß der Familie ... Aber da liegen ja auch meine Großeltern. Die waren vielleicht ganz passabel. Ich will mir nette Großeltern ausdenken. Einen Großvater, der Apotheker war. Er soll eine ganz alte Apotheke haben, eine mit einem dunklen Gewölbe, eine Höhle nach Nelkengewürz duftend und nach Lavendel und Nußöl und Zimt, und der Großvater macht viele Arzneien selber, stampft sie in einem großen Messingmörser mit einem schweren Messingstößel, wenn der ans Metall

schlägt, gibt es einen Glockenklang, pang, ich darf das auch tun, darf Mörser läuten, große und kleine, darf alles hier, alles, was ich daheim nicht darf, Lakritzen essen, Bauchweh haben, Nußlikör trinken, mit Waage und Gewichten spielen, dem Gehilfen die Zunge herausstrecken. Aber der Großvater war ja gar nicht Apotheker. Studienrat war er, eindringlich und kostenlos um meine frühe Bildung bemüht, und wenn ich heute noch den Horaz auswendig weiß: Quid bellicosus Cantaber et Scythes, Hirpine Quincti ... nec trepidas in usum ... Wer war übrigens Quinctius Hirpinus? Ich ließ es auf sich beruhen, wie im Vers befohlen, und »bangte nicht um die Notdurft«, wenn ich das heute noch weiß, so danke ichs diesem Herrn Studienrat Kelbeck: aber daß in der letzten Strophe (quis devium scortum eliciet domo Lyden) kein züchtiges Mädchen gemeint war, das erfuhr ich erst später, vermutlich hat das der Alte selbst nicht begriffen, er lebte untadelig in dem lebenslänglich unzerstörbaren Wahne, auch seine Kinder und Enkel täten dies; was freilich seine Tochter Melanie, meine Mutter, eines Tages tat oder duldete (gleichviel), das ahnte er nicht, erfuhr er nicht, wäre er zu glauben nicht fähig gewesen. »Weil nicht sein kann, was nicht sein darf.« Der Alte also liegt da unten im Familiengrab. Und daneben, uxor pauperis Ibyci, die Großmutter, von der ich nichts wissen will, sie einzuführen ist mir jetzt zu mühsam, sie mag vor meiner Geburt gestorben sein, eine alte Frau wie viele, geschlagen mit einem Ehemann, der alles nach Kalender und Uhrzeit erledigte, der wandelnde Stundenplan, in dem für die Liebe keine Übungsstunde vorgesehen war außer Samstagabend, knapp bemessen und für die Zeugung von Kindern reserviert ...
Tobias!
Sie nennen mich zum ersten Mal bei Namen. Ich wünschte,

Sie hätten es bei einer andern Gelegenheit und in einem andern Ton getan.
Ich mag dich nicht zynisch. Zynismus ist so billig.
Billig? Ich habe teuer dafür bezahlt. Mit meiner Kindheit habe ich bezahlt. Mit meiner Schattenkindheit, meiner Kellerkindheit, eingekeilt zwischen Sterilität und Fäulnis, nirgendwohin gehörig, nicht ins Tugendhaus meines Großvaters, nicht ins Lügenhaus meiner Eltern, vom Großvater in aller Unschuld lernend: Miserarum est neque amori dare ludum ..., von Tante Berta zur Frühmesse geführt, mit einem Meßbuch versehen und mit Pfennigen für die Bettler, von Onkel Philipp über die Gefahren aufgeklärt, die einem jungen Mann bei gewissen hübschen Gelegenheiten auflauern, vom Vater, Stiefvater, Adoptivvater ... aber davon später. Wenigstens habe ich vorläufig die Gesellschaft meiner Eltern im Grab nicht zu fürchten. Eigentlich hätte ich ein Testament machen müssen und letztwillig verfügen (sagt man so?), daß ich auf dem Friedhof in St. Georgen begraben würde.
In St. Georgen?
Sie haben einmal ein Buch geschrieben von jenem Ort, in dem Sie Ihre Kindheit verbrachten. Kloster Wessobrunn hieß er in Wirklichkeit. Sie nannten ihn St. Georgen. An so einem Ort müßte es schön sein zu liegen, an einer sonnigen Kirchenmauer, eine verwitterte Tafel, der Name unleserlich, Efeu drüber, Eidechsen in den Spalten, und jeder der vorbeigeht spritzt mit einem kleinen Buchszweig Weihwasser aufs Grab, und sechsmal im Tag das sanfte Steigen und Fallen der Flut, wenn die Nonnen singen in der Klosterkapelle, ihre Gebete reichen mir gerade kühl bis ans Gesicht, spülen meine Augenhöhlen aus, säubern meine Knochen, machen sie marmorweiß, daß sie einem Engel als Flöte dienen könnten, die Hirnschale als Weihwasserbecken oder um kleine rosa Rosen hineinzustecken. Ich beneide Sie um Ihre Kindheit. Aber ja, ich

weiß, auch ohne daß Sie Ihre Brauen so hoch ziehen, ich weiß, daß auch Sie, wer denn nicht, es schwer gehabt haben und daß Ihr Lieblingsplatz vor dem Tor der Klosterscheune war, mitten zwischen Brennesseln unter dem giftigen Eibenbaum, gerade dort, weil das der einzige Platz war, wo keiner Sie fand, das schrieben Sie nicht im Buch, und überhaupt war das meiste ganz anders, und der Großonkel war ein Sonderling, gefräßig und eigensinnig im Alter, und kein Großvater kam aus Ostindien mit Zauberschätzen, und alle Poesie war nur im Klostergarten und in dem kleinen Mädchen selbst, das sich behaupten mußte gegen die Übermacht von Trübsinn und Strenge, ich weiß, und doch war da Poesie, ganz dicht um Sie wucherte die Hecke mit den Dornen nach außen, den Rosen nach innen, das war doch etwas, das war schön, das war lebendig; aber ich, aber bei mir, da war nichts von Poesie, da war einfach Nacktes, sichtbar ein Teil und wo sichtbar da aufgeräumt und gesäubert, unsichtbar der andre und dort stinkend vor Unrat. Ich wollte, ich läge auf jenem Friedhof in St. Georgen.
Warum hast du dir denn nicht eine andere Heimat ausgesucht, Tobias? Auch mir wäre es lieber, du wärst poetischer Herkunft. Ein Bauernhof auf dem Land. In Oberbayern, im Vorgebirgsland. Ein kleiner Hof mit Holzveranda, Geranien darüberhängend, und an der Giebelwand ein Bild, der Hl. Florian vielleicht oder Georg mit dem Drachen, und ein Vers, zwei- dreihundert Jahre alt, ein Segensspruch, und vor dem Haus eine Wiese mit Klee zwischen Hahnenfuß, und ein Hügel zum Schlittenfahren im Winter, und im Wald ein Hohlweg mit tiefen Fahrrinnen unter einem durchbrochenen Gewölbe von Haselnußsträuchern und Holunder, und mit einem Saum von Taubnessel und lila Storchschnabel und an Maiabenden der Geruch vom schwer blühenden Faulbaum, und wir gehen zusammen in die Maiandacht an der Weißdorn-

hecke entlang, am Wassergraben mit der Brunnenkresse und dem Sauerampfer, und wenn du zehn Jahre alt bist, kommst du in die Klosterschule zu den Benediktinern, und in dir bleibt der Geruch nach dem Morgen mit frisch gemähten Wiesen, nach dem Schnee auf den Bergen und dem Weihrauch unter der Kirchenkuppel und den alten Büchern, bleibt lebenslang, ist stärker als jeder andre Geruch... Warum nicht so, Tobias, gibt es das denn nicht, deiner Meinung nach? Muß denn alles dreckig, verworren, unzüchtig sein, gibt es denn das nicht mehr: ein reines geordnetes einfaches Herz?
Nicht daß ich wüßte. Mir ist keines begegnet.
Nein? Keines? Besinn dich.
Tut mir leid. Aber zurück zur Sache: der Leichenzug ist am Grab angelangt. Noch wäre es Zeit für den Toten, an den Sarg zu klopfen, um Wiedereinlaß zu bitten in diese Welt. Er tut es nicht. Wer auch würde gerne »Heraus!« sagen und sich freuen über das Nochmal-Erscheinen dieses querköpfigen Burschen Tobias. Laßt ihn nur drinnen, senkt ihn rasch hinunter. Was ist denn? Sperrt sich der Kerl etwa? Ist das Grab zu kurz? Selbst das Grab noch zu kurz und zu eng? Nicht einmal das Grab nach Maß und passend? Na endlich. Jetzt haben sie ihn drunten, ein bißchen schief, die Füße liegen höher als der Kopf. Was schadet es. »Nicht einmal mehr die Totengräber leisten sorgfältige Arbeit« sehe ich meinen Vater meiner Mutter mit den Augen und einem Schulterheben signalisieren. Sie zeigt mit nichts, daß sie gehört und verstanden hat. Sie steht da wie... ja, wie denn? Wie jemand, der gern davonliefe. Manchmal schaut sie sich um, verstohlen, aber da ist kein Ausweg, da ist eine Mauer aus Schwarz, eine dichte dichte Mauer aus Leuten, die nicht willens sind, dich nach hinten durchschlüpfen zu lassen, Mutter. Die da stehen, Mutter, das sind Gerichtsboten allesamt. Mach den geringsten Versuch durchzubre-

chen: auf unhörbares Kommando strecken sie ihre Finger aus, eiserne lange geschliffene Zeigefinger, und weisen auf dich, und aus ihren Augen fahren lanzenscharfe Messer. Bleib, wo du bist, Mutter. Bleib, bis ich das Kommando gebe. Ich. Denn von mir hängt es ab, was mit dir geschieht. Vielleicht daß ich dir einmal vergebe. Vielleicht auch nicht. Es hängt davon ab, wie der ist, mit dem du ins Bett gingst neun Monate vor meiner Geburt. Und was geschieht mit Ihnen, Herr Adoptiv-Vater? Was sind Sie übrigens von Beruf? Einer mit so einem Mund kann nur Jurist sein und Beamter. Ein Strich als Mund. Zwei abstehende Ohren. Sehr breite Schultern, aber klein, kleiner als die Mutter. Hält sich bolzengerade, aber die Speckfalten im Nacken machen es schwierig, den Kopf sehr hoch zu tragen. Herr Ministerialrat. Klingt schon prächtig. Herr Rat. Wem rät er was, und was errät er, hat er erraten, daß ihm ein Kuckucksei ins Nest gelegt worden ist, hat er erraten von wem, der Herr Rat?
Du bist gehässig, Tobias. Mir scheint, er hat sich, falls es so ist, wie du sagst, sehr anständig benommen zu deiner Mutter und zu dir.
Daß ich nicht lache! Ein Mann wie der nimmt lieber so etwas stumm in Kauf, als daß er einen öffentlichen Skandal draus machte. Nach außen: alles in Ordnung. Das ist die Hauptsache. Ihm, dem Herrn Rat, kann doch überhaupt so etwas nicht passieren. Seine Frau, seine, die tut so etwas nicht. Das hieße ja, daß er ihr nicht genügte! Nein: eine großartige Tugend kann ich beim besten Willen nicht in seinem Verhalten sehen.
Tobias: mir gefällt nicht, daß du mit Sicherheit behauptest, was durch nichts erwiesen ist. Du hast dir wohl die Geschichte nur ausgedacht, weil du ihn nicht zum leiblichen Vater haben magst. Du genierst dich seiner. Ich stammte als Kind auch nicht von meinen Eltern ab, war ein Findelkind, von Zigeunern vergessen oder vom

Zigeunerprimas ausgesetzt, damit ich bei seßhaften Leuten seßhaft und in eine richtige gute Schule geschickt und später, eine berühmte Pianistin geworden oder Ärztin, im Triumph zu meinem Stamm zurückgeholt würde, um fortan Königin aller Zigeuner zu sein, die erste Zigeunerin, die studiert hat, promoviert hat, etwas gilt in der Welt, der übrigen.
Poesie. Sagte ich nicht, daß Sie es unvergleichlich schöner hatten als ich? Meine Kindheit war eine wie viele. Nach dem billigsten Modell gemacht, von der außerehelichen Zeugung abgesehen, aber vielleicht gehört auch die zum Modell, was weiß denn ich. Ihre Kindheit aber: wer wächst in einem alten Kloster auf, zwischen Romanischem und Barockem, wer hat einen buckligen Vater, der herrlich Orgel spielt und eine Singstimme aus schwarzem Samt besitzt, die er so schont, daß er, so jähzornig er ist, im Zorn niemals brüllt sondern nur fürchterlich stumm zuschlägt, und wer hat einen kleinen schwarzen Spitzhund Zirkushund Tanzhund, den wirklich Zigeuner vergessen haben, und wer trägt in der Schürzentasche ganz klein zusammengerollt und in Geheimschrift geschrieben ein Zettelchen, auf dem steht: »Nie auch nur die kleinste Lüge sagen«, und die Woche darauf, denn die Zettel gelten immer nur für eine einzige Woche: »Jeden Tag etwas herschenken von dem was ich am liebsten habe«, und die nächste Woche: »In der Pause immer mit der dreckigen Läuse-Anna spielen und sie dreimal von meinem Brot abbeißen lassen.« Das alles ist Poesie, pures Mittelalter, ein vergilbtes Buch mit Goldschnitt, in einer Schrift geschrieben, die wir kaum mehr lesen können. Und Sie sitzen auch heute noch an jenem Klosterteich mit dem glasklaren Wasser, tauchen die Hände ins Kühle, denken an Lilien, reden mit Bienen und Wasserpflanzen und Engeln, auch wenn Sie heldenhaft versuchen die Dinge so zu sehen wie wir sie sehen und so zu nennen wie wir

sie nennen. Sie schlucken und sagen »Hure«, möchten es so sagen wie Sie »Brot« und »Fahrkarte« sagen, aber wenn Sie am frühen Morgen im Park ein regenverwaschenes Präservativ liegen sehen, scharren Sie rasch mit dem Fuß Kies darüber und machen ein Gesicht, als hätten Sie im Büro eines Bankdirektors ein albernes kaputtes Kinderspielzeug gefunden; und wenn Sie im Wald ein Pärchen sehen bei eindeutigem Tun, dann denken Sie an »gebrochen bluomen unde gras tandaradei... daz er bê mir laege wessez iemen – nu enwelle got! – sô schamt ich mich«; aber die »schamen« sich nicht, warum auch und vor wem, nur Sie schamen sich als wären Sie das junge Ding, das da liegt. Immer schlüpft Ihr Geist wie eine Eidechse am Harten Nackten vorbei, schwups hinein in rosae centifoliae und Vergißmeinnicht. Sie lachen?
Ein wenig. Ich kenne dich doch besser, als du mich kennst. Aber sag: genügt es nicht, wenn ich euer Wörterbuch benütze, um eure Sprache verstehen zu lernen? Muß ich sie auch selber sprechen? Und bist du sicher, daß eure Wörter das wirklich Gemeinte besser treffen? Man müßte neue Wörter finden, zusammengeschmolzen aus eurer und unsrer Sprache, Wörter, die unverknöchert sind, Kleinkinderhirnschalen mit offenen Fontanellen für den Geist, daß er ein und aus gehen kann. Aber vielleicht gibt es bald überhaupt keine Wörter mehr, was meinst du? Vielleicht verständigt man sich nur mehr durch Reiben von Kupferstäben, aus denen elektrische Funken springen, die, lang kurz oder kurz lang oder kurz kurz lang etwas bedeuten, was dann noch wichtig ist. Oder eines Tages hört man gar nichts mehr, funkt sich gar nichts mehr zu, weil der Donner zu laut ist vom Meer her, in dem das Untier sich regt, das einundzwanzigste Jahrhundert, das eure und das eurer Kinder, das sich die eisernen Flossen reibt, bevor es an einem der fünf Kontinente an Land steigt. Aber wie bin ich bloß darauf gekommen?

Herr Ministerialrat, Zigeuner, Poesie, Hure, Walther von der Vogelweide, Sprache.
Also zurück zum Herrn Ministerialrat. Aber wonach schaust du aus?
Nach meiner kleinen Schwester, Halbschwester will ich sagen. Dort, hinter dem Marmorengel, von seinem rechten Flügel halb verdeckt. Sie weint. Also wenigstens sie weint. Aber vielleicht weint sie nur aus Mitleid mit sich selbst, weil sie mich nun nicht mehr hat für ihre Lateinaufgaben und ihre deutschen Aufsätze, und nicht mehr für ihre abendlichen Bekenntnisse, für ihren Liebesroman, den ich, Tag für Tag, immer die neueste Fortsetzung, erzählt bekam, frisch aus der Druckerpresse, will heißen: bettwarm.
Tobias, du willst doch nicht sagen...
Doch, genau das. Schauen Sie die Kleine an, wie sie dasteht, weitab von der Familie, ein nasses Kätzchen ausgesetzt auf einer schwimmenden Insel zwischen dem sechzigsten und achtzigsten Breitengrad. Wer kümmert sich denn daheim um sie? Man zieht sie hübsch an, gibt ihr Taschengeld, schickt sie zum Friseur. Und was weiter? Wo soll sie denn daheim sein, wo sich wärmen, wenn sie sich fürchtet, wo denn als in der Kuhle in Martins durchgelegenem Bett. Sie ist siebzehn. Immerhin unterscheidet sie sich vorteilhaft von den übrigen ihres Geschlechts: sie ist bei ihrem Ersten geblieben, den sie mit fünfzehn fand, und ist willens weiterhin bei ihm zu bleiben. Daraus ließe sich allenfalls, wenn die beiden in einigen Jahren heiraten, hinterher eine moraltheologische Rechtfertigung ihrer antizipierten Bettgemeinschaft finden, falls jemand, beispielsweise Sie, darauf Wert legte.
Was studierst du eigentlich, Jus oder Theologie?
Machen Sie sich lustig über mich? Ich studiere Medizin.
So, das wußte ich nicht. Soviele studieren Medizin. Ich wollte, du hättest etwas Ungewöhnliches gewählt, sagen wir Sinologie oder Byzantinistik. Du hörst gar nicht zu.

Doch, schon, aber im Augenblick interessiert mich etwas anderes mehr. Wer ist denn dieser Priester, der da an meinem Grab amtiert? Das ist nicht der Studentenpfarrer, wieso nicht, das ist doch seine Aufgabe. Übrigens: wieso ist überhaupt ein Priester dabei? Bin ich nicht Selbstmörder? Werden Selbstmörder kirchlich beerdigt? Entweder weiß niemand etwas über meine Todesart, oder der Herr Ministerialrat hat es verstanden, Schande und Lüge geschickt zu manövrieren. Aber wer ist denn bloß dieser Priester. Diese Figur, diese Haltung kenne ich doch. Wieso, ich verstehe nicht, wieso kommt denn mein alter Religionslehrer vom Gymnasium dazu, mich einzugraben? Eigentlich so alt ist er gar nicht, er wirkt nur so. Er hat etwas Müdes, Abgekämpftes, ist nicht der Typ des allwissenden Theologen. Immer schon ging er so vornübergebeugt, daß man Angst haben mußte, er würde über seine eigenen müden Füße fallen. Aber er fiel nicht. Irgendeiner von uns wollte herausgebracht haben, daß er früher einmal Philosophieprofessor an der Päpstlichen Universität in Rom gewesen und daß er da von der Kirche wegen Häresie gemaßregelt und schließlich abberufen worden sei; man habe ihn dann eine Weile arbeitslos schmoren lassen, bis er gar war und als Religionslehrer bei uns verwendet werden konnte, weil nämlich großer Mangel an Religionslehrern war. Ich weiß nicht, ob ein wahres Wort daran ist. Aber anders als alle andern seiner Sparte war er schon. Und sein Unterricht war viel zu hoch für uns. Aber ich glaube, das war ihm gleich, oder es war Absicht, wir sollten nicht verstehen, wenn er häretisch war, vielleicht, wer weiß. Vielleicht aber konnte er einfach seine gewohnte komplizierte Denkmethode nicht überspringen. Oder er wußte, daß seine Worte ohnedies vor die Säue geworfen waren, wir hörten nämlich nicht zu, Religion war das Fach, wo es Ehrensache war, nicht zuzuhören. Der Alte redete vor sich hin, manchmal murmelte er bloß mehr. Das merkte außer mir keiner, die andern spielten nämlich Schach oder lernten für die nächste Stunde oder schliefen. Ich wollte eigentlich auch nicht zuhören, aber der Alte interessierte mich, wie er so großartig uns ignorierte und seinen philosophischen und theologischen Rocken abspann, hoffnungslos und großmütig, und von einer bestimmten Zeit an begann ich ihm Fragen zu stellen, eigentlich nur, um etwas zu sagen, dann später, um ihm die Hölle heiß zu machen und ihn zu Häresien zu verlocken. Ich fragte zum Beispiel: »Wie können Sie, Hochwürden...« Er zuckte jedesmal zusammen, wenn ich Hochwürden sagte, das war ganz unüblich bei uns, er bat mich, sagen Sie doch Herr Professor, aber ich blieb hartnäckig dabei, Hochwürden zu sagen, todernst. Also, ich fragte: »Wie können Sie, Hochwürden, etwas aussagen darüber, wie Gott ist? Da Theologie den Anspruch erhebt, Wissenschaft zu sein, müssen exakte Methoden angewandt werden. Ich vermisse diese Methode, wenn Sie von Gott sprechen wie von einer bekannten Größe und ihm Eigenschaften zuschreiben, deren Vorhandensein schlechterdings unbeweisbar ist und die allenfalls Projektionen menschlicher Sehnsüchte sind. Die einzige Eigenschaft, die Gott zugeschrieben werden kann, ist seine Unerkennbarkeit und Nicht-Aussagbarkeit. Mir scheint, Hochwürden, Sie verfälschen das wahre Gottesbild und schaffen eine Ikonographie, die gewissermaßen häretisch ist.« Oder ich sagte: »Hochwürden, kann das Dasein des Bösen in der Welt nicht damit erklärt werden, daß man Gott als ethisch indifferente Macht erkennt? Wenn, nach Nikolaus von Cues, der Satz von der coincidentia oppositorum stimmt, und die Kirche läßt ihn seit vierhundert Jahren gelten, dann kann man füglich auch sagen, daß der Gegensatz von Gut und Böse in Gott zusammenfalle.«

Und, was hat er darauf geantwortet?

Keine Ahnung. Auf seine Antwort kam es mir nicht an.
Ich hätte ihm keine geglaubt. Niemandem glaubte ich
irgend etwas dieser Art. Mir kam es nur aufs Fragen an.
Das war eine Art Sport. Mein Sport.
Nein.
Nein? Was sonst, wenn ich doch keine Antwort wollte?
*Du hast nicht ihn gefragt, sondern dich, und da fiel die
Antwort mit der Frage zusammen.*
Das verstehe ich nicht.
*Es gibt keine Antworten, es gibt nur Fragen. Wer fragt,
hört als Antwort: »Frage weiter!«*
Ad infinitum?
*Das nicht, nur ad finitum. Übrigens sagtest du, daß du
deinen Religionslehrer verletzen wolltest.*
Ja, aufstören wollte ich ihn, obgleich, das muß ich sagen,
er ohnehin keiner von den allwissenden allsicheren all-
überlegenen Theologen war.
Vermutlich wolltest du nicht ihn, sondern dich treffen.
Vielleicht. Vielleicht ihn und mich und das ganze morsche
Gebäude, in dem er und ich zwangsweise, aus Tradition,
wohnten. Einmal, ich trug ihm nach der Stunde die Hefte
ins Lehrerzimmer, sagte er: »Ich bin sehr froh darüber,
daß Sie sich so lebhaft am Unterricht beteiligen, Sie sind
das Salz dieser Klasse und meiner Stunden, ich danke
Ihnen.« Da schämte ich mich fürchterlich, und von da an,
es war das zweite Trimester der Oberprima, schwieg ich.
Bis zum Schluß. Er nahm es unerörtert zur Kenntnis. So
war er. Und jetzt wirft er die erste Schaufel Erde auf
meinen Sarg. Grabrede hat er keine gehalten oder kommt
die noch? Nein, Gott sei Dank, er tritt weg, gibt die
Schaufel meiner Mutter. Warum zögert sie? Komm, Mutter, wirf nur einen ordentlichen Erdbrocken auf mich, einen
Felsbrocken, damit ich nicht mehr ausbrechen kann. Warum läßt du nur so ein bißchen Staub von der Schaufel
rieseln? Soviel zarte Schonung plötzlich? Und der Herr

Ministerialrat, würdig wie immer, im Knopfloch das Bändchen vom Bundesverdienstkreuz, er räuspert sich, als müsse er reden statt eine Schaufel in die Hand nehmen, rasch entledigt er sich seiner Pflicht, ein einzelner Erdbrocken plumpst auf den Sargdeckel. Und jetzt Onkel Siegmund, der Herr Notar, Bruder des Herrn Ministerialrat, und die nette dicke Tante Lotte und meine drei Vetterchen, die es gar nicht sind und mit denen ich weniger gemein habe als mit dem Marmorengel dort, diese drei, Haare frisch geschnitten für die Beerdigung, ganz kurz, wie drei kleine Amerikaner, wohlgenährt, wohlgeschrubbt, zufrieden, drei künftige pensionsberechtigte Beamte, die mit drei braven Frauen aus guten Häusern dreimal drei brave Kinder zeugen, die wiederum brave Beamte werden, heiraten, Kinder zeugen und so fort in geometrischer Reihe ohne Ende ohne Ende ohne Ende. Ich wünschte, einer von ihnen würde Lustmörder oder wahnsinnig oder Mönch, damit die unendliche Langeweile ein bißchen aufgelockert wird. Ah, jetzt kommt Onkel Philipp, der alte Atheist, den die ganze Familie schneidet, obwohl er reich ist, wie sie sagen, und das etwas gilt bei ihnen, eine moralische Ehrenrettung ist sogar; der Junggeselle, zu dem man mich früher nie gehen ließ, weil an seiner Tür ein Schild ist: »Facharzt für Haut- und Geschlechtskrankheiten«. Als ob mich das interessiert hätte als Kind, und später da dachte ich höchstens: ist gut, so einen in der Familie zu haben. Er ist der einzige aus der Familie, mit dem ich mich verstanden habe. Der Bruder meiner Mutter ist er; ihre Seite ist überhaupt die bessere, freilich auch nicht ganz so untadelig wie die andere. Und jetzt, schauen Sie, jetzt kommt die ganze Gruppe in Bewegung: meine Mitschüler und Mitstudenten, einer nach dem andern schiebt sich vor, komisch, alle stoßen zuerst mit der rechten Schulter nach vorn, als müßten sie jemand wegdrängen oder sich durch einen engen Türspalt zwängen, und warum schlenkern sie so mit den Beinen, als wären es Gummibeine oder mit Sägemehl gefüllte Hosenbeine? Diese verlegenen Gesten junger Männer. War ich auch so einer? Und Mädchen sind da, was für Mädchen sind denn das, ich kenne nur drei oder vier. Eine fehlt, die dasein sollte. Meinetwegen. Warum wirft man eigentlich nur so ein bißchen Erde auf den Sarg, nur symbolisch? Eine richtige große Schaufel statt dieses Zierschäufelchens, und jeder nähme sie gehäuft voll, herzhaft hineingestochen in den Erdhaufen, zu dem meine Ahnen und Urahnen geworden sind, und drauf auf den Sarg, und bei Schluß der Zeremonie ist die Grube zu und dem Totengräber die Arbeit erspart. Wirtschaft, Horatio, Wirtschaft. Im Zeitalter des rationellen Arbeitens, im Zeitalter des Mangels an Arbeitskräften. Mit einem kleinen Kran könnte man es übrigens auch machen, einem Spezialfriedhofgrabenschaufelkran mit ganz zarten Zähnen, damit er die ehrwürdigen Knochen nicht zermalmt, die er aufstöbert. Aber was gehts mich an. Die Beerdigung ist zu Ende. Der Weihrauch riecht gut. Der Herr Ministerialrat führt meine Mutter fort, mitten zwischen den Menschen hindurch, die schwarze Mauer ist brüchig geworden, er führt sie durch die Lücken aus dem Friedhof hinaus, zum Auto, er führt sie am Arm, hat seine Hand um ihren Oberarm gelegt, hält sie fest mit einer eisernen Klammer, schiebt sie vor sich her wie wenn sie eine Holzfigur wäre, sie sprechen kein Wort, was sollten sie auch reden jetzt, ist schon besser zu schweigen. Jetzt schauen sie sich wartend um: wo bleibt Annette? Da könnt ihr lang warten, die ist nach der anderen Seite fortgegangen, mutterseelenallein, die geht zu ihrem Martin, der im Café hinter dem Friedhof wartet, der geht zu keiner Beerdigung und »der glaubt an nichts«, wie ihr sagt, und schert sich nicht um euch, aber er hilft eurer Annette leben, weil ihr es nicht tut, fahrt ihr nur ab, zuckt nur die Achseln, ich kann dieses Achselzucken fließend übersetzen: »Diese Kinder, Sorgenkinder alle, hat man das verdient um sie, man will nur ihr Bestes, und wie lohnen sie es einem?« Ja, ist schon wahr: sie wollen unser Bestes, weil das ja auch das Beste, nämlich das Bequemste für sie ist; wenn sie sich nur jeweils mit den Kindern einigen könnten, was das Beste denn nun sei und für wen es gut ist, das was die Eltern für das Beste halten. »Studier du doch Volkswirtschaft, Tobias, dann kannst du den Betrieb von Onkel Ferdinand übernehmen, er ist kinderlos, und er hat Absichten mit dir, weißt du, da setzt du dich ins goldene Nest. Was, du willst nicht? Dich interessiert Geld einen Dreck? Du bist verrückt. Aber was sonst willst du studieren? Du weißt noch nicht? Wir sollen dich nicht drängen? Aber Kind, wir wollen doch nur dein Bestes.« Aber der Tobias will nicht dieses Beste, das für ihn nicht einmal ein Gutes ist, er will nicht, was ihr wollt, will kein goldenes Nest und kein gemachtes Bett und keine zufrieden schnurrenden Eltern, und all eure gottverdammte geistige Bequemlichkeit will er nicht will er nicht will er nicht. Jetzt fahren sie ab, Gott sei Dank. Die Mauer ums Grab bekommt immer mehr Lücken. Ich kenne die meisten Leute gar nicht, die da herumstehen. Wird wohl ein Dutzend der professionellen Grabläufer dabeisein, Beerdigungskrähen, denen jeder Tote recht ist und gleichviel gilt, wenn er ihnen nur gestattet, mitzutrotten bis ans Tor der Ewigkeit. Meine Beerdigung war sicher recht schön für sie: soviele junge Leute, soviele schöne Kränze, und »der arme arme Junge, der da so früh hat sterben müssen«. Hören Sie nur! »Wer weiß, wozu es gut ist, daß er so jung gestorben ist, wer weiß, was für ein schlimmes Leben auf ihn gewartet hätte. So ist er wenigstens unschuldig gestorben.« Ja, bei Gott, liebe Nebelkrähen, so ists: unschuldig. Wenn ich nur wüßte, was ihr damit meint und ob wir das gleiche meinen. Wenn ihr unbefleckte Keuschheit meinen solltet, ihr Guten, deren ganzer Dekalog zu einem einzigen Gebot zusammengeschrumpft ist: dann seid ihr, was mich betrifft, freilich auf dem Holzweg. Aber lassen wir das. Sie werdens doch nie begreifen. Die Menge verläuft sich nach allen Seiten, löst sich auf, ein Strickmuster, bei dem die Maschen von den Nadeln fallen und immer weiter hinunterlaufen, ganze Stiegen machen. Annettes Strickereien endeten immer auf solche Weise. In Paaren entfernen sie sich, meine Mitschüler: je zwei Männer, zwei Mädchen, ein Mann und ein Mädchen, andre Kombinationen gibt es nicht. Nur der Peter Frey ist allein. Was steht denn der noch herum wie vergessen? Jetzt scheint er etwas zu sehen, was ihn in Bewegung bringt, er wirft sich vorwärts, rudert, ein blondschöpfiger Erpel, gegen einen unsichtbaren Stromstrich, sucht jemanden einzuholen, der offenbar nach einer andern als der erwarteten Richtung davonzugehen sich anschickt. Der Religionslehrer, ist er es, dem er flügelschlagend nachschwimmt? Der alte Herr scheint nur mühsam seine vornübergeneigten spurensuchenden Gedanken zu ordnen, streicht sich die grauen Haare aus der Stirn, legt den Zeigefinger an die Nase, jetzt, jetzt hat ers, streckt die Hand aus, lächelt ein bißchen, nickt, macht eine einladende Bewegung, weist auf den Weg zum Grab hin, genau in die Richtung auf mein Kreuz zu. Aber sie schweigen. Sie gehen, aber sie schweigen. Noch immer kein Wort. Peters Adamsapfel bewegt sich auf und ab. Sehr schwer, einen Anfang zu finden für ein Gespräch? Endlich. »Ich weiß es nicht«, sagt der Priester. Was weiß er nicht? Ich habe offenbar eine Frage überhört. Oder er antwortet auf eine stumm gestellte Frage, eine, die so nahe liegt, daß gar keine andre erwartet werden kann. »Halten Sie es für möglich?« fragt Peter. Der Alte hebt die Achseln, läßt sie wieder fallen, bleibt stehen. »Wie kommen Sie überhaupt auf den Gedanken?« fragt er. Jetzt ist es Peter, der die Achseln hebt und fallen läßt. So kommt ihr nicht weiter, ihr beiden. Ich könnte euch die Antwort rundheraus geben, denn ich weiß natürlich, wovon ihr sprecht oder vielmehr nicht sprecht. »Einmal«, sagt Peter, »einmal, in der Unterprima, hat er mich etwas gefragt, was mir einfiel, als ich das Telegramm bekam. Er hat gefragt, ob ich Angst vor dem Sterben habe. Ich sagte, ich meinte ja. Er sagte: ›Dann glaubst du nicht an die Unsterblichkeit?‹« Aha, ich weiß, welche Geschichte jetzt kommt. Wieso, fragte Peter damals, wieso, was hat das miteinander zu tun: das eine ist die kreatürliche Angst vor der Trennung von Leib und Seele oder wie immer man das Sterben bezeichnen will, und das andre ist der geistige Glaube an ein Fortleben jenseits der Todesschwelle. Nein, sagte ich, ich glaube dir nicht, daß du glaubst. Probe: Wenn du an das Jenseits, das heißt die sogenannte Ewige Seligkeit glaubtest, dann würdest du dich danach sehnen, und zwar so heftig, daß du aus lauter Ungeduld danach, nach dem Vollkommenen nämlich, das Unvollkommene glatt überspringen möchtest, und zwar sofort, mit andern Worten: daß du aus purer Sehnsucht nach dem Jenseits, dem Himmel, der Ewigen Seligkeit dich umbringst; das wäre doch etwas Heroisches, denn denk doch, es könnte ja sein, daß es diesen Himmel gar nicht gibt und daß sich so ein ewigkeits-himmel-sehnsüchtiger Selbstmörder damit bloß um den Rest seines immerhin sicheren Daseins bringt, ohne irgend etwas dafür einzutauschen als das Nichtmehrsein. So sagte ich zu Peter, und er wußte darauf nichts zu sagen. Aber dem Professor, dem dürfte jetzt einfallen, daß ich auch ihm diese Frage gestellt habe. Hochwürden, sehnen Sie sich nach dem Himmel? Sehr rasch die Antwort: Aber ja, mein Junge. Ich: Sehnen Sie sich so, daß Sie den Zeitpunkt herbeiwünschen, zu dem Sie sterben? Zögern, dann: Ja, schon. Meine Frage: Möchten Sie jetzt, hier, augenblicklich sterben, um sofort in den Himmel zu kommen und

in den Besitz der Seligkeit? Ziemlich langes Zögern. Ich: Ihr Zögern, Hochwürden, scheint darauf hinzudeuten, daß Sie Ihrer Unsterblichkeit doch nicht so ganz sicher sind. Der Alte nahm die Brille ab, sagte nichts, schaute den Boden an, dann mich, und dann kam ihm ein Lächeln, er fand es irgendwo und zog es ganz langsam hoch wie eine kleine Fahne, auf Halbmast zog er es, ließ es da hängen und sagte: Sie könnten schon ein bißchen recht haben. Aber die Fahne flackerte doch im Wind, so klein und zerzaust sie war. Und jetzt läßt diesen beiden da der Gedanke an meinen Tod keine Ruhe. Was sagt der Alte? Ob er, Peter, sich denn irgendeinen Anlaß denken könnte, der mich hätte »dazu« treiben können, ein Mädchen vielleicht, ein unglückseliger Liebeshandel, oder Berufsschwierigkeiten, oder nur ein Anfall von Schwermut (nur, nur, sagt er!), oder ob vielleicht in der Familie jemand... Gebt es auf, ihr beiden freundlichen Leichenschänder, gebt es auf zu graben, meinen Tod nochmal auszuscharren, ihr findet nichts nie nimmer nirgendwo, geht ruhig nach Hause. Was sagen Sie?
Ob du selbst denn genau weißt, was dich zum Selbstmord hätte treiben können?
Zum Selbstmord trieb, wollen Sie sagen. Aber ja doch. Vieles. Sprachen wir nicht schon eingehend davon?
Das reichte nicht aus. Es müßte noch etwas anderes dasein, etwas Greifbares.
Allerdings: es ist die Sache mit dem Vater da.
Du meinst: die von dir vermutete und eigensinnig und selbstzerstörerisch verfochtene Hypothese deiner illegalen Herkunft?
Damit treffen Sie am Ziel vorbei. Es ging mir nicht um meinen Vater. Ich habe... Ich habe...
Was hast du? Deinen leiblichen Vater gesucht, das hast du, so wie ich dich kenne. Die Frage ist: warum hast du ihn gesucht oder vielmehr wozu?

Ich ... Ich wollte ...
Was ist denn mit dir? Soviel Zaghaftigkeit plötzlich?
Denken Sie, es sei so leicht, so etwas zu sagen, wovon keiner von uns, von meiner Generation redet. Wir sind da verstockt nämlich, wir lassen uns da nicht in die Karten schauen, wir lassen uns nicht gern für altmodisch halten, wir leugnen etwas verbissen ab.
Ich soll also Rätsel raten? Du hast deinen leiblichen Vater gesucht, aber nicht um herauszubekommen, wer er ist, sondern um zu beweisen, daß der Herr Ministerialrat nicht dein Vater ist, nicht sein kann, weil er nicht deiner Vorstellung von deinem, von einem Vater entspricht.
Heiß!
Was: heiß?
Als Kinder hatten wir ein sehr schönes Spiel: wir versteckten etwas irgendwo und ließen eines von uns suchen; war es weit davon entfernt, sagten wir »kalt«, war es ganz nah daran, schrieen wir »heiß«. Ich sage jetzt: heiß. Aber ich möchte nicht, daß Sie das versteckte Ding finden.
Du kommst mir vor wie ein Hund, der einen Stock im Maul hat und einen auffordert, ihm den Stock aus den Zähnen zu nehmen und mit ihm, mit Stock und Hund, zu spielen; aber wehe, wer es tut: er wird gebissen; und wehe, wer es nicht tut: er wird auch gebissen. Tu deine Zähne auseinander, du!
Habe ich Ihnen nicht gesagt, daß ich sterben wollte, weil es nichts Vollkommenes gibt? Auch nichts halbwegs Vollkommenes.
Du warst also auf der Suche nach einem Manne, der ein vorbildlicher Vater wäre, ein Vater nach deinem Herzen. Das Ideal. Das wars, was du suchtest.
Alle suchen wir danach. Aber sprechen Sie einen von uns darauf an: er wird Ihnen ins Gesicht spucken, und je heftiger er sucht, um so vehementer spuckt er.

Du hast also gedacht, daß dein unbekannter leiblicher Vater der Gesuchte sein müsse.
Einen Vater wollte ich haben, der unendlich überlegen wäre und auch wieder nicht, der einen ganz sicher führen könnte, aber die Führung nie anböte und niemals sagen würde, er kenne den Weg. Einen, der auf alles eine Antwort wüßte, aber sie nicht sagte. Einen, der alle Fragen Fragen sein ließe. Einen, der, wenn er einmal eine Antwort geben würde, nur dieses sagte: ich weiß auch nichts, so wenig wie du, aber ich lebe als wüßte ich warum und wozu und woraufhin, und daß ich so leben kann mit diesem Als-Ob, das ist vielleicht ein Beweis dafür, daß es eine Antwort gibt auf all unser Warum Woher Wohin Wozu Woraufhinaus, auch wenn wir sie nicht wissen. Warum lächeln Sie schon wieder? Weil ich etwas erwarte, was es gar nicht gibt, nicht geben kann?
Ich habe nicht gelächelt. Du mußt dich nicht immer angegriffen fühlen. Warum sollte es so einen Mann nicht geben?
Ich habe ihn gesucht. Eines Tages habe ich mich auf die Suche begeben, eines Nachts genau gesagt, in der Nacht vom zehnten zum elften März vor zwei Jahren.
Wieso gerade da?
Es konnte genau so gut ein andrer Tag sein, aber es war eben dieser, und wenn der Tag zuvor, an dem ich etwas Bestimmtes erfahren hatte, der erste März gewesen wäre, so hätte ich eben am zweiten März zu suchen begonnen.
Und was hast du da erfahren?
Daß mein Vater nicht mein Vater ist.
Und du hast es sofort geglaubt?
Es war nichts weiter als die Bestätigung meiner eigenen Ahnungen. Schon als Baby schrie ich, bis ich blau war, wenn dieser Herr Ministerialrat mich anfassen wollte. Und später, wenn er sich auf einen Stuhl setzte, betete ich, daß das Kissen plötzlich sich aufwölben, Stacheln bekommen,

ein Seeigel werden sollte, und wenn er zielsicher eine Gabel mit Fleisch zum Mund hob, starrte ich darauf und hoffte inbrünstig, der Bissen würde sich in eine Schlange verwandeln, und wenn er meine Mutter anrührte, wünschte ich heftig, so heftig wie ich nichts sonst wünschte, sie sollte eine Brennessel oder besser noch eine glühende Herdplatte werden.
Und das nennst du einen schlüssigen Beweis für deine These? Aber lassen wir das. Erzähl vom zehnten März.
Es war wie in einem Kitschroman. Ich schäme mich es zu erzählen.
War es so: der junge Herr hört aus der offenen Küchentür die Köchin zum Küchenmädchen sagen: Da geht er, der arme Junge; wenn er wüßte... Und das Küchenmädchen fragt: Wenn er was wüßte? Daß er, aber fall nicht vom Stuhl, Lise, daß er eigentlich ein Graf ist. Wie soll ich nicht vom Stuhl fallen, Martha, aber sag mir, wer ist sein Vater. Mehr hört der junge Herr nicht, denn die Küchentür wird geschlossen.
Es ist billig, sich auf meine Kosten lustig zu machen.
Aber Tobias, sei doch nicht so empfindlich.
Ich habe keinen Humor, das könnten Sie wissen.
Also, wie war es?
So war es: Ich war krank, hatte die Masern, mit achtzehn die Masern mitsamt allen Komplikationen, es muß ziemlich gefährlich gewesen sein, denn eines Abends hörte ich meine Mutter mit jemand sprechen, ich hatte Fieber und tat als schliefe ich, und jemand, das war mein Onkel Philipp, der sonst nie ins Haus durfte und den die Mutter nun in ihrer Not geholt hatte, obgleich er für ganz andre Hautausschläge zuständig war, er sagte: Du solltest unbedingt seinen Vater benachrichtigen.
Nun, was weiter?
Was weiter? Ja verstehen Sie denn nicht?
Nein.

»Seinen Vater benachrichtigen«, sagte Onkel Philipp.
Aber das ist doch ganz natürlich.
Mein Gott, überlegen Sie doch: »Seinen Vater benachrichtigen« heißt: einem andern als dem Herrn Ministerialrat die Nachricht zukommen lassen, daß sein Sohn in Gefahr sei; der Herr Ministerialrat war doch im Haus; dem brauchte man doch wohl keine besondere Nachricht ins nächste Zimmer zu schicken.
Aber vielleicht war er eben nicht im Haus, vielleicht war er auf Reisen.
Macht es Sie nicht stutzig, daß Onkel Philipp sagte: »Seinen Vater«, und nicht, da er mit meiner Mutter redete: »Deinen Mann«?
Dafür, daß er nicht »Deinen Mann« sagte, kann es viele Gründe geben. Zudem, mein Lieber, hattest du Fieber. Oder du hast geträumt. Daß Onkel Philipp, der, wie du gesagt hast, sonst nie ins Haus durfte, deiner Masern wegen geholt worden sei, erscheint mir höchst unwahrscheinlich. Und daß er das Geheimnis deiner Mutter, das heißt deiner Herkunft wußte, das glaube ich einfach nicht; warum hätte sie es gerade ihm anvertrauen sollen, da sie ihn nicht mochte? Nein, Tobias, du hast dir da etwas konstruiert.
Ich sehe schon: Sie wollen wieder einmal die häßliche Wirklichkeit nicht wahrhaben, Sie wollen an ihr vorbeischlüpfen in ein säuberliches Tugendgärtchen hinein.
Bist nicht du es, der sich aus der Wirklichkeit hinausdrängt? Hast du nicht vorhin selbst gesagt, es sei wie in einem Kitschroman gewesen? Du bist, ja, du bist ein Romantiker, mein Lieber. Fahr nicht auf, hör zu. Deine Romantik ist keine des moosigen Waldinnern mit Quellen und blauen Blumen vor dem Bild der Madonna. Es gibt einen Kitsch auch aus Grau und Schwarz und aus Beton und rostigem Eisendraht, und deine Romantik, Tobias, ist die der Vorhölle mit lasterhaften Müttern, falschen

Vätern, zu frühen Umarmungen, atheistischen Hautärzten, zornigen Perversitäten und intellektuell begründeten Selbstmorden. Dahinein flüchten sich heute viele, mein Lieber, das ist gar nicht mehr originell, das ist schon Mode und Manier, maulend und mit der eigenen Impotenz auftrumpfend läuft man der Herde nach. Du auch. Und wenn dir bisweilen der höchst vernünftige Verdacht kommt, da könnte vielleicht etwas dumm und falsch sein, ziehst du sofort deinen Rosenkranz aus Dreckkugeln aus der Tasche und betest dir vor nochmal und nochmal und nochmal: Das Leben ist häßlich, alle Leute lügen, alles ist wert unterzugehen, und so fort. Ein Romantiker der nackten Häßlichkeit bist du. So einer bist du.
So einer bin ich. Und Sie? Was träumen denn Sie sich zusammen? Klosterhöfe, Lilien, gläserne Kugeln, Weihrauchwolken, verzichtende Herzen und den lieben Gott in Person. Wissen Sie was? Ihre Symbole sind leere Säcke für mich, für unsereinen. Gehen Sie mir damit. So eine Welt, wie Sie sie möchten, die gibt es nicht. Wie mich das alles anekelt, was Sie denken. Wenn ich schon das Wort Tugend höre, wenn ich schon fromme Leute rieche, wenn ich schon sehe, wie sie ihre Schränkchen und Nähkörbchen einräumen mit frisch gewaschenen Fingern, während ihre Häuschen schon längst unterminiert sind und jeden Augenblick in die Luft gesprengt werden können mitsamt all den lieben saubern Leutchen darin. Sie langweilen mich, alle, Sie auch, ja Sie. Suchen Sie sich einen andern Helden, ein Heldchen mit reinem sanftem Herzen, einen nach Ihrem Geschmack.
Du bist unverschämt. Ich habe nicht Nähkörbchen eingeräumt. Ich habe mich nicht an der Wirklichkeit vorbeigedrückt. Ich habe gelebt, mich gestellt, mich gewagt, bar bezahlt. Ich habe gesündigt wie ihr, aber ich habe Sünde nicht für die einzige Wirklichkeit und für das Normale und für mein gutes Recht gehalten. Ich habe gewußt, daß Sünde Sünde ist und was das ist im Lebensganzen. Ich

habe nie die Welt eingeengt auf Ausmaß, Beschaffenheit, Position eines Rieselfelds. Die Welt, was ist das: ein Haus mit vielen Stockwerken, mit einem Keller voller Asseln und Ratten und Schlamm von der letzten Überschwemmung her, mit einem Gerümpelspeicher unterm Dach, bewohnt von Gespenstern, die nicht leben nicht sterben können; aber dazwischen, dazwischen die Wohnungen der Menschen mit tätigem Leben, mit Kommunikation im Tageslicht.
Und voll von Bordellen und Zuchthäusern und Kriegsschauplätzen und Banken und baufälligen Hütten für die ohne Ellbogen, die Geschlagenen.
Ja.
Nun also. Und wo ist da das, was Sie das Menschliche nennen?
Darin, mitten darin.
Ich sehs nicht.
Aber ich. Ich habe das eine und habe das andre erlebt. Am eigenen Leib, ja. Aber ich habe beides erlebt mit dem Blick aufs Ganze: mit einem Aug hab ich den Teufel gesehen, mit dem andern Gott.
Amen.
Ach so, ich vergaß, daß Worte wie Teufel und Gott zu dem Vokabular gehören, das du dir verboten hast. Aber gestatte mir, daß ich das, was ich weiß, mit meinen Worten ausdrücke.
Bitte. Nur verlangen Sie nicht von mir, daß ich darauf anspringe.
Aber du erwartest von mir, daß ich dich verstehe. Nun gut: wenn du mich zwingst zu sehen, was du für »die Welt« hältst, so zwinge ich dich zu sehen, was ich dafür halte. Unser beider Weg führt mitten durch uns beide hindurch.
Wir werden nie das gleiche sehen. Wir werden nie das gleiche für das gleiche halten.

Das ist wahr. Aber ich werde nicht aufhören, deinen eigensinnigen Kopf in jene Richtungen zu drehen, die du nicht sehen willst. Ich drehe diesen deinen Kopf, bis die Halswirbel knacken.
Danke. Und setzen dabei voraus, daß Sie allezeit recht haben.
Nein.
Nein?
Auch wenn es mir schwerfällt. Ich hab dir dreißig Jahre gelebten Lebens voraus. Ich sehe mehr. Das Umfassende hat immer recht vor dem Engern.
Meinetwegen.
Ich möchte mein Wissen mit dir teilen.
Ich brauchs nicht.
Du spuckst darauf, ja, ich weiß.
Ich habe es Ihnen zu Anfang gesagt, es kann Sie also nicht enttäuschen.
Kehren wir zu deiner Geschichte zurück. Was hast du getan, nachdem du gehört hattest, daß dein Vater benachrichtigt werden sollte?
In der Nacht stand ich auf
So sterbenskrank, wie du warst?
stand auf und ging, nicht schlich, nein, ging ins Zimmer meiner Mutter. Was das für ein Zimmer ist, das wissen Sie nicht: es ist ein Möbelspeicher, ein Antiquitätenlager voll vom Gerümpel dreier mindestens dreier Generationen: das ist eine hölzerne Stadt mit Giebeln aus eichenen Schränken, geschnitzten, schwarzen, mit gedrehten Säulen und Säulchen, mit schmalen Türmen aus Standuhren, drei davon gibt es darin; eine gotische Stadt, mittelalterlich, steil und eng und finster, eine Kulissenstadt, sie riecht nach Moder, ich bahne mir einen Weg, ich grabe mit dem Licht meiner Taschenlampe einen Höhlengang durch bis ans Fenster, die Stadt ist erbaut auf drei Teppichen, persischen, unechten oder echten, was weiß ich,

aber daß es drei sind übereinander, das weiß ich, mein Fuß versinkt im Weichen; die Teppiche, die der Herr Rat nicht mag, und alle Möbel, die er nicht mag, und alle Uhren, die er nicht mag, alles aus ihrem Erbe mag er nicht, und sie selber mag es auch nicht, sie hat einen guten Geschmack, aber weil er die Sachen nicht mag, versammelt sie sie hier, dicht um sich, baut sich steil damit ein, fehlt nur die Zugbrücke, die gibt es nicht, der Herr Rat hat hier jederzeit Zutritt und Austritt, aber er kommt selten, all das räudige Zeug hier schaut ihn gehässig an, das stört ihn; aber alle Schiebladen sind versperrt, auch die Kästen der Standuhren sind versperrt, die Uhrschlüssel sind verloren, kein Pendel tickt, kein Zeiger rückt vor, alles steht still hier, die Luft steht still, die Luft ist gestockt, die Stille geronnen, die schwarze Möbelstadt ist sich selbst zu still, manchmal stößt sie einen verdrossenen Seufzer aus und fängt stumm zu lärmen an mit all den gotischen Türmchen und Aufbauten, und zu drängen und sich zu rühren und die Schatten zu verschieben hierhin und dorthin, in dieser Nacht sind sie alle in der hintern Zimmerhälfte zusammengepfercht, vorn am Fenster, wo der Schreibtisch steht, ist es heller, da scheint der Mond herein, Halbmond, und das Holz des Schreibtischs glänzt regennaß, alle Schiebladen sind verschlossen, der Schlüssel ist versteckt, aber das Versteck ist dumm gewählt, sie versteht nichts zu verstecken, man findet es schließlich doch; der Schlüssel, der eine, der alle Schiebladen sperrt, ist im Sitzkissen auf dem Stuhl, man spürt das Harte, wenn man sich setzt, man braucht bloß eine Schlaufe aufzuziehen und eine Hand ins Kissen zu stecken, da ist der Schlüssel, der die Schiebladen aufsperrt, ein Dutzend, drei lange breite tiefe unten, drei kleine rechts von einer Nische, drei kleine links davon, und darüber drei wieder lange aber niedere, eine Hierarchie von Schiebladen, ich sperre sie alle auf, eine nach der andern: nichts. Keine vergilbten Briefe, keine vertrockneten Rosen, keine Tagebücher, bloß Rechnungen, Haushaltbücher, Nähzeug, Nähzeug im Schreibtisch, und ein bißchen Schmuck und ein bißchen Geld, warum sie das alles so sorgfältig versperrt, weiß kein Mensch, weiß sie wohl selber nicht. Auch kein Geheimfach, ich suche alles ab. Nur in der untersten Schieblade ein Karton, der überquillt von Fotos. Fotos vom Herrn Rat jünger und vom Herrn Rat älter, und von ihr selbst jünger und älter, und von meiner großen Schwester und meiner kleinen, will sagen von meinen Halbschwestern, Stiefschwestern oder wie nennt man das, und von Verwandten, die ich kenne, und von Leuten, die ich nicht kenne, und von Leuten, die mir bekannt vorkommen, und die Männer darunter, die nehme ich heraus, die nehme ich mit, zwei Dutzend, ich trage meine Beute durch den Höhlengang in mein Zimmer, in mein Bett, da breite ich sie auf der Decke aus, in vier Sechserreihen, wie eine Kartenschlägerin, und dann suche ich und suche ich: den Herzkönig. Drei scheiden beim näheren Besehen gleich aus, es sind doch Verwandte, entfernte, freilich kann man nicht wissen, ob nicht gerade von ihnen einer es ist, wir sehen uns alle ähnlich, entfernt ähnlich wie die Verwandtschaft entfernt ist, daraus kann man das eine und das andre schließen, aber ich schiebe sie beiseite, sie gefallen mir nicht, rundheraus gesagt. Dann finde ich einen, der mir gefällt, ein Löwenkopf, aber da steht hinten drauf: Meiner begabten Schülerin von ihrem Klavierlehrer. Ein Name, daneben ein Kreuz und ein Datum: tot, schon dreißig Jahre tot. Und ein andrer ebenso. Noch einer. Neun von den vierundzwanzig sind tot, so lang tot, daß sie mich nur post mortem hätten gezeugt haben können. Bleiben noch zwölf. Fünf davon meine ich nach langem Hinschauen doch zu erkennen. Fünf aus unserer Stadt. Ich schließe die Augen und wandere durch die Stadt, kreuz und quer, öffne Jalousien, schaue durch Fenster, gehe durch geschlossene Türen, hoffe die Fotogesichter irgendwo aufzustöbern. Das Ergebnis mühseliger Suche: der Direktor der Mädchenoberrealschule, der protestantische Pastor, ein Architekt, der Dirigent vom Kurorchester, ein Juwelier. Eine respektable Gesellschaft. Alle am Leben, alle gut aussehend. Alle im Alter zu meiner Mutter passend, alle im Alter zu mir passend, vor zwanzig Jahren alle mittleren Alters. Keinem sehe ich ähnlich. Der Rest von den zwei Dutzend: lauter Fremde, aber durchaus mögliche Väter. Also sieben plus fünf sind zwölf Väter. Wieso nicht? Hebt eine Frau Fotos von Männern auf, mit denen sie rein gar nichts gehabt hat? Ja? Aber doch nur, wenn ihr die Männer sonst etwas bedeuten: Schauspieler oder Dirigenten oder Dichter. Aber nicht irgendwelche Männer, nicht Pastoren und Direktoren und Goldschmiede. Nein. Ich stecke die Fotos wie ein Kartenspiel, fächerförmig, ich fächle mir Kühlung zu mit meinen Vätern, mit dem Herzkönig darunter, der ein jeder von ihnen sein kann, oder vielleicht ist der rechte gar nicht dabei, wer weiß, es ist verwirrend, aber ich muß scharf denken, ich muß einen Plan entwerfen, ich muß eine Methode finden, den Herzkönig einzukreisen, wie macht man das am besten. Viele Möglichkeiten. Eine direkte: man geht zur Mutter, stellt sie und fragt: »Warum sagst du mir nicht, wer mein Vater ist? Schämst du dich deines sogenannten Fehltritts? Vor mir brauchst du dich nicht zu schämen. Vielleicht war es gar kein Fehltritt, sondern der einzig richtige Schritt, wer weiß. Aber sag mir den Namen meines Vaters. Ich werde das Geheimnis wahren.« So könnte man vorgehen, aber meine Mutter, wie ich sie kenne, die wird mich nur kühl besorgt anschauen, wird mir die Hand auf die Stirn legen und fragen: »Ist dir nicht gut? Hast du Fieber? Du redest verwirrt.« Also nicht so. Wie dann? Man geht zu jedem der fünf Herren. Beispielsweise: Man lauert, bis der Herr

Juwelier allein im Laden ist, und geht hinein und verlangt einen Ehering. Für Sie selbst? fragt er. Nein, für meine Mutter. Für wen? Für meine Mutter, weil sie einen falschen trägt. Einen falschen? Ja, denn der, den sie hat, ist von einem Mann, den sie mit Recht betrogen hat vor zwanzig Jahren; jetzt soll sie den richtigen Ring tragen oder meinetwegen zwei Eheringe, weil sie zwei Männer hat. Ich bin der Sohn von diesem andern Mann. Soweit komme ich, aber jetzt müßte ich meinen Namen sagen. Das kann ich nicht, denn ich kann meine Mutter nicht kompromittieren. Ich kann auch nicht fragen: Sind Sie vielleicht jener Mann? Kannten Sie eine Frau namens Melanie? Aber warum nicht so? Vielleicht wird er blaß, wenn er den Namen hört. Aber vielleicht ist der Name samt allem aus seinem Gedächtnis verschwunden. Wahrscheinlich, so oder so, wird er mich hinauswerfen. Also nicht auf diese Art. Dann anders: Herr Direktor, Sie haben nur zwei Töchter, möchten Sie nicht einen Sohn, hatten Sie nicht vielleicht einmal einen, der Ihnen auf irgendeine Weise abhanden kam, der sich in eine andre Ehe hineinverirrt hat, verstehen Sie mich? Oder: Herr Pastor, drückt Sie nie Ihr Gewissen? Oder: Herr Kapellmeister, ich möchte Musik studieren, vielleicht habe ich das Talent von Ihnen geerbt, wenn schon sonst nichts, nicht einmal den Namen. Oder: Herr Architekt, Sie haben nüchternen Verstand; können wir ein Wort sprechen von Mann zu Mann, Sie haben nichts zu fürchten, ich fordere nichts, nichts als die Wahrheit; ein kleines Wort: sind Sie mein Vater, ja oder nein? Ob mich nicht einer von den fünfen in seine Arme schlösse? Einer, der insgeheim auf diesen Augenblick gewartet hat zwanzig Jahre lang? Einer, der zu seiner Vergangenheit steht? Einer, mit dem ich fortan ein Geheimnis hätte, das uns mehr noch bindet als das Blut? Ich habe mir das alles ausgedacht in der Nacht. Aber da blieben noch weitere sieben; sieben, die ich nicht kannte, und vielleicht war der Herzkönig unter diesen sieben. Aber wie sie finden? Wer außer der Mutter konnte mir sagen, wer sie sind, wo sie sind. Also doch die Mutter einschalten: Mutter, hast du nicht Fotos aus deiner Jugendzeit, Fotos von mir, andre Fotos auch, ich langweile mich so im Bett, lesen mag ich nicht, was soll ich tun, zeig mir Fotos bitte, ich schau für mein Leben gern Fotos an. Du, Tobias? Das hab ich gar nicht gewußt, das kannst du gern haben, ich hol sie gleich. Und dann: Mutter, wer ist denn dieser Herr, der sieht gescheit aus. Oder der da: interessant; wer ist denn das? Sie würde sich verraten mit winzigen Zeichen. Ich mußte nur scharfe Augen haben. Also: die Fotos zurücktragen ins Gerümpelzimmer, den Schreibtisch, den Karton, alles absperren, den Schlüssel ins Stuhlkissen, zurück ins Bett, auf den Tag warten, denken: wozu das, laß doch; und dabei wissen: der Spürhund ist auf der Fährte, den pfeift keiner mehr zurück. Aber am Morgen dann: die Mutter kommt. Hast du gut geschlafen, Tobias? Ja danke. Gehts dir besser? Ja danke. Willst du Tee zum Frühstück? Ja bitte. Und wie nun die Frage heraufholen aus dem Magen, wie die Worte ablösen von den gefrorenen Stimmbändern, wie sie hinaufziehen in die Kehle, den engen Rachen, die trockene Mundhöhle, wie sie über die Zunge aus Holz bringen, wie durch das Gefängnistor der Zähne, wie über die aufgesprungenen Lippen. Der Versuch: Mutter. Ja, was denn? Nichts; ich hab Durst. Später: Mutter. Ja, was willst du? Nichts; kannst du vielleicht die Vorhänge zuziehen, das Licht blendet. Und der Morgen vergeht, der Vormittag vergeht, der Mittag, der Nachmittag, es wird Abend, die Worte stecken noch immer im Hals, der Hals ist ganz geschwollen davon, ich ersticke fast daran, und die Mutter, die hantiert im Zimmer, rückt hier etwas dort etwas, staubt etwas ab, trödelt herum, sie möchte gehen, ich halte sie fest mit nichts als meinen geschlossenen Augen, sie kann einfach nicht über die Schwelle, ich hab mit meinen Gedanken ein Pentagramm darauf gezeichnet, es verwehrt den Ausgang, verhindert die Flucht. Mutter. Ja, was ist? Mutter ich langweile mich so. Soll ich dir das Radio bringen? Nein danke. Oder ein Buch? Nein danke, ich bin zu müd zum Lesen. Was dann, Tobias? Also jetzt, jetzt. Ich presse meine Brust zusammen, mit beiden Händen, bis sie wehtut, bis sie zu eng ist fürs Angestaute, bis die festgeklemmten Worte mit einem Ruck nach oben stoßen und ganz von selbst den Mund füllen und herausquellen wie Erbrochenes. Mutter, ich möchte Fotos anschauen. Fotos, welche Fotos denn? Irgendwelche; solche auf denen du bist oder ich bin oder wir oder irgendwer. Wie sonderbar du bist, Tobias, nie wolltest du Fotos sehen, immer hat es dich gelangweilt, einmal wollte ich dir Familienfotos zeigen, da hast du gesagt: öde mich nicht an mit diesen Herrschaften. Und jetzt willst du sie sehen? Ja; man kann doch wohl seinen Geschmack ändern. Gut, ich bring sie dir. Sie geht und bringt ein Album. Aber nicht die, schreie ich, die nicht, andere. Welche anderen denn? Die aus deinem Schreibtisch. Aus meinem Schreibtisch, sind da welche, das weiß ich gar nicht mehr, vielleicht sind da welche, kann schon sein, ich hab lang nicht mehr aufgeräumt in den Schubladen; aber wieso weißt du denn, daß da Fotos sind? Ich denke mir, daß da welche sind, vielleicht hast du sie mir früher einmal gezeigt, und ich erinnere mich, aber vielleicht hab ichs auch nur geträumt, schau mal nach, ob wirklich welche drin sind. Du bist so sonderbar, Tobias. Der Griff nach meinem Puls, die kühle Hand auf meiner Stirn. Ich schiebe sie weg. Sie schaut erstaunt. Geh schon, hol die Fotos. Sie geht. Meine Gedanken wischen das Pentagramm aus, stoßen sie über die Schwelle, drängen sie durch die Gassen der eichenen Kulissenstadt, führen ihre Hand ins Stuhlkissen, stecken den Schlüssel in das Schlüsselloch der untersten Schieblade, gleich die richtige finden, kein Zeitverlust, meine Ohren sind ganz scharf eingestellt, jetzt kratzt der Pappkarton, über den Boden der Schieblade gezogen, jetzt muß der verblüffte Ausruf kommen, müßte er kommen, er kommt nicht, ich passe höllisch auf, aber höre nichts, oder vielmehr: ich höre die Stille, die gestockte Zeit, die stumme Pause. Raschelt etwas? Wird geblättert gewühlt sortiert ausgeschieden hastig weggelegt? Nichts. Was denkt sie? Vielleicht: also jetzt ist der Augenblick gekommen, jetzt werde ich gefragt, jetzt werde ich gerichtet. Oder nur: was sage ich denn, wer diese Leute alle sind, ich hab die meisten vergessen. Oder auch: ach, dieses Wühlen im Längstvergangenen, ich mag es gar nicht, was der Bub bloß hat, daß er das alte Zeug sehen will. Oder vielleicht denkt sie gar nichts, sondern schaut, den Karton schon in Händen, zum Fenster hinaus in den Vorgarten, wo Amseln picken und Tauben, sie schaut manchmal so verloren vor sich hin. Aber für mich, für mich, was ist dieser Augenblick? Vielleicht wird in diesem Augenblick mein Vater geboren, vielleicht ist er eine Totgeburt, übertragen, verwest, und vielleicht stirbt mir die Mutter daran, weil sie ihn zu lang in ihrem Leib verborgen hat, aber vielleicht werde ich selbst mir geboren in diesem Augenblick, wenn beide dahinsterben und ich mich allein finde mit der Wahrheit, es müßte schön sein plötzlich ganz in der Klarheit sich zu finden, in einem Raum so hart und nackt wie in dem Verkündigungsbild von Konrad Witz, in dem ganz ausgeräumten Raum, so allein möchte ich sein mit meiner Wahrheit wie die Frau mit dem Engel, nichts Freundliches ist da, bloß das harte Wort; ich warte jetzt ungeduldig darauf, daß die Mutter kommt, damit ich endlich ich sein kann. Und dann kommt sie, den Karton, der überquillt von Fotos, in beiden Händen, so daß sie, um in dem engen Gang zwischen den Möbeln durchzukommen, schief laufen muß, die rechte Schulter vorn, schief in den Schultern und schief in den Hüften, und ihr Schritt versinkt in den drei Teppichen, eine stumme Sklavin, wie sie den Karton so trägt in Brusthöhe und ein wenig von sich weg in beiden Händen, vorsichtig, damit der aufgehäufte Fotoberg nicht ins Rutschen kommt, sie trägt ihn wie ein Schatzkästchen als wüßte sie, was sie da trägt für mich, sie muß die Augen auf dem Kästchen haben, auf dem Fotoberg, so kommt sie mit niedergeschlagenen Augen, und dann endlich ist sie angelangt an der Schwelle, und dann geht sie aus Gewohnheit noch weiter schief und weiter mit niedergeschlagenen Augen bis zu meinem Bett und setzt das Kästchen vorsichtig auf die Decke, vor mich hin, zwischen meine Arme, auf meine Brust. So, sagt sie, da hast du es, schau dir die Fotos an, ich geh jetzt Abendessen richten. Nein, schreie ich, geh nicht. Schrei doch nicht so, was hast du denn, ich bin doch nicht schwerhörig. Doch, das bist du, bleib da, ich kann doch die Bilder nicht allein anschauen, ich kenn doch die Leute nicht. Was für Leute, wen kennst du nicht? Kein Argwohn in ihrem Blick, bloß die verfluchte Besorgnis der Krankenwärterin. Nun, sage ich, da sind doch sicher Leute dabei, die ich nicht kenne, oder ich kenne vielleicht dich nicht auf Kinderbildern von dir, nicht einmal mich selber als nackiges Baby auf dem Eisbärfell, Hintern nach oben, also bleib schon da, erklär mir das alles, sonst will ichs nicht sehen, sonst nützt mir das alles nichts, bleib da. Aber ich muß doch Abendessen richten, der Vater ... Laß den Vater, sei für mich da jetzt. Tobias, du fieberst; ich geh in die Küche für eine halbe Stunde und nach dem Essen, um sagen wir viertel nach acht, komm ich zu dir und bleibe so lange du willst, und sag dir was du wissen willst, sei jetzt vernünftig. Alles gut, geh. Sie geht und läßt mich zurück mit diesem Karton voller Dynamit und mit dem Feuer in mir, mit dem ich das Dynamit anzünden und das Haus, das ganze verlogene Haus in die

Luft sprengen kann; damit läßt sie mich zurück, als wüßte sie nichts, ahnte nichts, sei durch nichts gewarnt, geht und zieht sich die Küchenschürze an, bindet sich ein Kopftuch eng um, weil das der Herr Rat befahl, damit keines ihrer Haare in seine Suppe fällt, und das dicke Haar, das darin schwimmt seit zwanzig Jahren, das sieht er nicht; und sie richtet ihm das Abendessen, die brave Ehefrau kocht, tut ihm kein Arsen in die Suppe, kein Rattengift ins tägliche Bier, kein zerriebenes Glas ins Rührei mit Schnittlauch, kocht für ihn, trägt ihm das Essen auf, ist besorgt obs ihm denn schmeckt, ist dankbar dafür wenn er nickt, ist dankbar dafür daß er keinen Argwohn hegt, dankbar für seine Dummheit, dankbar dafür, daß sie weiter bei ihm leben durfte mitsamt dem Kuckuck im Nest dem fremden Vogel den er ahnungslos mitfüttert und der wächst und wächst und Raubvogelkrallen bekommt und einen Raubvogelschnabel und ein wüstes starkes Gefieder und Flügel deren Schlag das kleine Nest aus der freundlichen Astgabel stoßen kann. Warum lachen Sie? Ich hatte Sie ganz vergessen.
Über deinen Raubvogelschnabel lache ich. Du brauchst ihn gut, hackst gut damit, ziehst die Würmer geschickt und unbarmherzig aus dem Baum, der dein Nest trägt.
Jetzt haben Sie mich unterbrochen, jetzt laufen mir die Erinnerungen davon, warum haben sie gelacht, jetzt fällt mir nichts mehr ein.
Ich habe dich mit Absicht unterbrochen. Deine Rhetorik hatte dich etwas vom Weg abgeführt. Du wolltest erzählen, wie deine Mutter nach dem Abendessen zu dir kam.
Nun, sie kam eben, wie sie jeden Abend kam, ein Tablett auf der flachen Hand, mit einer Kanne Pfefferminztee für die Nacht.
Und dann?
Dann sagte sie: Also, du wolltest die Fotos anschauen. Ja, das wollte ich. Willst du nicht mehr, bist du zu müd?

Ja. Gut, dann morgen, ich stell den Karton weg. Nein, verdammt, laß ihn da, setz dich her. Also hör mal, du redest mit mir wie, ich weiß nicht, sie lacht, wie ein tyrannischer Ehemann, fährt sie fort. Ich lache nicht, ich kann nicht und will nicht lachen. Setz dich endlich. Ich sehe zwischen ihren Augenbrauen, daß sie denkt: Der Bub ist wirklich krank, man darf ihn nicht aufregen, ihm nicht widersprechen, ihm nichts versagen. Gut, sagt sie, fangen wir an. Sie ist ganz Ruhe, ganz Freundlichkeit...
Was sagtest du? Ich versteh dich nicht, du sprichst so leise.
Ich sagte gar nichts mehr.
Was starrst du denn so da hinüber?
Jetzt kommt sie, jetzt, ganz allein, geht sie nicht wie zu einem Fest, zurechtgemacht, blaue Schatten auf den Lidern, Wimperntusche, eine Samtschleife hinten im Haar, sie geht wie ein junges rotes Pferd, sie steigt, wirft den Kopf zurück, schnuppert in die Luft, gleich wird sie wiehern, ist aber alles nur Getue, Getue aus Bockigkeit und Angst und weil sie nicht tun will, was sie tut: zu einem Grab gehen, zu meinem Grab; sie mag nur das Lebendige, nur den allerlebendigsten Augenblick, und ein Grab ist etwas, das dauert, der Tod, der dauert und ist kein Fest. Warum kommst du her, Carola, was tust du? Sie kramt in ihrer Mappe. Was hat sie darin, würde mich nicht wundern wärs ein zerdrückter Blumenstrauß, nein, ein Päckchen, verschnürt, sie reißt es auf, mit beiden Händen, beißt in den widerspenstigen Knoten, Briefe viele Briefe meine Briefe, sie legt sie auf den Boden, sucht in ihrer Mappe, Zündhölzer hat sie gesucht, sie dreht einen Fidibus aus einem Brief, zündet ihn an, wirft ihn ins Grab, noch einen, noch, noch, noch, einen nach dem andern, brennende Fackeln hinunter ins Grab, die ist imstand meinen Sarg anzuzünden, mich zu verbrennen mit Haut

und mit Haar, aber so schnell fängt Sargholz nicht Feuer, ist ja auch naß vom Weihwasser, und ist schon Erde darüber, dein Feuer, Carola, erreicht mich nimmer, ich bestehe aus sehr viel Wasser, darin schwimmt schon die Fäulnis, die Würmer bewegen sich schon auf mein fischkaltes Fleisch zu, dieses Fleisch, das du gewollt hast, du, und hast es gehabt, ihr alle kriegt es ja, wenn ihr es wollt von uns, ihr hebt den Zeigefinger ein bißchen, nur so hoch, und deutet lässig auf einen und sagt: dich will ich, und schon folgt der Wolf, der Stier, der Bock, der Hund, kniet nieder, empfängt das Stachelhalsband, läßt sich führen, folgt geschmeichelt, wedelt vor Stolz, und dann, eine Stunde später findet er sich auf dem Bettrand sitzen, nackt, sieht sich im stockfleckigen Spiegel, sieht sich schwitzend und häßlich, aber sie, sie sind aufgestanden, zünden sich eine Zigarette an, ziehen sich an, hautenge Hosen ziehen sie an, kämmen ihre langen Stutenhaare und gehen fort, und man selber bleibt sitzen, wischt sich den salzigen Schweiß aus den Augen, begreift nichts, geht ins Bad, wäscht und wäscht und wäscht sich, und darauf hat man nun gewartet so viele Jahre, hat davon geträumt, hat die Träume weggeschoben, wollte keusch sein, es anders machen als die andern, und hats durchgehalten, ausgehalten, bis diese Stute kam und unser Fleisch roch und es wollte, und jetzt, und jetzt, was weiter, was tun, diese erste Erfahrung wiederholen, verdoppeln, verdreifachen, verhundertfachen, bis man nimmer kann. Verdammt, lachen Sie schon wieder?
Nein, aber es ist mir ganz danach, bloß nicht heiter genug. Du lächerst mich, du von einem Mädchen vergewaltigter Held. Warum hast du nicht nein gesagt?
Nein gesagt, nein gesagt, warum nicht nein gesagt, ich bin kein Kastrat, ich war mühsam keusch soweit ein Knabe keusch ist, und ich war neunzehn und die andern...

Was ist mit den andern?
Die hatten es alle schon gehabt, und ich kam mir vor wie ein Wickelkind, Kommunionkind, ein keuscher Joseph, und ich wollte es einfach haben, und wissen wollte ich es, es ist etwas zum Wissen, verstehen Sie, nicht bloß für die paar Sinne, es ist für den Geist, und da kam dann die da...
Und du gingst mit. Also hast du selbst es gewollt. Warum zeterst du dann?
Es war nur einmal, ein einziges Mal, dann, dann wollte ich nachholen, was vorher versäumt war, wollte das einholen, das da mit uns davongaloppiert war, und da schrieb ich ihr Briefe, die, die sie jetzt verbrennt, ja diese, und schrieb, daß das, was wir getan hatten, doch nicht das Gemeinte war, von mir nicht Gemeinte, von ihr doch auch nicht, wir wollten zusammen warten, das schrieb ich ihr, und sie hat auch geantwortet, schön geantwortet, sie war die Klassenerste im Deutschen, bei den Ursulinen war sie im Gymnasium, Obersekunda, und eines Tages hab ich sie mit einem andern gesehen und hab erfahren, daß sie etwas mit ihm hat, und nebenher schrieb sie mir Briefe so schön und ernst.
Tobias, sie weint.
Sie weint, ja, ach verdammt, wenn sie nur nicht weinen würde. Geh weg du von meinem Grab, laß mich in Frieden du, scher dich zu deinem Schlafkerl, scher dich weg Leichenfledderin du, lauf dem Nächstbesten ins dreckige Bett du, kannst gleich den Totengräber verführen, kannst gleich an meinem Grab es tun, Komödienstoff, weißts ja du Deutschprimadonna du, Witwe von Ephesus.
Sie geht.
Sie geht geht schaut nicht mehr zurück. Der Totengräber hat sie verscheucht. Gott sei Dank, weg ist sie.
Jetzt bist du es, der weint, Tobias.
Den Teufel tu ich. Ich und weinen? Weinen über die da?

Über meine abhandengekommene Keuschheit vielleicht? Über die verlorene Illusion? Oder worüber? Es war mir schon recht, diese Erfahrung gemacht zu haben, ganz recht war es mir, ich wußte jetzt was los war, und ich nahm mein Heft mit Liebesgedichten, abgeschriebenen und selber gemachten, und zerriß es und warf es in den Kanal, da wo er am dreckigsten ist, und sah zu wie die Fetzen dahinschwammen mit Kohlstrünken Zitronenhälften verfaultem Gras, da schwamm das Wort Liebe mitten drin und schwamm hinweg, da schwamm ich mir selber weg auf Nimmerwiedersehen.
Schau, sie ist zurückgekehrt, siehst du sie? Auf der Mauer da hinten zwischen den Zypressen.
Da hockt sie, ja hockt vornübergebeugt und schaut zu, wie der Totengräber mein Grab zuschaufelt, und wie sie zuschaut! Gierig schaut sie zu, als müßte sie scharf aufpassen, daß ers auch wirklich zuschaufelt, mich und jede Erinnerung an mich zudeckt mit eineinhalb Metern Ahnenknochenstaub und dem Humus aus dem verfaulten Familienfleisch, zudeckt für alle Zeit. Wie sie zuschaut. Und dabei weint sie, wischt nicht einmal die Tränen ab, weint mit weit offenen Augen, das Gesicht verschmiert von schwarzer Wimperntusche, warum eigentlich das Geflenne, warum das, wer kann mirs erklären.
Sie weint und du weinst, Tobias, ihr weint ums Vergeudete, arme Kinder, zu früh zum Tisch des Fleisches gegangen.
Halten Sie Ihren Mund. Sehen Sie nicht, daß sich jetzt etwas begibt, ich weiß nicht was, diese Tränen, man weint um etwas Geglaubtes, um etwas, das ist, trotzdem ist und weiterhin ist, ich verstehs ja nicht, aber sie hat mich nicht vergessen, hat meine Briefe verwahrt, ist mit einem andern ins Bett aber hat meine meine Briefe verwahrt und sie weint um mich und wir hätten uns geliebt, die Liebe gelernt, Carola, wir hätten alles gelernt mit-

einander, jetzt sind die Briefe verbrannt, die Brücken verbrannt, das Fleisch ist dahin, was bleibt dir und mir, wie von vorn beginnen, womit denn, so ohne Fleisch, die Zeit ist dahin, alle Zeit, kein Rest blieb im Krug, nichts zum Neubeginn, ohne Fleisch können wir nichts, ist kein Neubeginn, keiner... Ich halts nicht aus halts nicht aus Tobias!
Der hört nichts mehr, der ist tot.
Tobias!
Den weckt keiner mehr auf.
Hör doch: willst du wirklich von vorn anfangen? Soll ich den Film zurückdrehen, das Band löschen, neu aufnehmen: die Liebesgeschichte von Tobias und Carola, die große Liebesgeschichte unserer Zeit, exemplarisch, beginnend mit dem Nein des Knaben Tobias, gesprochen zu dem Mädchen Carola, ein Nein so leuchtend und stark wie ein Trompetenstoß, wie eine Rüstung aus blauem Stahl, die gibt es, Tobias, ich kenne einen, der trägt sie, der sagte das große Nein. Du schüttelst den Kopf. Zu spät, sagst du. Aber ich, ich möchte diese Geschichte schreiben, die Geschichte vom reinen Menschen, die Geschichte, welche Gewalt hätte das Karussell anzuhalten, das uralte, das sich dreht und dreht in der saturnischen Finsternis, das Rad mit den aufmontierten Figuren: der König, der Bettler, der schöne Jüngling, die Buhlerin, der Mönch, das hoffärtige Weib, der Versucher, das Kind und der Tod, und hinter dem Tod wieder der König, der Bettler, der Jüngling, die Buhle, und so fort und fort, kein Anfang kein Ende kein Hinunter kein Hinauf, vor allem dies: kein Hinauf, niemals ein Hinauf, Tobias! Immer das gleiche, das schauerliche Knarren, und wenn der Tod kommt: der kurze Ruck, daß sie im Rückstoß alle ein wenig zittern, und dann weiter und weiter; dieses mühselige Rad anhalten, Tobias, das böse Knarren zum Schweigen bringen, das Neue beginnen lassen: beginnen

mit dem reinen Menschen, der keuschen Liebe. Tobias: willst du, daß ich diese Geschichte schreibe? Willst du ihr Held sein? Gehn wir an den Anfang des Anfangs zurück?
Si rem bene notes, succedunt in vicium.
Was sagst du?
Veniat in brevi, Jesu bone deus, Finis huius evi Annus iubileus?
Was soll das, Tobias?
Moriar, ne videam Antichristi frameam. Verdanke ich meinem gelehrten Großvater Kelbeck. Nie was gehört von Walther von Châtillon? Aus des Walthers Zither / tönt jetzt Trauerklagen. Ach es erbt die Sünden / die Verwandtschaft dieser Welt. Ich hoffe, mit diesem Zitat Ihr so freundliches Angebot hinlänglich beantwortet zu haben. Die Sünden, verstehen Sie, die Sünden der Verwandtschaft, das reiche Erbe. Ihren Reinen Menschen, den hat meine Mutter die Hur
Tobias!
den hat ihr Mann der Hahnrei, den hat meine liebe Verwandtschaft, den hat die ganze liebenswerte menschliche Verwandtschaft seit Großväterchen Adam und Großmütterchen Eva genotzüchtigt, geschlachtet, gefressen. Nein, wir fangen nicht von vorn an. Es gibt kein Von-Vorn mehr. Ein für alle Mal nicht. Das Holz, gebogen zum Rad. Die Schlange beißt sich in den Schwanz. Weiter weiter. Das Rad. Immer wieder das Rad. Einmal, da war ich ein Kind da war ich ein Kind ... was war ich denn da, als ich ein Kind war, war ich da ich, und was ist geblieben in mir von dem, was ich war damals. Erinnerung. Wer sagt mir übrigens, daß meine Erinnerungen wirklich die meinen sind? Ein Kind steht vor einem Bauernhof und sieht etwas, das es traurig macht, so traurig, daß diese Traurigkeit es ganz ausfüllt und anhält und bleibt. Es dreht sich etwas in diesem Hof, immerzu, es ist kein

Rad aber doch etwas wie ein Rad: ein Ochse, das hölzerne Joch überm Nacken, an eine Deichsel gespannt, die festgemacht ist an einem dicken Pfahl, der sich um sich selbst dreht wenn der Ochse geht, und der geht und geht, führt die Deichsel rund um den Pfahl, und der Pfahl dreht sich, und vieles andre, das ich nicht sehe, dreht sich mit drinnen in der Scheune, da drehen sich die Zahnräder der Dreschmaschine, da laufen die Riemen, da schütteln sich Siebe, da fällt das Korn in die Körbe, aber das sieht der Ochse nicht, der weiß nichts davon, der geht nur und geht, immer rund herum, die Augen halbblind auf dem Boden, und träumt er ließe das Joch fallen, gehe fort aus dem Hof, über das Feld, über den Hügel, immer geradeaus, nie mehr rundum, nur immer geradeaus bis auf eine große Weide mit viel Wind
Und dann?
Dann? Weiter träumt der Ochse nicht.
Und was willst du mir damit sagen, Tobias?
Das Rad. Es ist immer das gleiche: der Ochse im Kreis, die Karussellfiguren im Kreis. So ist es. So bleibt es. Warum auch soll es anders sein? Ich wollte anders. Es ging nicht. Das Joch, die Deichsel, der Pfahl. Man drischt vielleicht etwas, möglicherweise, man weiß es nicht, man geht und geht im Kreis. Und Sie, Sie da, Sie reden von Aufstiegen, vom Neuen Menschen, von der Freiheit der Kinder Gottes. Wie jung Sie sind, daß Sie träumen können und glauben und hoffen. Mitleid kommt mich an. Ich bin uralt. Der Traurige ist immer der Ältere, der Traurige hat immer recht.
Das klingt schon bestechend, Tobias. Ich kenne diese Rede. Sie stammt von mir. Du hast sie mir aus dem Leib geholt. Du bist ja ein Teil von mir, du mit deiner uralten saturnischen Schwermut, junger Mann. Aber mein bestes Teil ist die Schwermut nicht, bist du nicht, du bist nicht der Kern, nicht die wahre Wahrheit. Ich weiß mehr!

Was denn?
Es ist jetzt zu früh, davon zu reden. Du hörtest ja doch nicht. Das Mädchen ist fort.
Ich weiß. Sie wird jetzt sechs Tage oder sechs Wochen trauernde Witwe sein und Enthaltsamkeit üben in memoriam Tobiae, und dann hinein ins nächste Bett. Aber etwas, etwas wird bleiben in ihr, etwas weiß sie was sie vorher nicht wußte, nicht bis zu dieser Stunde: daß sie ihre Unschuld verloren hat. Nicht Jungfernschaft, die meine ich nicht; die Unschuld meine ich. Wenn sie jetzt mit einem schläft, wird sie es nicht mehr in seliger Einfalt tun, sündelos dumm, wie die Katze den Singvogel frißt. Jetzt wird sie wissen, daß das, was sie tut, nur ein Ersatz ist, nur die Atrappe für etwas, das sie ahnt und das es gibt und das sie mit mir hätte tun können und das anders und mit einem andern zu tun so im Vorbeigehn Sünde ist. Ja, das weiß sie jetzt.
Du redest von Sünde, Tobias, du? Paßt denn das Wort in dein Wörterbuch?
Ich hab mein eigenes, da bedeuten die Wörter das, was ich will, daß sie bedeuten. Übrigens ist sie gar nicht fort. Sie steht am Tor. Etwas hält sie zurück. Sie schaut um, schaut her, als könnte sie mich sehen hier oben. So geh schon, Carola, geh, es macht mich müde dir nachzuschauen. Irgendwo war ich stehengeblieben beim Erzählen, zuerst. Ich will mich erinnern. Geduld, der Maulwurf ist schon beim Graben. Jetzt hat ers: die Mutter am Bett des masernkranken, des gemütskranken Tobias, des Tobias mit der idée fixe, ein Karton alter Fotos auf der Bettdecke, Abend, die Nachttischlampe brennt, ich will das Deckenlicht, aber: »Das grelle Licht tut deinen Augen weh, Tobias, bei Masern sind die Augen empfindlich, hast ja heut selber gesagt, sie tun dir weh, ich soll die Vorhänge zumachen, und jetzt willst du eigensinnig das Deckenlicht.« Ja, ich will Deckenlicht, ich möchte hundert

Deckenlichter und Jupiterlampen und Vergrößerungsspiegel für das Gesicht meiner Mutter. Also gut, dann soll eben das Deckenlicht bleiben; kranken Kindern tut man ihren Willen. »Das da ist meine Musiklehrerin in St. Zeno, eine hübsche Frau, nicht? Sie ist dann ins Kloster eingetreten.« Ich sage: ja, und: so so, und verberge meisterhaft, so glaube ich, meine wütende Ungeduld. »Und die da war meine beste Freundin, sie ist in Kanada, hat dort geheiratet, sie war die Klassenerste, aber sie hinkte, und doch bekam sie einen Mann, einen schönen sogar, sie heiratete als allererste von uns allen. Und die da ... du gähnst, Tobias, ich wußte ja, daß es dich langweilen würde die Bilder anzuschauen. Nein? Also gut. Der da? Aber das ist doch Onkel Philipp, als er zwanzig war, Corpsstudent natürlich. Und der, ja kennst du den nicht, das ist doch dein Vater.« So, mein Vater? Mein Vater? Wirklich? »Ja, warum fragst du denn so sonderbar?« Und der da (ich ziehe ein anderes Foto heraus, eines von denen, die ich als Bilder meiner möglichen Väter aussortiert hatte), der da, ist der auch mein Vater? »Aber Tobias, das ist doch ein ganz andrer, das sieht man doch; das ist, wart mal, ich erinnere mich kaum, wozu hebt man so altes Zeug auf, ja, das ist der Architekt, der unser Haus gebaut hat, er war ein Freund meines Vaters, er ist auch schon gestorben.« Ich drehe das Bild um. Du mußt ein Kreuz darauf zeichnen, Mutter. »Der da, ach dieser Beau, dieser Dummkopf, den heb ich jetzt wirklich nicht mehr länger auf, jetzt ist er alt geworden, der Dirigent vom Kurorchester.« Sie zerreißt das Bild in viele Fetzen, wirft sie in den Papierkorb, ich hole sie später wieder heraus, klebe sie in mühsamer Arbeit zusammen, bewahre das Bild sorgfältig auf. Sie verachtet ihn, das ist verdächtig, sie verachtet in ihm etwas aus ihrem Leben, vielleicht, wer weiß. »Und der da, den hätte ich beinah geheiratet als ich neunzehn war, den Juwelier (sie nennt einen Namen, den ich kenne). Sie lacht, sie ist ganz Unschuld und Heiterkeit. »Er war so alt wie ich. Aber da schickte ihn sein Vater nach Italien für zwei Jahre, nach Florenz, zum Lernen. Ich sparte Geld, um ihm nachzureisen, wir schrieben uns Briefe, eineinhalb Jahre lang, er an mich postlagernd, aber eines Tages kam alles auf.« Und dann? »Dann hat er eine Florentinerin geheiratet, du kennst sie doch.« Und du? »Ich? Ich hab deinen Vater geheiratet. Was weiter.« Wann war denn das mit dem Juwelier? »Vor fünfundzwanzig Jahren.« Und nachher? »Was: nachher? Da gibts kein Nachher. Er war verheiratet und ich war verheiratet.« Und der da? »Den kennst du: der Pastor der Lukas-Kirche. Der kam oft zu uns ins Haus, eh dein Vater katholisch wurde.« So, war ers zuerst nicht? Was man nicht alles erfährt! Was man alles bisher nicht gewußt hat. Was man immer noch nicht weiß. Man erstickt im Gestrüpp der Geheimnisse. Ich höre meine eigene Stimme, ich höre, wie sie lauernd ist, mir selber fremd, bösartig sanft, ich fühle, wie sie geölt in meine Mutter eindringt, heimtückisch in sie hineinkriecht. Meine Mutter schaut mich besorgt an. Ich erwidere ihren Krankenwärterblick höflich lächelnd, eiskalt. Sie zuckt die Achseln, ist ein wenig hilflos, dann nimmt sie entschlossen das Gespräch wieder auf. »Mich wundert, daß du dich nicht daran erinnerst, du gingst schon zur Schule.« Und vorher, ich meine: seit wann kam er zu uns? »Seit wir hier im eigenen Haus sind, also seit vierzehn nein fünfzehn Jahren.« Und vorher, hast du ihn da schon gekannt? »Nein, da war er noch gar nicht in unsrer Stadt.« Magere Beute: von fünf möglichen Vätern schieden, so schien es, schien es, vier aus. Wenn es stimmte, was sie sagte. Wenn. Sie konnte ja auch lügen. Log sie nicht auch ihren Mann an? Oder hat sie ihm alles gestanden? Kann ein Mensch so anhaltend lügen, indem er schweigt? Hat sie schweigend alles so weggelogen, vor sich selber hinweggelogen, daß sie sich gar nicht mehr an die Wahrheit erinnern könnte, selbst wenn sie wollte? Mutter? »Was denn?« »Kannst du dir vorstellen, daß einer dieser Männer dein Mann wäre?« Ihr Gesicht liegt offen im überhellen Licht. Kein Schatten läuft über dieses polierte Parkett blank und spiegelglatt wie windstilles Wasser. Nur die Augen werden allmählich ein wenig größer, denn sie hebt die Brauen, erstaunt, belustigt, und schon lacht sie, sie lacht so selten, aber jetzt klingt es ganz natürlich. »Tobias, du spinnst. Die Masern haben sich dir aufs Gehirn geschlagen.« Aber ich lache nicht mit, ich spüre, wie mein Gesicht maskensteif kalt wird. Um weiterzureden, muß ich den Mund bewegen, ich muß ihn öffnen wie ein Wolfseisen. »Nein? Unmöglich? Oder daß dich einer von denen umarmen würde? Auch unmöglich?« Aber das hörte sie nicht, ich brachte nur ein Flüstern heraus, und im gleichen Augenblick schlug der Wind ein Fenster zu irgendwo im Haus, Scherben klirrten, die Mutter lief fort um nachzuschauen. Ich suchte die Bilder der restlichen sieben Väter aus dem Karton, breitete sie auf meiner Decke aus, halbkreisförmig, einen Torbogen bau ich aus sieben Männern, die vielleicht mit meiner Mutter geschlafen haben, alle, oder einer, gleichviel; einen Torbogen, den ich passieren muß, auch wenn Pech herunterregnet auf mich: das einzige Tor zu mir selbst. Fühle ich mich einem von ihnen verwandt? Keinem. Gefällt mir einer? Ja, einer, von dem red ich später. Aber die andern! Der erste: eine Eule, rundes Gesicht, runde Augen, kurzsichtig, träg, die Haare in Büscheln aufgeplustert über den Ohren abstehend, ein aufgeworfenes Mündchen, die Nase ein kleiner fleischiger Schnabel nach unten gebogen, im Kinn ein Grübchen, alles weich, alles in Schwermut verfettet, nächtig, bei Tage unsicher; sieht jüdisch aus. Der zweite: ein Fuchs unzweifelhaft, alles ganz schmal an ihm, die Haare nach hinten eng angekämmt, Ohren spitz angelegt, Stirn zurückfliehend, der Mund leicht verzogen, soll wohl ein Lächeln sein, läßt einen scharfen Zahn sehen rechts oben seitlich, Füchse stinken, Füchse schnüren lautlos geduckt im Unterholz. Der dritte: ein älterer gesetzter Hund, Boxerhund, Hängebacken, Speckfalten, bekümmert, ein Kümmerer, Augen so treu, man könnte ihm Geld, Kleinkinder, die eigene Frau anvertrauen auf Lebenszeit. Der vierte: ein Vogel, Raubvogel, Aasvogel, etwas Langbeiniges, Mageres, Reduziertes, Hungriges, das gern zuhacken möchte, im Flug nach rechts und nach links schnappt, aber nichts trifft; verbittert, beleidigt, bös geworden. Der fünfte: was für ein Tier ist denn so wie der ist, so glatt, so schmal und geschmeidig, sieht aus wie naß, wie aus dem Meer gestiegen, fischotterglatt, fühlt sich gewiß kühl an, die Hände gleiten ab an dem, der rutscht einem aus dem Griff, der rutscht überall durch, lautlos, sein Hals ist so lang, kein Adamsapfel steht vor, ein aristokratischer Hals, hochmütig, herausfordernd, ich beginne ihn zu hassen diesen Hals, der meine ist kurz und kräftig, später hätte ich wie ein Büffelstier ausgeschaut, aber der da, der bleibt, wie er ist; wenn meine Mutter mit dem... weg damit. Aber jetzt der sechste, jetzt muß ich von ihm reden, endlich. Wenn der mein Vater wäre, das wär mir schon recht: das ist einer, der nicht mit Worten sondern mit Sachen zu tun hat, der keine Phantasie hat und auch keine braucht, ihm genügt vollauf seine Erfahrung; seine ruhigen Hände begreifen alles; er sagt nichts von dem, was er weiß, und er weiß alles Wichtige, er sammelt stumm und still und beharrlich, ist nie zerstreut, arbeitet ohne Unterlaß, ist nie müde, lacht nie, lügt nie, wozu lügen, hat keinen Reiz für ihn; hat Tag und Nacht das Ohr am Stethoskop, hört jedermanns Herzgeräusch, ist nüchtern, ist wie trockenes Holz für das man hohe Summen bietet; er gehört niemand, gehört allen, hilft allen, erbittet niemals Hilfe für sich, scheint niemand zu lieben, liebt alles, versteht aber nicht anders zu lieben als im Dienst, den Finger am Puls, mit dem Rezeptblock in der Hand; ist er denn Arzt? Vielleicht ist er Physiker, oder Ingenieur; den könnte ich wohl als Vater mögen, aber der hat gewiß nicht mit meiner Mutter geschlafen. Warum sage ich »gewiß nicht«? Warum sollte er, dreißig Jahre alt, nicht mit gesammeltem Ernst sich auf meine Mutter geworfen haben? Nun noch der letzte der sieben: das Gesicht ein runder Mond zwischen unsichtbarem Weinlaub hervorlugend, neugierig, listig, gutmütig, spöttisch, begehrlich, auf dem Kopf gekraustes Fell, und das weiße Hemd wölbt sich gewiß über einer Brust bedeckt mit eben solchem filzigen Pelz, und sicher hat er auch im Nacken zwischen den Schulterblättern und überm Gesäß dieses Fell, man sieht nur das Gesicht und das Obere der Brust und die mächtigen Schultern, aber man ahnt das Untere, man ahnt den Faun, vom Bauch ab ein Ziegenbock, geschmeidig, zottig, übers Feld stampfend huffüßig, sich plötzlich niederlassend vor einem von Nymphen bewohnten Baum, den Schweif anmutig über den Arm gelegt, flötespielend; die Finger kurz und dick und weich, aber flink zum Greifen und stark zum Halten, Schraubstöcke aus samtigem Fleisch; setz dem einen Kranz aus Weinblättern auf, zieh ihn aus, gib ihm eine dunkle Traube in die Hand, da hockt Pan, schaut einen rundäugig an, wartet, lauert, scheint träg, ist auf dem Sprung; solche wie den gibts nicht bei uns, der muß aus dem Innern von Griechenland kommen, der riecht nach Knoblauch, nach Bock, nach Schweiß; wenn meine Mutter mit dem lag, meine Mutter in diesen Armen, unter diesen zottigen Achselhöhlen... mir wird schlecht, mir wird dunkel vor den Augen; wie ich erwache, sitzt die Mutter an meinem Bett, ich habe einen Eisbeutel auf der Stirn, das Wasser läuft mir sanft und kühl übers Gesicht, die

Bilder sind weg, die Decke ist leer, der Karton nicht mehr da, hab ich nur geträumt? Die Mutter will mir das Fieberthermometer unter die Achsel schieben, das erinnert mich plötzlich an etwas, an den Faun, an das zottige Fell, ich stoße das Glasröhrchen beiseite, die Hand der Mutter auch, ihre ganze Besorgnis auch. »Mir fehlt nichts«, sage ich, »ich hab eher etwas zuviel. Etwas, das ich zuviel habe, fehlt mir.« Sie schaut mir erschrocken in die Augen. Ich drehe mich weg. Das Gesicht gegen die Wand, frage ich: »Wo sind die Fotos?« Ach, laß doch die dummen alten Fotos. Ich werfe mich wieder herum. Aber ich will sie, bring sie, gib sie mir, hol sie! Gehorsam steht sie auf, sie gehorcht einem Irren, mitleidig und ängstlich, geht in ihr Zimmer, zwängt sich durch den Dschungel, spielt die ganze Zeremonie ab: Stuhlkissen hoch, der Schlüssel fällt ihr diesmal aus der Hand, Schlüssel ins Schloß, nach links gedreht, Schieblade auf, Karton herausgezogen, Karton auf den Tisch gestellt, Schieblade zu, Schlüssel nach rechts... warum um alles in der Welt läßt sie nicht offen, ist doch sonst nichts darin, warum diese Folter für mich. Endlich steht der Karton mit dem Dynamit wieder auf meinem Bett. Ich beherrsche mich, wühle nicht wild, suche gelassen, schiebe mit den Fingerspitzen dieses und das Bild beiseite, fische erst nach und nach die sieben Väter heraus, aber halt: einer fehlt, der feuchtglänzende Otter fehlt. Was suchst du, Tobias? Etwas Bestimmtes? Ja, den Fischotter. Den Otter? Jetzt erschrickt sie wirklich. Einen Otter, Tobias? Ja, den mit dem langen Hals. Ich weiß wirklich nicht, was du meinst, Tobias. Ich sage nichts mehr, hebe meine Bettdecke auf, stehe auf, schau unters Bett, schüttle den Bettvorleger aus, nichts. Die Mutter schaut mir furchtsam zu, wird schließlich angesteckt, sucht selbst, schüttelt sogar ihren Rock, als könnte der Otter dort sich verkrochen haben. Nichts. Ich weiß wirklich nicht, Tobias, welches Foto du meinst.

Lassen wir das jetzt, sage ich und stelle mich müde, aber ich brenne vor Spannung. Ich breite die Väter, ohne den Otter, wieder auf der Decke aus, deute mit dem Daumen auf den nächstbesten, den Faun, frage gelangweilt: Wer ist das? Sie kneift die Augen ein wenig zusammen, als sei sie kurzsichtig oder denke angestrengt nach. Der, sagt sie, das ist ein Sänger, Bassist, der beste Falstaff, den ich je sah und hörte. Sie nennt einen Namen, ich verschweige ihn vor Ihnen, alle Namen werde ich verschweigen, aber alle notiere ich in meinem Gedächtnis, das damals sonst nichts mehr enthielt und sie jetzt, neben anderm, immer noch enthält. So, sage ich, Sänger; ist er Grieche? Sie lächelt schwach: nein, er stammt aus Dresden, und er heißt auch ganz anders, das ist nur sein Theatername; man kann, wenn man so aussieht, nicht gut Erich Heinz Schulze heißen. Nein, so kann der nicht heißen, wie heißt er aber wirklich? Das weiß ich nicht, nur eben daß sein Name ein angenommener ist. Vielleicht, sage ich, ist er ein unehelicher Sohn, und sein leiblicher Vater hat ihn später adoptiert. Ach du, sagt die Mutter, was du für Phantasien hast. Kann doch sein, sage ich, so etwas gibt es doch, illegitime Kinder gibts. Natürlich, sagt sie nachgiebig, das gibts freilich. Ich schaue sie plötzlich scharf an, sie hält mühelos sanft meinen Blick aus, ist ganz Krankenschwester, ganz Irrenwärterin. Kennst du ihn gut, Mutter? Ich hab mir einmal ein Autogramm geben lassen vor zwanzig Jahren, seither kenne ich ihn. Vor zwanzig Jahren? Meine Zunge wird schwer. Oder vor zwei dreiundzwanzig, so genau weiß ichs nicht mehr. Ich drehe das Bild um, deute steif auf das Datum, das dort steht: es sind einundzwanzig Jahre, genau. Kann schon sein, sagt die Mutter geduldig. Weiter, sage ich; der da, der Geier, Hühnergeier, wer ist das? Hühnergeier, wiederholt sie, wie du so etwas sagen kannst; er ist Komponist, nein, du kennst ihn nicht. Ihre Stimme wird unsicher, demütig fast: Er hat leider wenig Erfolg, seine Sachen, Kammermusik, zwölftönig, sind schwer zu verstehen, sie klingen ungefällig, aber nur weil mans nicht gewöhnt ist. Nicht gewöhnt, nicht gewöhnt, rufe ich, so lang nach Schönberg nicht gewöhnt, und wo selbst Strawinsky eine Zwölftonmesse komponiert hat und wo wir schon mitten in der Elektronenmusik sind; nicht gewöhnt; vielleicht kann er nichts, er schaut so nach Nichts aus. Endlich hab ich sie getroffen, in diesem armseligen Hühnergeier hab ich sie getroffen; sie ist gekränkt, sagt aber nichts. Und, fahre ich fort sie zu quälen, und wovon lebt so einer, wenn er als Komponist nichts verdient? Sie wird wieder sicherer, trumpft fast ein wenig auf: Er ist Musikkritiker. Das hört sich nach etwas an. An welcher Zeitung, frage ich unbarmherzig. Sie fällt wieder in sich zusammen, nennt die Zeitung, eine mickrige Zeitung in der Provinz. Warum lügt sie nicht, verteidigt ihn nicht mit einer Lüge? Das spricht für sie; aber es spricht auch dafür, daß sie eine Beziehung zu ihm hat: für sie ist er der er ist, mit Erfolg und ohne Erfolg, gleichviel; es macht sie nur traurig, daß er keinen hat, weil er leidet. Kennst du ihn schon lang? Zehn elf Jahre, er kam oft zu meinem Vater, der hat ihm etwas Lateinisches übersetzt, was er vertonen wollte, daher kenne ich ihn. Ich schiebe ihn rasch beiseite, bin froh, daß er es nicht ist. Wenn es wahr ist, was sie sagt. Sollte sie ihn etwa lieben: mir ists gleich; alles, was sie nach meiner Geburt tat und tut und tun wird, das ist mir gleich. Weiter also. Der da, der Uhu, die Waldohreule, ist er Jude? Ja, er ist Jude, siehst du das? Natürlich, aber es macht mir nichts aus, falls du das meinst; ich stelle es nur fest; wäre er Italiener und sähe man es, hätte ich eben gesagt: er ist Italiener, nicht wahr. So, ich dachte, es hätte etwas abschätzig geklungen. Aber Mutter, übertrag doch die Vorurteile und den Irrsinn deiner Generation nicht auf die unsre; mir würde es gar nichts ausmachen, einen Juden zum Vater zu haben, wenn er gescheit ist. Sie lächelt ein wenig, ist ganz ·ruhig, versucht einen Scherz: Habe ich den falschen Vater ausgesucht für dich? Wenn du mich fragst: ja; aber den da, den Uhu, möchte ich auch nicht zum Vater. Sie schweigt, sie muß ja schweigen, denn sie hat mich herausgefordert zu dieser Antwort. Ich helfe ihr nicht, ich warte, und endlich findet sie heraus aus der Sackgasse. Der, sagt sie und deutet auf den Uhu, der ist ein guter Mensch. Was heißt das? Was es eben heißt: er ist gut, gütig, hilft wo er kann, kämpft gegen Ungerechtigkeit und Dummheit. So, sage ich, wie macht er das? Er schreibt Bücher. Ich lache heraus. Er sitzt am Schreibtisch im kühlen Zimmer, raucht eine Zigarre und schreibt gegen die Not in der Welt. Damit mache ich meine Mutter zornig. Mit Büchern beginnen Weltrevolutionen, sagt sie. Ja, ich weiß, Karl Marx; aber der da, der sieht nicht so aus, als ob er mehr täte als Pflästerchen auflegen. Ich sage das nur so, um sie zu ärgern, weil sie mich ärgert mit ihren Lobreden auf ihn. Aber da deckt sie ihren Trumpf auf und nennt seinen Namen, er wiegt Tonnen in der Politik. Ich bin geschlagen; sie ist generös genug, meine Niederlage zu überspielen, das ärgert mich noch mehr, und ich sage: Wo lernst denn du so einen kennen? Sie antwortet friedfertig, gelassen in ihrem Selbstbewußtsein: Mit dem war ich nach dem Krieg oft zusammen, als er aus der Emigration zurückkehrte, wir hatten einen Diskussionszirkel, den leitete er. Ah, sage ich, du hast diskutiert; mit ihm diskutiert: das war vor zwanzig Jahren. Ja, erwidert sie arglos; im August nach dem Krieg habe ich ihn kennengelernt. Ich rechne, rechne. Nein, es ist unmöglich. Damals war ich schon gezeugt, drei Monate vorher. Also weg mit ihm. Falls es stimmt, was sie da sagt. Weiter. Sie selbst deutet auf das nächste Bild, auf den Boxerrüden. Was meinst du zu dem? Nichts, antworte ich; sag du mir etwas über ihn. Ja, von dem kann ich dir etwas Lustiges erzählen; den hab ich gern gehabt, alle haben wir ihn gern gehabt, der war meine Anstandsdame, als ich ein Mädchen war, er ist zehn Jahre älter als ich, er ist Kaufmann, Export Import, er war wie ein Onkel, der geborene Onkel, ihm haben die Eltern unsres Städtchens ihre Töchter anvertraut, auch ich durfte mit ihm ausgehen, abends sogar, und einmal eine Autofahrt machen einen Tag lang, mit ihm allein; er war ein rührend besorgter Kavalier; alle Welt schwor auf ihn, bei dem war jedes Mädchen sicher. Ich unterbreche sie: Wieso, war er denn... Sie fällt mir ins Wort: Das hat man gedacht. Und später haben wir erfahren, daß er in Holland eine Ehefrau, in der Schweiz eine Freundin, in Belgien eine andre hatte, und einige uneheliche Kinder, einen ganzen Clan aus Frauen und Kindern, die alle sich kannten und bisweilen sich trafen, alle zusammen, zu einem Familienfest; als meine Eltern das hörten, fielen sie in Ohnmacht; alle jungen Mädchen, die mit ihm ausgegangen waren, wurden streng verhört, jede einzeln ins Kreuzfeuer genommen, ich auch, aber wir konnten nichts anderes sagen als das, was wahr ist: er hat keine von uns angerührt; wieso nicht, wer weiß es, das wäre vielleicht eine Frage für einen Psychotherapeuten. Ich muß lachen. »Neun Ehebrüche, zwölf Affairen, vierundsechzig Buhlereien und etwas Ähnliches wie Notzucht / lasten allnächtlich auf der Seele Florials unsres zarten Freundes.« Was sagst du da, fragt mich die Mutter bestürzt. Ich zitiere, sage ich, ich zitiere Ezra Pound. Wen bitte? Ezra Pound, nie gehört? Sie überrascht mich mit ihrer Antwort: Der war doch Hochverräter, nicht wahr, und ist jetzt im Irrenhaus. Ach Mutter, ja, Hochverräter, Irrenhaus, ja; Hochverräter gegen Amerika im letzten Krieg, und Amerika sperrte ihn ein, um ihm den Prozeß zu machen, und Amerika sperrte ihn in ein Irrenhaus, damit er als Irrer gelte, und einem

Irren kann kein Prozeß gemacht werden, und Amerika gab dem irren Hochverräter, nein dem hochverräterischen Irren, der weder das eine noch das andre war, den größten amerikanischen Literaturpreis. Mich überkam das Weinen, als ich so über ihn sprach, und mich überkam das Lachen, als ich das Gesicht meiner Mutter sah und wie sie nichts verstand und wie sie verwirrt war, ihren Sohn, das Kind, mit solch schamloser Selbstverständlichkeit von Hochverrat, Irrenhaus, Buhlerei, Ehebruch, Notzucht reden zu hören, und wie sie bestürzt war über sich selbst, daß sie mit diesem ihren Kind, dem kaum ihrer Brust entlaufenen Säugling, über Polygamie und, wenn auch in dezentem Verschweigen des Worts, über Homosexualität gesprochen hatte. Manchmal kommen uns Zwanzigjährigen die Eltern vor, als seien sie unsre Enkel; sie haben so sonderbare Tabus.
Die habt ihr auch, Tobias. Die euren kommen uns ebenso sonderbar vor.
Welche zum Beispiel?
Oh, eine ganze Litanei: Gott, Teufel, Tugend, Sünde, Keuschheit, Verzicht, beispielsweise.
Wenn Sie sie wenigstens alphabethisch geordnet hätten. So vergesse ich sie leider gleich wieder.
Wir waren beim fünften deiner Väter stehengeblieben. Wer ist an der Reihe?
Der Fuchs, der mit den spitzen anliegenden Ohren, dem ganzen spitzen schmalen Schnüffelkopf. Ich schätzte ihn auf irgendeinen Beamten auf einem Posten, der einen fuchsköpfigen kleinen glatten ewig Unrat schnuppernden Pseudo-Diplomaten braucht, und das sagte ich meiner Mutter auch. Sie nahm es leicht gereizt hin, sie verlor überhaupt allmählich ihre Ruhe. Fuchs, Unrat, kleiner Beamter! rief sie, obwohl ich »kleiner« gar nicht gesagt hatte. Also nicht; was dann? Jetzt war ich es, der ruhig und kalt wurde. Sie hatte sichtlich keine Lust mehr zu ant-

worten, aber als sie meine kalten glitzernden Augen sah
(ich fühlte, wie meine Augen waren, denn auch mein Verstand war ein glitzerndkalter Wintermorgen geworden
mit spitzen Frostnadeln im Schnee), tat sie es doch; ein
Irrer ist unberechenbar. Der hier, sagte sie, ist der Besitzer
vom Hotel Victoria. Sie sagte es ohne Triumph, sie war
müde und mürbe. Also der ist das, und sein »Victoria« ist
das Grand Hotel am Platze; den kannte ich doch, aber so
wie auf dem Foto sah er nicht mehr aus, ich sagte das zu
der Mutter. Der! rief ich, der ist jetzt noch füchsiger als
damals, bloß fetter; ein fetter Fuchs, ein alter. Darauf
schwieg sie und war nun beleidigt. Aber ich durfte sie
nicht beleidigt sein lassen, ich mußte ja noch vieles von
ihr erfahren. Aber ich scherze doch nur, sage ich und
lache. Sie schaut mich schief an. Du mit deinen Scherzen,
sagt sie zweifelnd. Ich lache weiter, mir springt sogar vor
Lachen eine Träne aus dem Aug. Jetzt hält sie mich wohl
wirklich für schwer krank und fiebernd, oder für verrückt
geworden, und plötzlich fegt sie entschlossen alle Fotos
zusammen und wirft sie in den Karton. Ich hatte gerade
noch den Arzt erwischt; den, den ich für einen Arzt hielt;
sie wollte ihn mir aus der Hand nehmen, ich ließ nicht
los, da riß er entzwei; ich behielt den größeren Teil,
das Gesicht war unverletzt, da warf sie mir auch den
andern Teil hin. Jetzt war sie ziemlich am Ende, aber sie
beherrschte sich noch. Mit mühsamer Sanftmut (des gefährlichen Irren wegen) sagte sie: Jetzt hast du das Foto
zerrissen. Ich? rief ich, ich, wieso ich, ich hielt es, und
du hast es mir aus der Hand gerissen, warum eigentlich,
warum soll ich das nicht haben, was für eine Bewandtnis
hat es damit, nun hast du schon den Fischotter verschwinden lassen, jetzt willst du auch noch den unkenntlich machen, aber das nützt dir nichts, hörst du! Sie hört,
sie ringt jetzt die Hände. Mein Gott, Tobias, was ist denn
in dich gefahren, was hast du nur, warum sollte ich denn

das Bild verschwinden lassen, ich nahm die Fotos nur weg, weil sie dich aufregen und dein Fieber steigern, da gibts doch keine Geheimnisse; wenn du wissen willst, wer das ist: der Atomphysiker (sie nennt den Namen, mein Herz schlägt); das ist übrigens kein echtes Foto, sondern nach einem Bild in einer Zeitschrift gemacht, er gefiel mir so gut, weil er so ernst ist. Ich halte die beiden Hälften aneinander und betrachte das Bild, dann schaue ich meine Mutter an, und ich fühle, wie die eisnadelstarrende Winterlandschaft in mir schmilzt, ein warmer Föhn geht drüber hin. Der gefällt dir, Mutter? der gefällt dir am besten von diesen allen? Sie schaut mich überrascht an, den veränderten Ton meiner Stimme kann sie nicht überhören. Ja, sagt sie still, der gefällt mir am besten von allen. Ich möchte sie dafür umarmen, aber ich habe sie viele Jahre nicht umarmt, ich kann es jetzt nicht, ich versuche es, doch meine Arme sind mit zähen Spinnweben an meinen Leib gebunden. Aber mit meinen Augen umarme ich sie. Das erschreckt sie noch mehr, sie ist es nicht gewohnt, ich merke es, und sie tut mir entsetzlich leid. Entschuldige, sage ich, ich bin ein bißchen verdreht, das kommt wohl wirklich von den Masern. Ja, sagt sie, noch ganz verschüchtert, das meine ich auch. Sie lächelt, und wie sie lächelt, das rührt mich. Wenn ich in diesem Augenblick meinen Kopf in ihren Schoß hätte legen können, das wäre gut gewesen. Und weinen hätte ich mögen. Nein, nicht weinen; schlafen hätte ich mögen, mir war friedlich zumute, ich war müde, erschöpft, ausgeblutet. Auch die Mutter war erschöpft. Wäre sie in diesem Augenblick hinausgegangen, wäre alles gut gewesen. Aber da fiel mir der Fischotter wieder ein. Mutter, es fehlt ein Bild, das, welches ich zuerst gesucht habe, ja das; wer ist denn dieser junge Mann. Welcher junge Mann, ich wollte sagen: wie sieht er denn aus, dieser junge Mann? Sie fragt hastig. Wie ein Fischotter, ich sagte es dir ja schon. Sie versucht zu lächeln: Aber darunter kann ich mir nichts vorstellen, ich habe nicht sehr viel Phantasie. Doch, rufe ich, doch, soviel hast du; paß auf: er sieht aus wie ein aus dem Wasser gestiegener Fischotter, ganz glatt, feuchtglänzend, und er hat einen langen Hals, den man ihm leicht umdrehen könnte. Ich sehe in ihren Augen, daß sie genau weiß, wen ich meine; ich lasse ihre Augen nicht los. Sie schüttelt den Kopf, sie schüttelt ihn über ein unverständliches, unverständiges, eigensinniges Kind. War das Foto denn im Karton? fragt sie. Natürlich, sage ich, das weißt du genau. Wieso weiß ich das genau? sagt sie trotzig. Ich wiederhole streng: Du weißt es; was ich aus deinem Benehmen schließe ist dieses: du willst aus irgendeinem Grund das Bild nicht in meine Hände, vor meine Augen gelangen lassen; gut, ich kann dich nicht zwingen, aber du wirst mir gestatten müssen, daß ich mir meine eigenen Gedanken darüber mache. Sie nimmt den Karton, der auf einem Tisch stand, und trägt ihn schweigend hinaus, in ihr Zimmer. Ich kenne die Reihenfolge der Geräusche genau, es fehlt jetzt eines: das leise Scharren, wenn der Schlüssel in das Stuhlkissen und der Stuhl näher an den Schreibtisch geschoben wird. Also hat sie den Schlüssel diesmal an sich genommen. Bitte schön, denke ich; diese Gesichter sind längst auf meiner Netzhaut eingeritzt, untilgbar, und dort werden sie lebendig; diese Männer gehen alle in meinem Gehirn spazieren, in allen Windungen begegne ich nur ihnen, sie nähren sich von grauweißer Speise, sie mästen sich mit meiner Nervensubstanz, sie werden fett davon, so fett, daß sie aus den engen gewundenen Gängen nicht mehr herauskönnen. Als die Mutter wieder zurückkommt, stelle ich mich schlafend. Sie bleibt eine Weile an meinem Bett stehen, ich rühre mich nicht, endlich geht sie, ganz langsam geht sie, zieht die Füße ein wenig nach, als gehe sie in zu großen Schuhen, da tut sie mir wieder leid, und gern würde ich sie rufen, aber wozu, ich stopfe das Taschentuch in den Mund, damit mir nicht unversehens ein Schrei entkommt. Die Tür fällt ins Schloß, ich bin allein, es ist dunkel, ich nehme den feuchtgewordenen Knebel aus meinem Mund und denke, ob ich vielleicht wirklich dabei bin, verrückt zu werden. Ich habe Angst. Ich sehne mich nach einem aufgeräumten Zimmer am Sonntagmorgen: das Frühstück auf dem Tisch, die Eier unter den kleinen blauen Wärmehäubchen mit dem Hahnenkopf oben drauf, der Kaffee duftet, der Kuchen ist mit Staubzucker überschneit, die frische gelbe Tischdecke zeigt klare Falten vom Liegen im Schrank und ist fleckenlos, das Fenster steht offen, die Tüllgardinen wehen im Wind, die Möbel sind honigfarben, wir alle sind frisch gebadet, der Vater, ich meine: der Herr Rat riecht nach Rasierwasser, die Mutter nach Eau de Cologne, meine Schwestern, Halbschwestern, haben frisch gebügelte und gestärkte weißrosa raschelnde Kleider an, ich selber rieche nach Seife und habe saubere Fingernägel, ich bin zehn Jahre alt, die Welt ist schön geordnet und frisch gewaschen, ich bin ich ganz ungeteilt, bin arglos, und mit Recht, denn selbst die Biene, die der Morgenwind durchs Fenster hereinweht und die sich auf meine Hand setzt, sticht nicht, und das Messer, das ich ungeschickt an der scharfen Schneide anfasse, verletzt mich nicht, und der kochend heiße Kaffee verbrennt mir nicht die Kehle. Ich schiebe das Bild, Kinderbuchbild, zornig beiseite, es gab doch gar keinen solchen Morgen, immer war und ist und wird sein: Störung. Aber mir zum Tort kommt jetzt Bild um Bild, alle aus Kinderbüchern geschnitten, sauber gezeichnet, von mir selbst koloriert: zwei weiße Tauben auf frisch gemähtem Rasen unter einem sehr bunten Regenbogen; ich mit einem weißen Kaninchen im Arm neben einer hohen Sonnenblume am grünen Gartenzaun; der Gipfel des Piz Palü im Septemberschnee unter einem blaublauen

Himmel; eine einzelne braungoldene dorische Säule; ein Wasserfall hoch herunter zwischen Tannengrün im Engadin; meine Hand, im weißen Stoffhandschuh eine weißsilberne Kommunionkerze tragend; die erste Seite eines neuen Schulhefts, von mir schön beschrieben mit nichts als meinem Namen... und so fort; Bilder, die ich, wollte ich nur, entlarven, analysieren, wegdiskutieren, bös weglachen könnte. Aber ich will nicht, ich scheue die Anstrengung, ich lasse ihnen ihren Willen, Mutwillen, ich schaue zu, wie sie rasch und leise wechseln, in lautloser Wildheit den Berg hinunterrollen, einander stumm verdrängen, übereinander herfallen, einander mit sanfter Wut Teile entreißen und sich selber einfügen ganz unpassend: das Kaninchen legt sich auf dem Piz Palu in den Schnee, die Tauben tragen meine Kommunionkerze, der Wasserfall übersprüht mein Schulheft, mein Name ist auf den Regenbogen geschrieben, die dorische Säule brennt still am oberen Ende, immer neue Verwandlung, das Kaninchen brennt und schreibt meinen Namen auf die Säule, zwei bunte Tauben spazieren auf dem weißen Regenbogen, das Schulheft liegt auf der Sonnenblume, meine weißen Handschuhe schreiben meinen Namen in den Wasserfall, der grüne Gartenzaun biegt sich und steht als grüner Regenbogen am Himmel und die Tauben schreiben mit roten Schnäbeln »Piz Palu« darauf, das Schulheft brennt, mein Name steht als Regenbogen am Himmel, der Wasserfall löscht ihn aus, der Piz Palu brennt, die Tauben haben weiße Handschuhe, das Kaninchen liegt auf der Sonnenblume, die Tauben brennen, die dorische Säule steht im brennenden Schnee, die brennenden Tauben tragen mein Schulheft zum Regenbogen hinauf, der Piz Palu schmilzt, der Regenbogen schmilzt, die Tauben schmelzen, der Wasserfall stürzt aus meinen Augen, ganz sicher bin ich verrückt geworden; verrückt vor Sehnsucht nach einem Kinderbilderbuchsonntagsfrühstück; plötzlich weht ein geheimnisvoller Wind all diese verspielten Gebilde hinweg, es wird dunkel in mir und ganz leer, und was über mein Gesicht hinschmilzt ist kein Schnee, das Nasse sind meine Tränen, ich weine; weine, weil ich meine Mutter gequält habe, meuchlings, ohne Vorwarnung, lustvoll wenn auch verzweifelt; weil die zehn Gebote für Roboter nicht gelten und für uns zu schwer sind und auch zu wenig genau, nie auf den Augenblick passen, selbst wenn man sie kasuistisch zerdehnt auf der ganzen Farbskala zwischen Weiß und Schwarz; weil mir, infolge der zehn Gebote (weil, wenn das Gesetz nicht, auch die Sünde nicht wäre) mein Vater abhanden kam, und weil ich mich verheddert verbissen verrannt verkrampft habe in die Suche nach diesem Vater, den es doch geben muß; und weil ich nur halb nur viertel nur achtel verrückt bin statt ganz und dann ohne Verantwortlichkeit; weil kein Weg zurückführt an den Sonntagmorgenbilderbuchtisch, weil ich auch gar nicht zurück will aber auch nicht vorwärts und auch nicht bleiben wo ich bin; weil ich nichts sehe vor mir hinter mir neben mir als die versteinten Abdrücke von abertausend tausend mühseligen Füßen, die ausgezogen etwas zu finden, das ihnen Rechtens zusteht: ein Vater, eine Braut, ein Glück, eine Gerechtigkeit, ein Himmel, und die nichts von Belang fanden und denen die Ratten auch noch das bißchen Mit- und Althergebrachte aus den Händen fraßen: Vater und Mutter und ein paar Talente und den Dekalog und das Vaterland und den Glauben an Menschenwürde und sogar den an den Fortschritt, auch den fraßen die Ratten, und das Taufsalz leckten sie ihnen von den Lippen und den ranzigen Chrisam von der Stirn, und die emergency ration fraßen sie auch gleich mit: das bißchen Hoffnung auf Änderung gleichviel wann wie wo; und ich weine, weil auch ich dort liegenbleibe wo sie alle liegen, auf dem Schindanger, dem Blutacker, mitten unter unsern Silber-

lingen, dem Blutgeld für unsern Verrat, den an uns selber; und ich weine, weil die Welt gar nicht das ist, wofür man sie uns ausgab: etwas Festes, Ernsthaftes, das unterm Gesetz geht, sondern was? eine einzige eine unaufhörliche lautlos knisternde Explosion, die dir den Tisch das Brot die eigene Hand gerade nur für einen Augenblick lang Tisch Brot Hand sein läßt, um es insgeheim tückisch unter deinem von Atomblitzen geblendeten Blick in ein Häufchen atomverseuchten Staubs zerfallen zu lassen, die Welt: nichts als ein einziges stummes wüstes Fortstürzen des Ungewissen ins Ungewisse hinab, und dies besinnungslos blindwütige Fortzeugen, teuflisch getrieben, sprachlos im Fleisch, und was dabei herauskommt, wenns nicht verhütet nicht abgetrieben nicht gleich nach der Geburt erstickt wird: der Mensch; was für ein Mensch denn? ich kenne nur Giftspinnen für Schalter und öffentliche Ämter, und Huren, professionelle und andre, lautlos Geld baggernd mit ihrem Schoß zum Ankauf eines Tabakladens und tugendhaften Alters, und Priester mit wurmstichigem Glauben und sorgfältig anerzognen Verdrängungen aller Art, und unverstandene Weiber beiderlei Geschlechts, die ihre Psychiater verführen wenns geht, und Diktatoren mit kleinen Bärten unter der Nase, mit längern über die Mundwinkel hängend, mit am Kinn zugespitzten oder schlangenzüngig zweigeteilten, mit solchen gekrausten, die den Unterkiefer bis zum Ohr umwuchern, und bartlose auch, so und so Mörder, das kommt heraus bei diesem Dem-Herrn-deinem-Gott-Gehorchen »Vermehret euch!«. Kurzum: ich weinte, weil ich die Masern hatte. Warum sagen Sie nichts, Sie da unten?
Was soll ich sagen, Tobias, was erwartest du von mir jetzt? Daß ich erschüttert zusammenbreche unter dem Anprall deiner wortreichen Anklage? Entschuldige, wenn ich so tief nicht getroffen bin, wie du hofftest. Weißt

du: ich kenne deine Sprache viel zu gut, als daß sie mich erschrecken könnte. So nämlich redet man heute, so trägt man sich jetzt, alle Schriftsteller, die etwas auf sich halten, reden so, nur besser natürlich als du, der du weder den Schmeller noch den Gargantua kennst und noch nicht gemerkt hast, wie effektvoll gewisse moderne Wörter sich in eine solche Rede, Poesie oder Prosa, einfügen lassen; Wörter wie: Kybernetik und Isotop, Jury und Kleesäure, Memorandum und Dysenterie, Plankton und Kugellager, Diktaphon und Dossier, Encyclica und Streptokokken. Du mußt noch lernen, mein Kleiner. Du mußt dir einen eigenen Dictionaire anlegen mit Wörtern, die einzig geeignet sind, das wahre Bild der Welt wiederzugeben. Ich mach dir den Anfang mit dem Alphabet der Verzweiflung: Affenhormon, Blutgeruch, Cheftexter, Dermatologie, Empfängnisverhütung, Faschismus, Gummigrossist, und so fort bis Kobalt, Lungenkrebs, Misogynie, Nightclub, Pervitin, Revanchismus, Stahltrust, Traktoristin, ergänze selbst. Nun, was ist? Bist du es jetzt, der schweigt? Habe ich dich gekränkt? Ach Tobias Tobias: es ist sehr leicht, gemeinsame Sache zu machen mit Wölfen und Ratten, und loszuziehen in Rudeln gegen den Menschen. Es ist leicht, sage ich; es ist die Mode des Tages. Ich nehme wenige aus, zwei drei vielleicht, die bitterlich leiden an dem, was sie beschimpfen: am Menschen. Aber die andern: das sitzt im Studio mit air-condition, kettenrauchend, hat seine Hausbar und den großen Sportwagen in der Garage, empfängt Preise aus der Hand der Schwerindustrie, speist mit Ministern je nach Opportunität, spekuliert an der Börse, und stampft mit Worten auf Worte ein, und fürchtet sich vor dem Verlust des beschimpften Komforts und des Erfolgs, fürchtet sich vor der Literaturkritik, vor der Ehefrau und der illegalen Geliebten, der Regierungskrise, der Sklerose, dem Krebs, dem Tod. Schau, Tobias: was du für potente Revolte

hältst, das ist Angst, Hilflosigkeit, Dekadenz. *Hör mich an, ich bitte dich. Sag mir: ist es denn wahr, ist es denn, nüchtern betrachtet, wahr, daß die Welt so ist, wie du sagst, wie sie sagen: voll von Mördern, fetten Bankiers, Lustgreisen, Crétins, Huren, abtrünnigen Priestern, fallierenden Politikern, Bordellmüttern, neurotischen Industriellen, Hochstaplern? Gibt es wirklich nur mehr zerbrochene Ehen, Unzucht, Habgier, Lüge? Ich frage dich. Gib Antwort!*
Ich weiß nicht.
Du weißt nicht, weißt nicht! Du willst nicht wissen. Aber ich weiß. Und warum sollte nur ich wissen, was jedermann wissen kann? Was? Daß es auch anderes und andere gibt, den andern Menschen, der seinen Schatten beherrscht, der sich erzogen hat, im Zaum hält; den glasklar Grundanständigen, den Noblen, den Keuschen, den Treuen, Beständigen, den aus Liebe Verzichtenden. Zieh nicht solche Grimassen. Hast du mir genau zugehört? Ich habe kein Bild eines Engels entworfen. Ich sprach vom Schatten, von der Beherrschung. Ist es nicht deutlich genug?
Doch. Sie sprachen vom domestizierten Tier.
Streiten wir nicht weiter mit Worten. Machen wir einen Pakt: wenn wir auf der Suche nach deinem Vater einen Menschen treffen, den du wirklich als Vater wünschst, dann habe ich gewonnen, und du wirst dein Urteil revidieren.
Um eines einzigen Gerechten willen? Sie gebens billig. Jahwe forderte deren mehrere, um Sodom zu verschonen, wenn ich mich recht erinnere. Er ließ übrigens mit sich handeln. Der Handelsgott eines Handelsvolks. Nun gut. Ich stelle aber eine Bedingung: die Qualität der zu besichtigenden Väter bestimme ich, nicht Sie. Ich lasse mich nämlich in keine Exposition erdichteter menschlicher Perfektion führen, in keine Tugendmustermesse.
Und ich, ich lasse mich nicht zwingen, mit dir, du Wolf,

zu heulen, mit dir, du Eber, im Morast zu wühlen. Nein, mein Kleiner, so einfach mache ich es dir nicht, und mir nicht. Meinst du nicht, es wäre bequemer für mich, dem allgemeinen Gefälle zu folgen, dem Paroxysmus des angeblich und eingebildet Heiligen Zorns mich zu überlassen? Ich hätte schon Lust dazu, merkst du es? Deine Sprache ist ja auch die meine, so wie du ich bist, so wie ich du bin, du von mir erdichtet, ich von dir umgebildet, und beide auf der Suche nach dem, was wahr ist, gleicherweise für dich und mich.
Und Sie glauben im Ernst, es ließe sich finden, dieses doppelt-eine Wahre?
Ich weiß nicht. Ich weiß es jetzt nicht mehr.
Sie wissen nicht? Nicht mehr? Aber wie können Sie dann so tollkühn sein, mit mir auf die Suche nach jenem einen Gerechten zu gehen? Und wie können Sie dann behaupten (keine drei Minuten ists her), daß es den noblen, den treuen, den keuschen, kurzum den sehenswerten Gerechten gebe? Wie, wenn wir nur den üblichen Dreckskerlen begegnen? Was dann? Sie zucken die Achseln. Auch eine Antwort. Mir scheint dies Unternehmen eine rechte Donquichotterie: den Gerechten zu suchen, der dann auch noch mein Vater sein soll. Ich muß lachen über Sie und mich: wir zwei ausziehend von einem nämlich meinem Nullpunkt, zu dem sich herabzulassen Sie entschlossen sind, wir zwei, reitend auf ein und demselben Tier, vorne weiß, hinten schwarz, Sie halten Ihre Hälfte, die vordere, für das übliche das abgenutzte literarische Roß, ich halte meine für eine Abart jenes tückisch eingeschmuggelten hölzernen Pferdes, aus dessen Bauch, Klappe auf, Leiter heraus, plötzlich bis an die Zähne bewaffnete Anklagen steigen, die unversehens Ihre hoffnungsvolle Hälfte erschlagen und lustlos verspeisen. Das kann eine angenehme Reise werden. Ich bin ihrer jetzt schon überdrüssig.

Also verzichtest du darauf, deinen Vater zu finden?
Nicht eigentlich darauf ihn zu finden, nur darauf ihn zu suchen. Ich möchte ihm zufällig an der nächsten Ecke begegnen. Ich bin müde.
An diesem Punkt angelangt, der sich als Weggabel erweist, können wir eine andere Richtung einschlagen. Beginnen wir ein neues Kapitel, ein ganz anderes. Lassen wir doch diese besessene Vatersuche. Du bist in einem Alter, in dem du selbst Vater sein könntest; da ists doch schon gleichgültig, wessen Sohn man ist. Schau nicht zurück. Du bist der Hand deines Vaters entlaufen, ganz gleich, wer er sei.
Das sagte Onkel Philipp auch. Und als er es sagte, merkte ich, daß er mich nicht verstand. Wer mich davon abhalten will, den Vater zu suchen, der ist mein Feind.
So ist das? Dein letztes Wort? Es gilt? Also denn, du willst es so: ziehen wir aus, mit nichts in der Tasche als einem Geigerzähler, der, so hoffe ich, ausschlagen wird in der Nähe des Gerechten.
Ich führe außerdem noch einen kleinen Lügendetektor mit und ein winziges Mikrophon im Knopfloch. Brechen wir auf mit geduldiger Wut. Vor uns liegt das Feld unsrer Abenteuer, das ich durchquerte in meinem neunzehnten Jahr. Von fern siehts aus wie eine Stadt. Eine Stadt wie andre Städte. Im Näherkommen erweist es sich als zerklüftetes Steingebirg mit tiefeingeschnittenen Schluchten, durch die der Wind grauen Sand bläst, hinein, wieder hinaus, und in den Höhlen hausen Schatten von Tieren, die handeln und wandeln auf ihre schattentierische Art. Unser Aufbruch erfolgt vom Vorgebirg aus, wo eine billige Herberge steht, die vorgibt, mein Elternhaus zu sein. Die erste Station auf unserm Weg liegt bereits im Gebirg: das Haus Onkel Philipps. Der Besuch bei ihm war, ich deutete es schon an, am Ende ein Mißerfolg. Aber ich erfuhr doch einiges Wissenswerte, als ich,

kaum war ich von den Masern genesen, ihn aufsuchte. Es war gegen Abend. Sprechstunden am Nachmittag nur nach Verabredung. Die Tür öffnete sich elektrisch. Onkel Philipp beschäftigt außer einer Putzfrau keine Angestellten; sein Haushalt läuft vollautomatisch. Im Flur ein Schild mit rot aufleuchtender Schrift: Bitte warten. Ein rotleuchtender Pfeil zeigt auf eine weißlackierte Tür. Ich trete ein. Im weißlackierten Wartezimmer sitzen drei Leute. Sie mustern mich nachdrücklich befremdet. Ich erwidere herausfordernd ihre Blicke, bis sie wegschauen, einer nach dem andern. Ein alter Mann, wie eine Birnenhutzel so dürr und braun, was will denn der hier? Ein zweifelhaftes Mädchen, um so saftiger im Fleisch; muß wohl professionell sich kontrollieren lassen. Und eine etwas kümmerliche ältere Frau mit einem Ekzem an den Händen; sie kratzt sich unaufhörlich, das schabende Geräusch macht mich halb verrückt. Eine rotleuchtende Schrift: Der Nächste bitte. Die Kratzende. Eine Weile später wieder die Schrift; der Alte begibt sich ins Sprechzimmer. Ich bin mit der kleinen Hure allein. Sie sitzt brav da, Hände überm Täschchen gefaltet, Knie sittsam eng aneinander, Augen niedergeschlagen, der perfekte Klosterzögling. Nur daß sie penetrant nach irgendeinem süßen Parfum riecht. Als die rote Schrift für sie aufleuchtet, zieht sie aus der Tasche ein Kärtchen mit ihrer Adresse und gibt es mir. Ich werfe es vor ihren Augen zu Boden. Sie hebt es auf, steckt es wieder ein, gibt kein Zeichen von Zorn, geht geduldig weg. Ich bin allein. Der Nächste bitte. Du, Tobias, was willst denn du jetzt während der Sprechstunde? – Aber ich bin der letzte Patient für heute, lieber Onkel Philipp, und der schwerst kranke. – Sein forschender Blick. Ich hab mich angesteckt, Onkel. – Quatsch, sagt er; red vernünftig. – Warum soll das nicht stimmen, frage ich; alt genug bin ich, die du eben behandelt hast, gab mir ihre Adresse. – Das Luder.

Aber laß jetzt das dumme Geschwätz, komm zur Sache, du hast was andres auf dem Herzen, setz dich, fang an. – Also gut, Onkel Philipp, ich fange an, und ich werde auch gleich wieder am Ende angelangt sein: wer ist mein Vater? – Er nimmt seine scharfe Brille ab und schaut mich mit besorgter Aufmerksamkeit an. Was willst du damit sagen? – Genau das, was die Frage fragt: wer ist mein Vater? – Aber zum Teufel, hinter dieser Frage steckt doch was. – Ja, Onkel, dahinter steckt was, nämlich dies: der Herr Rat ist nicht mein leiblicher Vater. – Onkel Philipp steht mit offenem Munde da. Das ist ein ehrlich dummes Gesicht. Ich muß lachen. Also, du scheinst nichts zu wissen, sage ich. – Setz dich doch endlich, sagt er, setz dich, und erklär mir, wie du auf diesen Einfall kommst, der, nebenbei gesagt, nicht originell ist; wer von uns hat sich nicht schon als Findelkind, Waisenkind, Zigeunerkind geträumt. – Vielleicht deine Generation, sage ich, die meine hält sich an Fakten. – Und die sind? – Eine Frage: warst du, als ich neulich Masern und Fieber hatte, an meinem Bett? – Ja. – Und hast du zu meiner Mutter gesagt, man soll meinen Vater benachrichtigen? – Ja. – Nun also. – Was also? – Mein Vater, der Herr Rat nämlich, war doch zu Hause, den brauchte man nicht zu benachrichtigen. – Ah, jetzt versteh ich. Das nennst du einen Fakt. Der Fakt war aber der, daß dein Vater just in diesen Tagen verreist war, auf einem Kongreß. Nun, was sagst du jetzt? – Ich glaube dir nicht. – Bitte schön, dann kannst du gehen. – Entschuldige; aber es ist doch möglich, daß dieser mein Irrtum auf eine Wahrheit weist. Ich bin nämlich überzeugt, daß der Herr Rat nicht mein leiblicher Vater ist. – Worauf gründet sich diese deine Überzeugung? Auf nichts als auf sich selbst. – Der Onkel lacht, kurz nur, dann schaut er mich streng an: Also du behauptest da ganz einfach, daß deine Mutter Ehebruch beging und daß du die Frucht dieses Ehebruchs seiest; ganz hübsch, allen Respekt. – Daß du, lieber

Onkel, dich eines moraltheologischen Terminus bedienst, erstaunt mich. Nun: du hältst es also für unmöglich, daß meine Mutter einen wie du sagst ›Ehebruch‹ beging. – Mein Lieber, ich halte nichts für unmöglich; ich meine zu wissen, was der Mensch ist; er ist zu allem fähig, nach oben und nach unten; nach oben nur grundsätzlich, nach unten realiter, mit andern und sehr wohlwollenden Worten: jeder von uns ist ein mehr oder weniger dressierter Wolf, oder sagen wirs rund heraus: ein Schweinehund, und er ists, im allgemeinen, um so gewisser, je harmloser er aussieht. Dreißig Jahre Praxis, mein Lieber: was da so zu mir kommt, außerhalb der Sprechstunde, versteht sich, insgeheim, abends, nachts! Kein bürgerlicher Stand ausgenommen, kein sogenanntes Bildungsniveau und kein Beruf und kein Alter ausgenommen. – Nun also, Onkel Philipp: warum sollte dann meine Mutter eine Ausnahme sein? – Weil sie, du Dummkopf, deinen Vater liebt nach Art solcher Frauen, das heißt: mit besitzergreifender Hörigkeit. Sie hat ihn gewählt, ihn gewollt, ihn bekommen, und sie ist stolz auf ihn. Sie hätte genügend andre haben können. – Wen zum Beispiel? Der Onkel schaut auf die Uhr. In zehn Minuten kommt ein Patient, dann mußt du gehen. Ich bin also bereit, zehn Minuten dir Rede und Antwort zu stehen. Überleg dir deine Fragen. – Ich versteh nicht: du sagst, jeder Mensch sei zu allem fähig, also gibst du zu, daß meine Mutter zum Ehebruch fähig sei; und gleichzeitig sagst du, sie sei dazu nicht fähig. – Ich sehe, ich muß mich schärfer ausdrücken: sie ist zum Ehebruch unfähig nicht aus Mangel an Lasterhaftigkeit, sondern nur aus Mangel an einem diesbezüglichen Bedürfnis. Sie ist bedient. Klar genug? – Deine Ethik und deine Ausdrucksweise in Ehren, lieber Onkel, lassen wirs dabei. Also du bestreitest rund heraus, daß ich einem andern als dem ehelichen Bett entstamme. – Ich halte es, sagen wir, mit optimaler Wahrscheinlichkeit für ausgeschlossen. – Ein Rückzug? – Ich habe die Nächte deiner Mutter nicht kontrolliert, mein Junge. – Jetzt weiß ich soviel wie vorher. – Was hast du von mir erwartet? Eine Bescheinigung, Schwarz auf Weiß, mit amtsärztlichem Siegel, daß es sich so und nicht anders verhält? Vielleicht aber hast du erwartet, daß ich dir sagte: Ja, mein Lieber, du hast schon recht, dieser Herr Rat, den du nicht magst, ist nicht dein Vater. Dein Vater, das ist ein Genie, hat den Pour le mérite, den Hosenbandorden, ist Mitglied sämtlicher Akademien, hat den Nobelpreis. Das würde dir so passen, nicht wahr? Daraus könnte der junge Herr, so meint er, einige Garantie beziehen für den eigenen Wert. – Nobelpreisträger, sagst du? Physiker? Ist er groß und ernst? – Wer? – Meine Mutter kennt einen, sie hat sein Foto bei ihren Fotos. – Ach der. Das war ihr Schwarm. Gesehen hat sie den nie in natura. Nein, mein armer Neffe, ich muß dich enttäuschen: der ist nicht dein Vater. – Und wie ists mit unserm Kurorchester-Dirigenten? – Aber geh, sagt der Onkel, den kennen wir seit jeher, den konnten wir nie ausstehen. Den laß ruhig aus dem Spiel. – Weißt du, daß sie befreundet ist mit einem verkrachten Komponisten, der jetzt Musikkritiker ist? – Gewiß. Den unterstützen deine Eltern mit Geld seit zehn Jahren. Ein armer Teufel. – Meine Mutter scheint an ihm zu hängen. – Sie hat eine Vorliebe für Pflegebedürftiges, für Kümmerlinge. – Aber der Uhu? (Ich sage ihm den Namen des Politikers, des Juden.) – Der Onkel stutzt, er schaut mich plötzlich scharf interessiert an, ist sichtlich von einem Verdacht überrascht. – Onkel, frage ich, wann kam mein Vater aus der Kriegsgefangenschaft zurück? – Mitte September fünfundvierzig. – Bist du sicher? – Ganz sicher. – Ich bin geboren am 23. Mai 1946. Nun also. – Scheint dir das nicht etwas verfrüht? – Minimal. – Aber im August hatte meine Mutter diesen, diesen andern kennengelernt, laut ihrer eigenen unüberlegten Auskunft. Siehst du, Onkel Philipp, jetzt schweigst du. – Er zündet sich eine Zigarette an, bietet mir eine an, wir rauchen schweigend. Von der Zehnminutenfrist ist erst die Hälfte vergangen. Ich habe keine Lust mehr Fragen zu stellen. Der sterile Raum macht mich müde und gleichgültig. Ich schaue zum Fenster hin, kann nicht sehen was dahinter ist, das Glas ist gerippt und milchig. Mir wird eng. Ich stehe auf und will mich verabschieden. Bleib sitzen, sagt Onkel Philipp; er drückt mich mit seiner großen langen Hand auf den Stuhl zurück. Lösen wir einmal, sagt er, den ganzen Komplex in seine Bestandteile auf. Erstens: du bist unzufrieden mit deinem Vater, wünschst dir einen andern. Zweitens: einen andern als den im Register geführten Vater zu haben, ist durchaus möglich; es gibt illegale Verhältnisse genug innerhalb der Ehen; also stellst du die Hypothese auf, du seist ein illegitimes, ein außereheliches Kind. Drittens: der richtige Vater muß gefunden werden können. Viertens: er muß jedoch deinem Wunschbild von einem Vater entsprechen. Ergo: du bist ausgezogen, den idealen Vater zu finden. Stimmts? – Natürlich. – Nun gut. Nehmen wir an, du findest ihn: er ist längst verheiratet, weiß vielleicht gar nichts von deiner Existenz, hat alles vergessen, ärgert sich, gewinnt keine Beziehung zu dir, haßt dich als Störung seines längst geordneten Lebens, glaubt dir vielleicht gar nicht, kurz und gut: dein Fund enthüllt sich als radikaler Verlust. Oder, nehmen wir an, du findest zwar deinen leiblichen Vater, aber er erweist sich als einer der üblichen Schweinehunde; was dann? Du fühlst dich belastet von einem Erbe, das dich, solange du es nicht kennst, keineswegs betrifft; in diesem Fall hast du zwei Väter verloren, und dein Lebensvertrauen dazu. – Und warum, verdammt, warum sprichst du nicht von der Möglichkeit, daß ich den rechten, ich meine den richtigen den guten Vater finde und er mich annimmt? – Onkel Philipp schaut mich wieder an mit jener scharfen Aufmerksamkeit, mit der er sich über die vermutlich scheußlichen und stinkenden Geschwüre seiner Patienten beugt; ich fühle mich plötzlich ekzembedeckt, schorfig, mit den ersten Anzeichen der Ansteckung behaftet, kurzum: äußerst unbehaglich und sonderbar beschämt. Tobias, sagt er, laß dir einen Rat geben. – Wenn dein Rat darin besteht, diese Suche aufzugeben, kannst du ihn dir sparen. – Setz dich, Dummkopf, Hitzkopf; du brauchst ihn nicht zu befolgen, ich will dir nur helfen, deine Lage zu klären. Was du da suchst, das ist etwas Unauffindbares, falls du es nicht mit dem rechten Namen nennst. – Wie denn? – Tobias. – Wie? – Was du suchst, bist du. Tobias auf der Suche nach Tobias. Du hast aber Angst vor dem Treffen. Darum möchtest du zuerst dem Vater begegnen, der dich schützen soll. Kleiner Feigling. Hast Angst vor dem Mann-Werden. Vatersöhnchen. Geh heim, gibs auf zu träumen; studier, nimm dir ein Mädchen oder geh ins Bordell meinetwegen, ertrag dich, ertrag die Einsamkeit, ertrag das Ungeschütztsein, wage dich. Es gibt keine Vaterarme, mein lieber Neffe. Man ist allein. Die Väter sind alle tot. Jeder Sohn ist sein eigener Vater. Es gibt die Etappe nicht mehr, in der die Söhne hinter der Väterfront sich verstecken. Kurzum: sei kein Narr, hör auf zu suchen; hör auf, dein Heil von etwas und jemand anderm zu erwarten als von dir allein, mißtrau allem, was dir Geborgenheit verspricht, betrachte jeden als deinen Feind, der dir Verantwortung abnehmen und dir Lösungen mitteilen will, schaff dir deine eigenen Gebote, halte sie streng, sonst zerfällt dir dein Leben. – Amen. Schön hast du gepredigt, nur leider gings mir bei einem Ohr hinein beim andern hinaus, es traf nicht, die Explosion erfolgte nicht, mit andern Worten: du verstehst nicht, worum es mir geht, und ich habe den Verdacht, du verstehst nicht, worum es überhaupt geht. – Möglich, sagt er nüchtern und geduldig, das ist leicht möglich, ich bin kein Psychiater, kein Anthropolog, kein Philosoph, nichts von allem, ich bin Organpatholog, Dermatolog und habe es mit sozusagen handgreiflichen, mit unappetitlichen Hautkrankheiten zu tun, auch mit venerischen, natürlich. Es ist mein Beruf, sie nach Möglichkeit zu heilen. Es ist nicht meine Aufgabe, das Wesen des Menschen und den Sinn seiner Leiden zu erforschen. Ein Mensch, der zu mir kommt, ist für mich ein Patient, der von mir verlangt, geheilt zu werden für sein gutes Geld oder das seiner Krankenkasse. Er verlangt, daß ich richtig diagnostiziere: ob ein malignes Melanom vorliegt oder nur eine Allergie, etwa eine Terpentin-Sensibilisierung, um nur ein Beispiel zu nennen, oder eine Schuppenflechte oder der Beginn einer Erythrodermie, oder, bei venerischen Krankheiten, ob ein Lymphogranulom oder ein ulcus molle, und so fort; je nach der Diagnose wähle ich die Methode der Behandlung, kontrolliere die Fortschritte und kassiere dafür Geld ein, meistens. Geht es mich etwas an, daß die Lues im illegalen Bett geholt wurde? Ich trenne Moral und Medizin. Ich gebe Ratschläge für die Verhinderung einer neuen Ansteckung, aber ich würze diese Ratschläge nicht mit Hinweisen auf das sechste Gebot. – Warum nicht, Onkel Philipp? – Warum nicht? Weil ich weiß, daß es nutzlos ist. – Bist du dessen so sicher? – Ich befreie Menschen von Krankheiten, deren sie sich schämen, damit räume ich ihnen den Weg frei für ihr Weiterleben. Wie sich das gestaltet, das ist nicht meine Sache. – Und wie erträgst du dein Leben? – Wieso? Was meinst du damit? – Ich meine, daß es furchtbar ist, Tag für Tag diese Typen hier zu sehen, ihre schorfige Haut abzutasten und ihnen zwischen die Beine zu schauen, wo es eitert und stinkt. – Es ist ein Beruf wie andre, er interessiert mich, ich verdiene gut. – Aber was hilft dir denn dein Geld, du tust ja nichts damit, wohnst in dem alten Haus, fährst den alten Wagen, hast keine Frau, jedenfalls keine Ehefrau, warum lachst du? Weil du auch keine andre hast? Reisen machst du auch keine, der einzige Luxus, dein »vollautomatischer Haushalt«, ist schließlich eine Sparmaßnahme, kurzum: wozu Geld verdienen? – Tobias, jetzt sind die zehn Minuten um, gleich wird es klingeln (schon klingelt es), geh hier hinten hinaus (er schiebt mich in das Zimmer daneben, schließt die Doppeltür). Das Zimmer ist offenbar sein Wohnzimmer, er schläft aber auch da, das Bett ist hinter einem Vorhang, ein unbequemes Lager, eng, kein Platz für zweie, demonstrativ, das ganze Zimmer aufs Nötigste reduziert, unkomfortabel, interessant nur ein elektrisches Schaltbrett wie in einem Fabrikraum, viele Knöpfe, die Drähte laufen in ein dünnes Rohr, es verschwindet in der Wand. Der »vollautomatische Haushalt«, sprichwörtlich in der Stadt, er wird von hier aus bedient. Nur abends die Putzfrau, seit Jahrzehnten die gleiche, eine alte Jungfer oder Witwe, vielleicht war sie einmal seine Geliebte, wer weiß, sie ist gleich alt mit ihm, aber ich weiß nichts darüber, niemand weiß etwas von ihm, es gibt keine Skandale um ihn. Nur daß er Atheist ist, das glaubt man zu wissen, meine Familie sagt es, und Tante Bertha läßt Messen lesen für sein Seelenheil, das beinah schon verspielte, und als ich klein war, mußte ich nach dem Abendgebet sagen: »... und laß den Onkel Philipp nicht in die Flammen des höllischen Feuers fallen ...«, ich betete es inbrünstig, denn die Alliteration gefiel mir, man hörte das Fauchen der Flammen in den drei F, die ich möglichst scharf aussprach, und ich sah Onkel Philipp kopfunter aus einer unbestimmten Höhe fallen, unbekleidet, schwarz schon wie die Teufel auf dem Bild vom Höllentanz in der Friedhofskapelle, aber ich war zuversichtlich für Onkel Philipp, die Flammen würden ihn auffangen, würden

sich teilen, und er würde sich erstaunt auf einem freien stillen kühlen Platz inmitten des Feuermeers finden, in der Hölle freilich, denn wer nicht in die Kirche geht und »nichts glaubt«, der kommt in die Hölle, da ist nichts zu machen, aber innerhalb der Hölle, da gibts eben dieses geschützte Plätzchen für meinen Onkel Philipp; Besseres konnte ich wirklich nicht für ihn herausschlagen bei Gott mit meinen Gebeten; richtig betrachtet war es viel, denn es macht schon einen Unterschied, ob man in den Flammen brennt oder geschützt kühl zwischen ihnen sitzt; aber andrerseits war es eben doch die Hölle, denn immerfort dasitzen, ganz allein, das kann auf die Dauer auch unerträglich sein, und dann würde Onkel Philipp aufspringen und sich selber in die Flammen werfen, wo die andern sind; aber freilich: die andern, die sind dann von solcher Art, eben höllischer Art, daß er wieder zurückfliehen würde in sein höllisches Alleinsein, und von dort wieder in die Flammen, und so fort, die ganze ewigkeitlange Ewigkeit hindurch. Manchmal mußte ich über Onkel Philipps voraussichtlich unabwendbares Schicksal weinen. Das war vor zehn Jahren. Jetzt, auf der Straße hinter seinem Haus, langsam fortgehend, denke ich, daß die Hölle sich recht weit in unser irdisches Leben hinein erstrecke, und ich finde mich schließlich dabei, wie ich die Stufen zu einer Kirche hinaufsteige, vermutlich automatische Reaktion, um ein Kindergebet für Onkel Philipps Rettung zu beten, aber oben angekommen, steige ich wieder hinunter, denn nicht nur daß ich nicht zu beten weiß, ich bin jetzt nicht mehr sicher, daß Onkel Philipp vor irgend etwas gerettet werden muß, geschweige denn vor und aus der Hölle.
Vorsicht, Tobias, denk an die Wette! Mein Geigerzähler hat ein wenig ausgeschlagen.
Sie meinen, Onkel Philipp imponiere mir allzusehr? Ich schätze seine trockene Art, es gefällt mir wie er sich frei-

willig beschränkt und wie er seinen Dienst für nichts erachtet, ja; aber es scheint mir doch zu wenig, nur Facharzt und nichts sonst zu sein, und Diagnosen zu stellen, die auf Anamnesen beruhen nicht weiter zurückreichend als bis zum mutmaßlichen Datum der faktischen Ansteckung durch irgendeinen Virus oder eine Bakterie. Er hat mich nicht verstanden. Ich setze mich auf die unterste Stufe der Kirchentreppe und hätte nichts dagegen, für immer so sitzen bleiben zu können, die Hände zwischen den Knien, und die Leute würden Münzen legen neben mich, das vaterlose Kind, die Waise, den Findling, und ich würde Wurzeln schlagen zwischen den Steinen; nur nicht mehr mich bewegen, nicht mehr suchen müssen. Ich bin müde.
Jetzt schon? Nach dem Vorspiel willst du aufhören?
Dieses Gewirr. Diese Unwissenheit. Dieses Nicht-wissen-Können. Nur Schluchten, Rinnen, Geröllfelder, Kamine, Steilwände, Überhänge, Grate, Sättel, Türme, Spitzen. Kein Weg. Auf dem nackten Fels haftet keine Spur. Und da gibt es Leute, die behaupten, sie kennten den Weg.
Was hat dich so verwirrt?
Ich weiß nicht, was Gut und Böse ist. Pessimismus, Zynismus, nicht an den Menschen glauben, nicht an Gott, nicht an Unsterblichkeit, einfach an nichts, und doch helfen tagaus tagein, ohne Honorar meist, man weiß es doch, und allein sein: was ist gut, was ist böse? Gehen Sie zu einem Pfarrer, zeigen Sie ihm, wie Onkel Philipp lebt, sagen Sie ihm, Onkel Philipp sei ein Heiliger – wird er es nicht glauben? Aber er ist ein Zyniker und Atheist. Oder gibt es Heilige aus Verzweiflung? Atheistische Heilige? Was sind Heilige? Oder ist es sinnlos, was einer tut, wenn er es so tut wie Onkel Philipp: so wie andre Schweine schlachten, Straßen kehren, Autos waschen? Und wozu gläubig sein, wozu Christ sein,

wenn man auch als Atheist sein Leben den andern hingibt, für was, für keinen Dank, für nichts?
In meines Vaters Haus sind viele Wohnungen.
Schnell zur Hand mit einer allumfassenden Erklärung. Sie mit Ihrer verfluchten modernen christlichen Toleranz. Im großen Netz, dem Gumminetz, fängt man alle, sind alle eingefangen von vornherein. Für alle eine Hoffnung, für alles eine Lösung, man braucht nur weit genug zurück ins Unkontrollierbare und weit genug voraus ins Nebelhafte zu greifen, dann stimmt alles. Die Causa Prima, die ewige Ordnung, das Alpha, das zugleich Omega ist, das Nicht-Beweisbare, das einfach Angenommene – man braucht es nur mit Namen zu nennen, man nennt es Gott, und wuppsdich ist die Welt erklärt. Und Gott sah, daß alles gut war. Nehmen wir an, es war gut damals. Aber hat denn Gott nicht weiter gesehen als bis zum Sündenfall? Hat er denn nicht gewußt, was danach aus seiner Welt würde? Kann er etwas für gut halten, was schon den Keim des Verderbens in sich hat? Ja ja, ich weiß schon, was Sie sagen wollen: unser Begriff von gut und von Ordnung ist nicht der, den Gott davon hat, ja, und letzten Endes, wie ist da doch alles aufs herrlichste geordnet, und wie sinnvoll, daß es Blinde Lahme Taube Paralytiker Syphilitiker Blödsinnige Krüppel Wahnsinnige gibt. Alles zur größern Ehre Gottes. Eines Tages werdet ihr verstehen. Sagen Sie doch was! Sie wissen doch auf alles eine Antwort.
Ich habe mich mit dir auf den Nullpunkt zurückwerfen lassen. Jetzt darf ich keine Antwort mehr wissen.
Das ist Betrug. Das ist betrügerische Herablassung. Das ist ein Experiment. Das ist alles andre, bloß nicht wahr. Sie wissen eine Antwort.
Meinst du? Vielleicht habe ich keine andre Antwort als mich selbst. Aber sag mir, wie ist das nun mit uns beiden: geben wir auf? Ich habe nichts dagegen. Ob das

Fragment länger oder kürzer ist, macht nichts aus. Willst du nach Hause gehen, deinen Vater ertragen, deine Mutter ertragen, dich selbst?
Sie meinen, daß Ihr Roman hier enden könnte. So enden: Tobias sah ein, daß es sinnlos war, weiterzusuchen nach etwas, das, auch falls es existierte, doch zu finden nicht lohnte. Finis. Sie vergessen, daß Sie einen Dickschädel geschaffen haben, einen ewig protestierenden, ein Maultier, das vorwärtsrennt, wenn man es am Schweif nach rückwärts ziehen will.
Also denn, machen wir weiter. Was jetzt?
Jetzt möchte ich einem Mädchen begegnen, nicht Carola, einem andern, irgendeinem, das harmlos ist, das mich nicht zittern macht, wenn ich es streife. Eine soll es sein, die ich kenne, aber nicht allzu gut, nur eben so, daß der Gesprächsbeginn leicht ist und das Ganze etwas Beiläufiges hat und nicht den Reiz des ganz Neuen und keine heftigen Erwartungen erweckt, überhaupt keine Erwartungen. Am besten eine, die ich vom Schulweg her kenne, vom Autobus her, so daß ich weiß, in welcher Gegend sie wohnt, in welche Schule und welche Klasse sie geht, und ihren Vornamen sollte ich wissen. Ich wähle Bina. Sie wird Sabina heißen, aber die andern Mädchen rufen sie Bina. Erinnert an Biene. Etwas Fleißiges, Ernstes, auf Honigsammeln Bedachtes. Den Stachel lassen wir außer acht. Sie hat gewiß keinen. Das ist es, was mir im Augenblick behagt: sie scheint sanft und noch recht ein Schulmädchen, nicht sehr gescheit, kurzum: angenehm unproblematisch für einen Spaziergang, falls sie sich dazu überreden läßt. Sie ist wohlerzogen. Guten Abend, Sabina. Sie lacht: Sabina, wie kommst du auf den Namen? – Heißt du nicht so? – Nein, Bina. – Aber das ist doch kein Name, das ist höchstens die Hälfte von einem Namen. – Du hast recht, ich heiße Cherubina. Mach deinen Mund ruhig wieder zu. Warst du nie in einer Mozartoper?

Figaro? Cherubino? – Sie summt die Melodie von »Ihr, die ihr Triebe des Herzens kennt«. Ja aber, was hat denn das mit dir zu tun? – Mein Vater ist Musiker. Er liebt den Figaro. Da hat er mich eben Cherubina getauft. – Warum nicht Susanna, Marcellina oder Rosina? – Ich weiß nicht; aber Susanna möchte ich nicht gern heißen. – Kann ich verstehen. Auch wenn es das ius primae noctis nicht mehr gibt. – Was bitte? Murmle doch nicht so. – Nichts. Dein Vater ist Musiker, sagst du. Was für einer? – Ein guter, aber so zu schreien brauchst du auch wieder nicht. – Sie lacht schon wieder. – Aber ich meine doch etwas anderes: ob er Pianist ist oder im Opernorchester oder Musiklehrer oder was. (Wieso spure ich noch immer nicht?) – Musiklehrer, sagt sie verächtlich, als hätte ich gesagt: Zirkusreiter oder Barkellner, sie wirft ihren kleinen Kopf ein wenig zurück und blitzt mich an: Mein Vater ist doch Dirigent vom Kurorchester. – So? sage ich, und mir wird einen Augenblick lang übel. So, der also. – Sie schaut mich herausfordernd an. Hast du was dagegen? (Also doch eine Biene mit Stachel. Um so besser.) – Nein, Gott bewahre. Ich bin nur überrascht. Ich wußte das vorher ja nicht. – Ich summe die Cherubino-Arie, weil mir nichts mehr zu sagen einfällt. Ich mache einen Fehler, so genau kenne ich die Oper ja nicht. Sie korrigiert mich. Endlich ein neuer Anlauf: Du singst hübsch, Bina. – Mein Vater gibt mir Stunden. – Ist er denn auch Gesangspädagoge? (Ich kann nichts dafür, daß ich immer so genau bin.) – Gesangspädagoge! wiederholt sie wegwerfend; er hat doch früher selber gesungen, war Schüler von (nun nennt sie den Namen des Fauns; das auch noch). – So, sage ich, so; aber da muß der Schüler gerade so alt gewesen sein wie der Lehrer. – Woher weißt denn du das? – Ich weiß es eben. Der (ich nenne den Faun) war vor rund zwanzig Jahren hier am Theater, er war damals dreißig. Dein Vater ist fünfzig, also, rechne selber aus. – Sie schaut mich verwirrt an. Ich muß lachen, sie schaut jetzt gar nicht bienenhaft aus, eher wie ein aufgestöbertes Wildkaninchen, das Männchen macht. Ich glaube, sie ist dumm und wehrlos. Das reizt mich. Ich bin kein Gentleman. So, sage ich, dein Vater ist also Musiker, dein Vater nannte dich Cherubina, dein Vater gibt dir Gesangsstunden, dein Vater hat selber gesungen, erzähl weiter von deinem Vater. – Wie sie mich anschaut, sie weiß nicht, was sie von mir denken soll, sie schweigt, möchte mir entlaufen, kann es aber nicht, weiß nicht warum sie bleibt. Ich lenke ein. Gehen wir ein Eis essen? – Nein, ich muß heim, mein... Sie stockt, wird rot; ich ergänze: Mein Vater wartet auf mich. – Sie antwortet nicht, ich ziehe meine Krallen ein. Du verstehst dich gut mit deinem Vater? – Sie nickt. – Hast du Geschwister, Bina? – Einen Bruder. – (Ich zucke zusammen.) Älter als du? – Nein, jünger, ein Jahr jünger. – Versteht sich der auch so gut mit deinem seinem Vater? – Oh nein, da gibts viel Streit. Man sagt: Väter und Söhne vertragen sich nicht. – Wer ist da schuld? – Bei uns entschieden mein Bruder. – Ja natürlich. Ich sage es ganz harmlos, sie schaut mich wieder verwirrt an. Warum sagst du: natürlich? – Nun, bei einem Vater wie dem deinen. – Kennst du ihn denn? – Nur vom Sehen und aus deinen Worten. – Da weißt du aber wenig von ihm. – Mir genügt es. – Wofür? (Die erste kluge Frage.) – Wofür? Nun, dafür. – Das ist keine Antwort. – Zeig mir deine Hand, Bina! – Sie steckt sie in die Tasche. Nur zeigen, sage ich, nicht geben. – Warum? – Tus, dann sag ich dirs. (Der Einfall war mir in diesem Augenblick erst gekommen.) Schau, Bina, wie unsre Hände sich gleichen; bei dir ist auch der kleine Finger oben nach innen gekrümmt. – Nun, und? Das ist bei vielen so. – Ja? Bist du sicher? Und der Daumen, schau, gleich lang und schmal. – Sie ist nun selber interessiert, weiß aber nicht, wohin das läuft. Ja, sagt sie nun selbst, und der Mittelfinger ist bei dir auch viel länger als die andern Finger, komisch. – Plötzlich zieht sie ihre Hand zurück, steckt sie wieder in die Tasche. Dummes Zeug, sagt sie, ich muß jetzt heim. – Darf ich dich begleiten? – Bitte, ich muß aber schnell gehen. – Ja, ich weiß: dein Vater wartet. Kommt dein Bruder auch pünktlich? – Sie seufzt, als sei sie die Mutter ihres Bruders. Der tut, was er will. Vater läßt ihn gewähren. Es hat ja keinen Sinn, immer zu streiten. Vater ist nervös, alle Musiker sind nervös, er kann nicht arbeiten, wenn Unfriede ist im Haus. Vater hat viel Arbeit: die Proben, die Konzerte, und er schreibt ja auch eigenes. – Sie wird rot. – Eigenes? Du meinst: er komponiert. – Nein, er schreibt ein Buch. – Ein Buch? Einen Roman? – Nicht ganz. Er schreibt Lebenserinnerungen. – Jetzt schon, mit fünfzig? – Warum nicht? – Hoffentlich vergißt er nichts zu erzählen. – Es wird ein dickes Buch. – Woher weißt du das? – Vater sagt es. – Aha, Vater sagt es. Und erzählt er darin alles aus seinem Leben? – Sie will nicken, plötzlich, mitten im Nicken, auf halbem Weg, hält sie inne, der Mechanismus versagt, das Uhrwerk ist gestört, der Kopf macht einen winzigen Ruck, nichts weiter, und so bleibt sie stehen, mit dem halb geneigten Kopf, sieht wie eine ertappte Sünderin aus; um mich anschauen zu können, muß sie von unten zu mir hinaufschielen, ich bin viel größer als sie, fühle meine Überlegenheit und nütze sie schamlos aus. Weißt du, sage ich, ich hab was gegen Lebenserinnerungen; ja, wenn man wirklich alles schriebe, denk doch, das wäre etwas Großartiges: sich ganz entblößen wie vor dem Psychotherapeuten, vor dem Beichtvater auf dem Sterbebett, einfach alles sagen: ich habe ein minderjähriges Mädchen vergewaltigt (ich, der Herr Bürgermeister zum Beispiel), ich habe jede Nacht, wenn alle schliefen, die besten Sachen aus dem Kühlschrank aufgefressen aus Gier, ganz allein (ich, der Herr Justizminister), ich habe alles, was ich an Gutem tat, immer so getan, daß jemand es sah und weitererzählen konnte (ich, die heiligmäßige Oberin vom Kreiskrankenhaus), ich habe heimlich Geld zu zehn Prozent ausgeliehen an Bedürftige (ich, der Caritasdirektor), ich habe meinem Mann jedesmal den Tod gewünscht, wenn er sich zu mir legte (ich, die mustergültige Ehefrau), ich habe allnächtlich mit mir allein du weißt schon was getan (ich, der Herr Pfarrer), ich habe wüste obszöne Zeichnungen gemacht von mir und meinem Chef, den ich nicht haben konnte (ich, die vorbildliche gut katholische Sekretärin), so sollte man schreiben, sich nackt ausziehen, zeigen, wie schäbig der Mensch ist, jeder, jeder in seiner Weise, aber zu solchen Confessiones verstehen sich nur ganz Große, Augustinus zum Beispiel, der hatte Mut, der beugte jeder retuschierenden Heiligenlegende vor, der schrieb, was er war: ein Erotomane, der sein Leben lang Angst davor haben mußte, mit einer Frau allein in einem Zimmer zu sein, weil er seiner nicht sicher war, er, der Herr Bischof. So muß man schreiben, so, und nicht Panegyriken, nicht diese dilettantischen Falschmünzereien, nicht diese lächerliche Verstellung der Handschrift, die jeder mit ein bißchen Erfahrung entlarven kann. Ach Dummheit, Dummheit, vanity. – Mir geht der Atem aus, mir ist schlecht vor Zorn, worüber eigentlich, der wahre Grund ist mir irgendwie abhanden gekommen während des Redens, ich habe auch die Kleine vergessen, jetzt sehe ich sie wieder, sie starrt mich groß an, weiß nicht, ob sie mich schlagen oder fortlaufen oder in Tränen ausbrechen soll, sie tut nichts von allem, sie flüstert nur: Du, wenn du mit alledem sagen willst, daß mein Vater auch so einer ist, der etwas zu verbergen hat – Sie spricht nicht weiter. Ach Kind, sage ich, du Kind. – Das löst ihren Zorn. Kind! ruft sie, ja meinetwegen bin ich ein Kind, aber lieber ein Kind das vertraut, als so ein Wüstling wie du, so ein Zyniker, so ein... es fehlen ihr die Worte. — So ein Realist, so ein Wahrheitsfanatiker, ergänze ich. Sie ist jetzt wild wütend, geht aber nicht weg, wie von einem Magnet gehalten bleibt sie. Du, Bina, Cherubina mit den flammenden Schwertaugen, hör zu, aber beiß mich nicht, schlag mich nicht, kratz mich nicht; ich möchte mit dir eine Wette machen, daß ich im Lauf einer halben Stunde auf der weißen Weste deines Vaters schwarze Flecken entdecke, wenn du mich mit ihm reden läßt. — Sie ist plötzlich ganz Dame, ganz ihrer selbst sicher, völlig sicher ihres Vaters. Bitteschön, sagt sie, dem steht nichts im Wege. — Gut, sage ich, und um was wetten wir? — Das ist kein Gegenstand für eine Wette; außerdem würdest du sie verspielen. — Danke für deine Fairness. Ich gehe also jetzt mit dir nach Hause, du führst mich bei deinem Vater ein als (wie mir das nur so schnell in den Sinn kommt) Reporter von der FAZ oder der SZ oder woher du willst, der ein Interview mit ihm machen will. — Jetzt lacht sie, sehr von oben herab: Und du meinst, so einem Jungen gibt er ein Interview? — Ja, sage ich, du wirst sehen, so einem grünen Jungen gibt er ein Interview, weil jeder noch so grüne Junge, sobald er über einen Künstler schreibt, dem Ku-Klux-Klan Presse angehört und also ein Sendling des allmächtigen Gottes publicity ist. Du mußt aber fair sein bei diesem Spiel und darfst mich durch kein Zeichen verraten. — Gut, sagt sie, wieder ernst und sehr streng hoheitsvoll, also gehen wir. — Auf dem Weg reden wir wenig, ich lebe mich in meine Rolle als Reporter ein, schon glaube ich selbst, ich sei es, ich bin ganz erfüllt davon dieses Interview zu machen und vergesse warum und wozu ich es machen will. Plötzlich, kurz vor dem Haus, fällt es mir wieder ein: meine Mutter, die sein Foto zerreißt, (»ach der, dieser Beau, dieser Dummkopf; das Bild heb ich jetzt wirklich nicht länger auf«), und Binas und meine Hand, so geschwisterlich gleiche Hände: Ich auf der Suche nach dem Vater. Aber ist mir das jetzt wichtig? Was ich jetzt will, ist etwas anderes: diesem Mädchen da den Vater entzaubern, ihn entlarven, ihn vernichten. Ich zweifle nicht, daß es mir gelingen wird. Und warum will ich es? Mich ärgert ihre blinde Verehrung, dieses: Mein Vater sagt, mein Vater macht es so, mein Vater mein Vater mein Vater. Diese Abhängigkeit eines fast erwachsenen Mädchens hat etwas Perverses. Und im übrigen: hab ich keinen Vater, sollst du auch keinen haben. Einfachste Rechnung. Ich mache mir nichts vor, wie Sie sehen. Wir stehen schließlich vor dem Haus. Ist das euer eigenes, frage ich. Es ist scheußlich: ziemlich neu wie alle Häuser in der Straße, sieht aus wie alle, ein Allerweltshaus, und der Verputz blättert schon ab, es ist billig gebaut. Da wohnen wir, sagt Bina; aber hinten im Garten hat mein Vater (schon kostet es sie Mühe, über das V hinauszukommen) sein Studio. In diesem Augenblick geht die Tür auf, ein Bursche, jünger als Bina, kommt heraus, zündet sich eine Zigarette an. He, ruft er, da bist du ja, der Alte wartet schon. Und weg ist er. Bina ist rot geworden. Komm, sagt sie leise zu mir. Ich korrigiere: Kommen Sie, mußt du sagen, du kennst mich doch nicht, weißt nicht einmal meinen Namen, wie heiße ich denn, sagen wir Herr Doktor Iltis. – Unsinn, das kann ich nicht sagen, da muß ich lachen. – Also: Herr Meier. – Nein. – Herr Bergmann, ist das gewöhnlich genug? – Meinetwegen. – Also, Fräulein, führen Sie mich bitte zu Ihrem Herrn Vater. – Darf ich Sie bitten, Herr Bergmann, hier zu warten. – Ich sitze im Korridor. An der Wand ein Ölgemälde: Binas Vater. Eine Tür zu einem Salon steht offen, an der Wand eine Kreidezeichnung: Binas Vater. Ich warte. Einmal geht eine Frau an mir vorbei, sie nimmt keine Notiz von mir, eine blasse Frau, eine Frau, die auf ihr Mindestmaß reduziert ist. Ob das seine Frau ist? Für ein Dienstmädchen ist sie zu dünn, zu schwach. Bina kommt: Mein Vater läßt bitten, Herr Bergmann; aber nur fünf Minuten, nach der Uhr. – Hast du ihm etwas verraten? – Natürlich nicht, aber bleib bitte wirklich nur kurz, er ist mitten in der Arbeit. Sie ist ganz sicher ihrer selbst, hier ist sie auf eigenem Grund und Boden, hier ist sie im Hause ihres Vaters, was kann ihr da geschehen. – Das Studio wie erwartet: der Flügel, die Büste des Herrn Dirigenten in Bronze auf einer Kommode, ein Lorbeerkranz darüber an der Wand, eine Schleife daran, schon brüchig, Fotos vom Herrn Dirigenten mit und ohne Orchester, mit und ohne Honoratioren aller Art, ein Wandregal voller Partituren, Klavierauszüge, andrer Noten; an einer Wand eine kleine Harfe aus vergoldetem Blech, wie mir scheint, wieder ein Lorbeerkranz mit einer Schleife, wieder Fotos vom Herrn Dirigenten, ein gerahmter Brief (wir werden sehen von wem), ein runder Tisch, drei Sessel, Blick in einen grünen Busch, überhaupt grünes Licht, gedämpft, erinnert an ein Tiefseeaquarium und an eine Kirche. Der Herr Dirigent, im Schlafrock wie weiland Richard Wagner, steht am Schreibpult, wie Gerhart Hauptmann, auch die weiße Haarmähne erinnert an den, nur ist er groß und hager, hat etwas Altes, Baufälliges, er schreibt, er schreibt als wäre ich nie angemeldet worden, er schreibt, ohne mich zu bemerken, er demonstriert den stillen, den ehrfurchtgebietenden Furor geistigen Schaffens, ich beobachte ihn von hinten und mit vorweggenommener Schadenfreude. Laß du mich nur stehen hier, tu du nur, als sei ich Luft, das zahle ich dir heim, du wirst es schon merken, an deinem Töchterchen dem Herzblatt wirst du es merken. Endlich dreht er sich um, taucht mühsam auf aus dem Brunnenschacht, streicht sich über Stirn und Augen, wie blendet doch das ordinäre Licht der Realität, wenn man aus den Tiefen schöpferischen Geheimnisses auftaucht. Langsam findet er sich zurecht und nimmt Notiz von dem jungen Mann, für den er schon seit zehn Minuten gesammelt posiert hat. Guten Tag, Meister, sage ich, verzeihen Sie, daß ich störe, aber mein Blatt wünscht so sehr, über Sie und Ihr Schaffen zu berichten, Ihr Ruhm ist im Steigen, und wir hörten, daß Sie nun auch literarisch sich betätigen, wir möchten gern dem Buch den gebührenden Platz vorbereiten. – Er reicht mir die Hand, lächelt verbindlich, rückt mir einen Sessel zurecht. Bitte schön, Herr wie war Ihr Name? – Bergmann; aber ich schreibe unter mehreren Pseudonymen, und es wäre mir lieb, wenn ich vorerst incognito bei Ihnen sein dürfte, es spricht sich leichter so. (Ich ziehe ein Blatt Papier heraus, stecke es aber sofort wieder in die Tasche und hole statt dessen mein Taschentuch heraus, weil mir einfällt, daß große Reporter nie etwas anders als im Gedächtnis notieren.) Darf ich Sie bitten, über Ihre Arbeit zu erzählen, über die literarische vor allem. – Er räuspert sich, setzt sich zurecht, Bein über Bein, linke Hand am Gesicht, Daumen unterm Kinn, Mittel- und Zeigefinger auf der Wange, die rechte, sehr mager, trommelt leicht auf dem Tisch, macht Fingerübungen, spielt Tonleitern und Triller, greift Oktaven, ist ununterbrochen in Bewegung, auch die Fußspitzen zucken, auch im Gesicht zuckt es, der ganze Mann ist immerfort von leichten Schauern überlaufen wie jemand der im Fieber friert, er stellt auch die Ohren bisweilen nach der Tür und dreht die Augen hierhin und dorthin, alles an ihm ist unaufhörlich lautlos auf der Flucht. Aber seine Stimme (mit Räuspern wie Tenöre es machen) ist die eines Kommandeurs, eines leisen doch unerbittlichen. Diese baufällige Eleganz ist von einer tyrannischen Seele bewohnt, ohne Zweifel, aber in mir erweckt er jetzt ein bißchen Mitleid, das Ärgste, was ihm passieren kann von mir. Er ist längst über seinen Höhepunkt (einen bescheidenen, kleinstädtischen) hinaus, er ist am Abstieg, hält sich nur noch mit Hilfe von eisernen Illusionen aufrecht. Fast wünsche ich, daß ich wirklich Reporter wäre und einen hübschen nichtssagend ehrenden Aufsatz über ihn schreiben könnte, einen Nachruf, eine Grabrede über schlotterndem Gebein. Er redet und redet, berichtet seinen Lebenslauf, ungefragt, Erfolg hier, Erfolg dort, ehrende Berufung an das Orchester in Soundso, abgelehnt um eigener kompositorischer Arbeiten willen, nie dem Ehrgeiz nachgegeben, nie auf Effekt und Erfolg hin gearbeitet, Anerkennung durch Richard Strauss, sehen Sie, dieser Brief, seine Handschrift (Ich lese: »Ich danke Ihnen sehr für das Vergnügen, das Sie mir mit Ihrer Einladung zu Ihrem Konzert und der Aufführung meines Till Eulenspiegel gemacht haben. Ihr Richard Strauss.« Ich nicke lächelnd ehrfürchtig. Ich habe übrigens längst mein Taschenmikrophon eingeschaltet. Andere Ehrungen, einmal Einladung zu Clemens Krauß, wollte mich an der Münchener Oper haben (als was, fragte ich unvorsichtig), nun, als was man eben an eine Oper berufen wird (das ist eine kluge Antwort, aber nicht klug genug), ach so, sage ich, natürlich als Kapellmeister, er sagt: natürlich, freilich (räuspert sich mehrmals), aber dann wurde ich abgelehnt, war politisch nicht genehm (wann, im Dritten Reich?), nein, nach dem Krieg, ich war damals, nun sagen wir etwas links, daran scheiterte alles (darf ich das schreiben, frage ich), ach nein, lassen Sie das, halten wir uns ans eigentlich Künstlerische, und ich schreibe ohnehin meine Memoiren. Ah, bis zu welchem Zeitpunkt sind Sie denn schon gekommen? Bis neunzehnhundertzweiundvierzig. So, sage ich, interessant. – Warum interessant? – Waren Sie da schon hier? – Ja, da war ich schon hier. – Haben Sie einen Professor Kelbeck gekannt? – Er stutzt, nimmt die Hand vom Gesicht. Kelbeck? Am Gymnasium? Ja, gewiß, ein ungemein belesener, profund gebildeter Mann. – Auch seine Tochter? – Was? Ob ich sie gekannt habe? – Ja. – Welche? –

Er hatte nur eine. – Studierte Musik? – Ja. – Er lächelt ein wenig, flüchtig. Ein hübsches Mädchen, wir haben sie alle umschwärmt, eine Zeitlang schien ich der Favorit zu sein. – Als sie noch ein Mädchen war? – Jetzt wird er nervös, noch nervöser als vorher. Später, sagt er. – Wann später? – Es war meinerseits, also einseitig versteht sich, eine lange Liebe. Sie war schon verheiratet, da liebte ich sie immer noch. – Und sie? – Er schüttelt wehmütig den Kopf. Er lügt nicht, ich sehe es. Plötzlich wird er mißtrauisch, wittert eine gut verdeckte Falle, jetzt erst. Aber, fragt er, was hat das mit unserem Interview zu tun? – Nichts, sage ich und stehe rasch auf, und ich selber habe auch nichts mit diesem Interview zu tun, ich habe nichts mit der Zeitung zu tun und nichts mit Ihnen, wie es scheint, ich bin der Sohn von Melanie Kelbeck verehelichte Rheinberg. – Er starrt mich an. Ich ergreife seine Hand, schüttle sie heftig, ströme über vor wilder Freude. Ich danke Ihnen, Meister, danke Ihnen tausendmal. Ich schüttle noch immer seine Hand, sie knackt in den Gelenken. Aber wofür denn bitte? – Wofür? Daß Sie offenbar nicht mein Vater sind. – Er will mir seine Hand entziehen, ich halte sie fest, es tut ihm weh, er hebt sogar ein Bein, und mit schmerzverzerrtem Gesicht ruft er: Das das ist das ist ja das ist absurd, absurd ist das, lassen Sie mich, absurd, wahnsinnig ist das, was unterschieben Sie mir da, Sie. – Nichts, sage ich kalt vor wütender Begeisterung, nichts, im Gegenteil, ich ziehe vielmehr das, was ich Ihnen unterschoben hatte, nämlich mich, eiligst zurück, leben Sie wohl. – Da auf einmal kommt ihm ein Verdacht, viel zu spät. Er springt auf, hält mich am Ärmel zurück, aber so schwach, daß ich mich ihm leicht entziehen kann, er greift noch einmal nach mir, ich weiche aus, er greift ins Leere. Hören Sie, sagt er heiser wie ein Kehlkopfkranker, soll das soll das eine eine Erpressung sein? Das Wort Erpressung kommt wie eine Explosion. Erpressung?

sage ich, wieso, fürchten Sie eine solche? Seine Stirn ist mit Schweiß bedeckt. Ich lasse nicht locker. Haben Sie Ursache, eine derartige Erpressung zu fürchten, von mir? Ich zittere nun selbst, denn das zu fragen ist keine Kleinigkeit. – Von Ihnen, nein nein, antwortet er, von Ihnen nicht, wirklich nicht, das ist absurd, ich habe Ihre Mutter nicht, nein nicht einmal geküßt habe ich sie, das war ja mein Leiden, verstehen Sie, nicht einmal das, fragen Sie sie, und sie wird lachen, sie hat mich ja nicht ausstehen können. (Das erste vernünftig wahre Wort.) – Er tut mir so leid in seiner Niederlage, ich muß ihm etwas sagen, was ihm sein Selbstgefühl wiedergibt. Oh, sage ich, das ist nicht ganz so, meine ich, denn sie hat bis jetzt Ihr Foto aufbewahrt. – Ja? Hat sie das getan? – Schon ist er wieder obenauf. Aber ich habe nun genug. Also, leben Sie wohl, sage ich, und ich nehme an, es ist wahr, was Sie sagten. – Es ist wahr, erwidert er würdevoll. Er will noch mehr sagen, aber ich laufe hinaus. Im Vorderhaus wartet Bina, selbstgewiß, in heiterer Ruhe. Du hast die Wette gewonnen, rufe ich, dein Vater dein Vater dein Vater, er ist deiner würdig, kein Makel wurde an ihm befunden. Sie lächelt würdevoll. Ich lasse sie stehen und gehe fort. Ich male mir aus, wie sie zu ihrem Vater läuft und wie er ihr die Szene beschreibt, wie er nachträglich wüten, ihr Komplizenschaft mit mir vorwerfen wird, wie sie weinen und auf mich fluchen wird. Ich gehe ihr in den nächsten Wochen sorgfältig aus dem Weg. Aber eines Tages stoßen wir im Autobus zusammen. Sie lächelt, gibt mir die Hand. Mein Vater war recht erfreut über deinen Besuch. – Erfreut? – Ja, er sagte, er hätte das Spiel sofort durchschaut, junge Leute dächten sich oft so sonderbare Sachen aus, um an berühmte Männer heranzukommen, und du hättest es nicht nötig gehabt, ich hätte dich einfach mitbringen dürfen, er habe gestaunt, wieviel Verständnis du hast für seine Arbeit, und es sei nur schade, daß du nicht wirklich Journalist seist, du hättest das Zeug, um über ihn zu schreiben. – Ich halte das für giftige Ironie, aber sie spricht mit so bieder freundlichem Gesicht, daß ich es für bare Münze nehmen muß. Mir wird kalt und heiß, und jetzt beneide ich Bina, neide ihr den unerschütterlichen Glauben, neide ihr den Vater, diesen schäbigen eitlen verlogenen baufälligen Vater, der es versteht, sie an sich glauben zu machen, neide ihr die Fähigkeit ihn anzubeten, ach, sie würde ihn auch noch anbeten, hockte er wegen Notzucht im Gefängnis oder als Säufer im Armenhaus. Ich empfinde meine Armut. Ich habe eine Niederlage erlitten, eine Demütigung erfahren. Dieses Paar, Vater und Tochter, in ihre Täuschungen eingesponnen, sie inständig weiterspinnend, besitzt, was ich nicht besitze. Ich bleibe in Unruhe, es treibt mich zurück zu diesem grotesken Paar. Ich finde einen Vorwand für mich: dieser Mann weiß etwas über meine Mutter, er kennt den Faun, er kennt gewiß auch die andern, den Otter, den Fuchs, den Geier, ja, den kennt er ganz sicher. Ich muß ihn zum Reden bringen, ihn zum Vertrauten machen, ihn benützen. Eines Tages gehe ich tatsächlich wieder zu ihm. Bina selbst führt mich ins Studio. Der Mann erschrickt bei meinem Anblick, er tut es so deutlich, daß es schon der Liebesblindheit Binas bedarf, um dies nicht zu sehen. Bina läßt uns sogleich allein. Er bietet mir keinen Platz an. Er ist von kleinen Schauerwellen überlaufen, seine nackten Unterarme zeigen eine Gänsehaut, die Hand, die er mir schließlich reicht, weil ich ihm die meine lange genug hinhalte, ist feucht. Meister, sage ich, ich bin gekommen, um mich zu entschuldigen, und ich hoffe, wenn ich Ihnen erzähle, was mich dazu getrieben hat, werden Sie mich verstehen, darf ich mich setzen. – Bitte. – Er gewinnt einige Würde zurück. Sprechen Sie, sagt er, und hätte dabei nicht seine Stimme gezittert, wäre ich vielleicht auf und davon gelaufen. – Ich muß aber, sage ich,

Ihrer Diskretion ganz sicher sein, und auch Ihrer Offenheit. – Meiner Diskretion können Sie sicher sein; was das andere anlangt, das kann ich so einfach nicht versprechen, es gibt auch eine Diskretion nach andern Seiten hin. – Ja, natürlich. Aber gehen wir in medias res. Ich habe Ihnen neulich schon zu verstehen gegeben, daß ich meine, nicht der leibliche Sohn meines Vaters zu sein. Bitte helfen Sie mir, diesen meinen Vater zu finden. – Aber das ist nein ich bitte Sie welche Beschuldigung Ihrer Mutter das ist doch zu stark dafür müssen schon ganz schwerwiegende Gründe vorhanden sein so etwas zu behaupten. Ich will Ihnen lieber helfen, diesen Verdacht zu zerstreuen. – Wenn Sie sich von vorneherein zum Advokaten meiner Mutter machen, hat mein Hiersein keinen Sinn. – Also gut, was wollen Sie. – Ich weiß, daß Sie meine Mutter kennen und lange in dieser Stadt leben und folglich auch alle Leute kennen, die mit meiner Mutter irgendeine Beziehung hatten. Kennen Sie den Besitzer des Hotels Victoria? – Ja, aber, aber den können Sie doch nicht, ich bitte Sie, nein, so einen amusischen Menschen. – Das ist keine Antwort und kein Beweisgrund. – So oder so, ich muß Sie enttäuschen, darüber weiß ich nichts. – Und wie ist es mit dem (ich nenne den Namen des Fauns). – Er wird unruhig. Ich bin in die Nähe eines Schmerzpunkts geraten. Das ist ein sehr erfolgreicher Sänger, hat hier ganz klein angefangen, war arm, schnorrte überall herum auch bei Ihrem Großvater, der immer Geld hatte für solche Leute, die ein bißchen genialisch waren, ja weiß Gott, so gab sich dieser Mensch, Ihre ganze Familie war verrückt mit ihm, ich fand ihn mittelmäßig, damals, er scheint sich ja ziemlich gemacht zu haben inzwischen, auch mit Hilfe seiner schwerreichen Frau, er hat ja auch seinen Namen gewechselt, er hieß schlicht und einfach Schulze, seine Eltern kamen aus Sachsen, Sie hätten hören sollen wie er sächselte zuerst auf der Bühne, wir lachten uns tot, aber er hatte das gewisse Etwas, die Frauen waren hinter ihm her und die Männer hatten sonderbarerweise nichts dagegen, die mochten ihn auch, er war das Kind kleiner Leute, aber er gab sich wie ein Großmogul, man fühlte sich geehrt, wenn er sich herabließ einer Einladung zum Essen zu folgen, er wurde fett vor lauter Einladungen, jahrelang hat er kein Essen selbst bezahlt, er aß reihum, er aß sich durch die Stadt hindurch, er ersoff in Wein, Essen und Liebe, ließ sich umschwärmen, wie um einen Holländerkäse die Fliegen so waren die Mädchen um ihn herum, er griff sich die eine die andre aus der Luft und nahm sie mit, oder sie blieben einfach an ihm kleben, was dann geschah weiß niemand, es gab nie einen Skandal, die Mädchen blieben ihm alle treu, reden Sie heute über ihn zu einer von ihnen, jetzt sind sie alle verheiratet, noch heute fangen sie an zu strahlen wie mit Öl gesalbt, wenn sie an ihn sich erinnern, dabei hat er sich über sie lustig gemacht, er verliebte sich immer nur für kürzeste Zeit, keine erhoffte sich Dauer, keine aber auch nur ein Abenteuer, weiß Gott was sie von ihm erwarteten und auch wirklich bekamen; so stampfte er auf seinen dicken festen Beinen durch die Jahre hier und es schien abzusehen, daß er über kurz oder lang, fett und behäbig, sich verheiraten und für immer hier festsetzen würde, aber was geschah, eines Tages kündigte er insgeheim seinen Vertrag und verschwand, war wie nie gewesen, keiner schrieb er, alle trauerten ihm nach, ein ganzer Chor von jungen und älteren Witwen, und keine vergaß ihn. Und eines Tages steht hier auf dem Theaterzettel Rosenkavalier, Baron Ochs als Gast ein Grieche, wir gehen alle hin, großartige Stimme, Spiel großartig, und am Schluß das Haus toll geworden, Vorhang über Vorhang, der große Grieche winkt schließlich ab, heischt Gehör, und was sagt er in gut Sächsisch, ja da staunense, nich wahr, das hättense nich gedacht, ich bin doch bloß der gude alde Erich Schulze; schlägt sich auf Brust und Schenkel vor Lachen, lacht und lacht, und das Publikum lacht schließlich mit, rast vor Lachen, ein Lachsturm, ein Lachgewitter, ich kann Ihnen sagen, das war ein epochales Ereignis. Also das ist Ihr Sänger. Aber als er hier war, damals, da war er ein kleiner Schnorrer, in den alle Mädchen verliebt waren, Ihre Mutter auch, so das ists, was Sie wissen wollten. – Und? frage ich. – Was? und? Ob es möglich ist, daß Sie der Sohn dieses dieses Schnorrers sind? Was weiß denn ich. Wer weiß etwas vom andern. Wer weiß etwas von Frauen. (Rächt er sich jetzt für seine Niederlage von neulich? Aber nein, er ist nicht böse und nicht gescheit, ich tu ihm sichtlich leid.) Aber hören Sie, sagt er, eines kann ich Ihnen sagen: Ihr Großvater hatte ein strenges Regiment, Ihre Mutter durfte nie allein ins Theater, nie allein ausgehen, immer war sie bewacht, ja, davon kann leider auch ich ein Lied singen (er lächelt wehmütig), wenn dieser dieser Mensch Glück gehabt haben sollte bei Ihrer Mutter... – Ich unterbreche ihn: Sie sprechen von einer Zeit, die für meine Konzeption nicht in Frage kommt. Meine Mutter war verheiratet, als ich gezeugt wurde. – Ja aber aber ich versteh nicht Sie meinen daß aber das nein hören Sie ich sollte Ihnen jetzt eine Ohrfeige geben das sollte ich wie kann ein Sohn seine Mutter seine eigene Mutter... Ich unterbreche ihn wieder: Wieso, ist das so schlimm, und es ist ja auch sehr häufig, es gibt da doch so eine Art Bäumchen-Wechsel-Spiel, man verläßt den eigenen Baum, läuft zum nächsten, behält aber unterwegs den eigenen gut im Auge für den Rückzug, die Rückkehr. – Sie Zyniker! ruft er voller Abscheu; Ihre eigene Mutter, nein, das ist zu stark. – Ich werde eiskalt. Und Sie, Meister, haben Sie nicht auch einmal so einen kleinen netten Seitensprung gemacht, wie? – Das das geht Sie nichts gar nichts an, junger Mann. – Auch eine Antwort, Meister, es geht mich nichts an, nein, es interessiert mich auch wirklich nicht so viel (ich zeige ihm einen minimalen Zwischenraum von Daumen und Zeigefinger und schnipse ihm diese Finger dann vors Gesicht). Lügen, schreie ich, lauter Lügen! Sie haben Ihre Ehe auch schon gebrochen und wer weiß, ob die Frau nicht auch verheiratet ist und insgeheim einen Kuckuck ausgebrütet hat, aber davon reden, nein, das darf man nicht, das ist tabu, das wird alles vertuscht, um Gotteswillen, unsre Kinder müssen uns für Götter halten, untadelig, anbetungswürdig. Aber die Zeiten sind vorbei, Herr, in denen wir an unsre Eltern glauben wie an Gott. Sie und Ihre Tochter, Sie sind Fossile, sind Relikte, Antiquitäten. – Jetzt wird er wütend: Lassen Sie meine Tochter aus dem Spiel. Wenn sie meine Tochter... Schon gut, schon gut, schreien Sie bitte nicht so, sonst hört sie es; aber daß keiner von euch die Wahrheit erträgt! Das leiseste Berühren eures neuralgischen Punkts: eures Autoritätswahnes, löst eure Wut aus. Wie dumm! Als ob ihr etwas verlört, wenn ihr uns sagtet: wir sind Menschen wie ihr, also unvollkommen, also schwach, also sinnlich, begehrlich, feige, bisweilen gut, meist mittelmäßig, manchmal schlecht, kurzum: so wie ihr seid und wie eben der Mensch ist. Ihr seid uns längst keine Autorität mehr, daß ihr das nicht begreift! Im übrigen gebe ich Ihnen einen guten Rat, so jung ich bin: hören Sie auf, Ihre Tochter zu betrügen und ihr das Idealbild eines Vaters und Mannes vorzulügen, sonst wird sie nie und nimmer einen Geliebten und einen Ehemann finden; aber vielleicht ist es das, was Sie wollen, nun, mir kanns gleich sein, leben Sie wohl. – Ich laufe weg, ich laufe an Bina vorbei, bringe kein Wort heraus, stürze aus dem Haus, laufe, laufe, stolpere über mich selbst, umwickle mich mit zähen Fäden aus einem zähen Knäuel,

schnüre mir Arme und Beine und Brust und Gehirn ein, schreie Hilfe mit geschlossenem Mund, mit gelähmter Zunge, schaue im Laufen die Vorübergehenden an, Hilfe Hilfe, aber keiner versteht meine Sprache, irgend jemand hält mich auf, ein Klassenkamerad, he du, Tobias, was ist denn mit dir – laß mich – wohin denn? – laß mich doch aus du Idiot – aber du könntest mir helfen – ich dir helfen, ich dir (ich lache los, der andre starrt mich an wie einen Verrückten) – ja, ich muß nämlich dem Pastor packen helfen – was packen – seine Bücher – welchem Pastor – dem von der Lucaskirche, der zieht weg – so, ganz plötzlich, wieso – weiß ich nicht, ich helf ihm nur packen, komm mit. – Ich gehe mit, ist ja auch gleichgültig wohin ich jetzt gehe.
Was willst du bei dem Pastor, Tobias?
Das wissen Sie doch: herausbekommen, ob er mein Vater ist. Eine innere Stimme sagt mir, daß mir die Mutter nicht ganz die Wahrheit sagte, als sie erzählte, der Pastor sei erst vor dreizehn oder fünfzehn Jahren in ihr Leben gekommen.
Eine innere Stimme, so. Und die bemerkenswerte Fügung, daß dein Klassenkamerad dich auffordert, zu eben diesem Pastor zu gehen, um Bücher zu packen. Freilich Grund genug, um von einer inneren Stimme zu sprechen. Du willst nur wieder Streit vom Zaun brechen, willst den Pastor beunruhigen, schockieren, du Stänker. Geh nicht, Tobias.
Ich gehe ja gar nicht, ich werde gestoßen, ein dreckiger Fußball, rolle den Abhang hinunter in den Kanal voller Schlamm. Von Wollen oder Nicht-Wollen ist da keine Rede mehr, wenn einer in so einem Zustand ist wie ich. Ich werde mich aber bemühen, den Pastor nicht mehr zu quälen als unbedingt nötig. Wieso eigentlich packt er? Weil er wegzieht. Wohin zieht er? Das ist gleichgültig. Er zieht eben weg. Daß man wegzieht, fortgeht,

etwas verläßt, hinter sich läßt, das ist wichtig. Wohin man geht, weiß man ja sowieso nie. Aber wenn er fortgeht, warum packt er dann seine Bücher? Er will sie mitnehmen. Also geht er gar nicht fort. Wenn Sie Ihre Bücher mitnehmen, Herr Pastor, hat das ganze Weggehen keinen Wert, dann nehmen Sie nämlich Ihre ganze Vergangenheit mit in die Zukunft, und die Zukunft wird genau so aussehen wie die Vergangenheit. Da können Sie ebenso gut bleiben wo Sie sind. Sie müssen gründlich wegziehen. Am besten nehmen Sie überhaupt nichts mit, vor allem nicht: sich selber. Lassen Sie sich doch hier bei Ihren Büchern, bei Ihrer Theologie, Ihrer Seelsorge, gehen Sie ganz arm von dannen. Aber das können Sie wohl nicht, wie? Sie möchten es können? Stehen darum alle Ihre Türen so sperrangelweit offen? Gartentor, Haustür, Flurtür, Studierzimmertür, Schranktüren, alle Koffer und Kisten offen. Man kann Sie ja von der Straße aus sitzen sehen inmitten Ihrer halb gepackten Kisten. Wollen Sie denn, daß man Sie so sieht, so ohne Talar, ohne Beffchen, in einem fleckigen Hausanzug, und unfrisiert, was ist mit Ihren Haaren, dieser schönen weißen Mähne, die Sie immer so wohl pflegten wie der Abbé Franz Liszt auf dem Bild im Gerümpel-Dschungel-Zimmer meiner Mutter? Hat Sie jemand beleidigt? Hatten Sie Streit? Sie stehen auf, mühsam wie ein ganz alter Mann, Sie greifen sich mit der Hand an die Hüfte, sitzt da der Schmerz, haben Sie sich die Hüfte ausgerenkt, im Kampf mit wem? Ich sehe, Sie sind verzweifelt. Das gefällt mir. Das beweist mir, daß Sie begriffen haben. Was begriffen? Alles. Das Leben und seinen Urgrund und das Fehlen jeglichen Sinnes und Zieles. Kann Verzweiflung eine andre Ursache haben? Guten Tag, Herr Pastor, wir sind gekommen Ihnen beim Bücherpacken zu helfen. Oh, das ist sehr freundlich von Ihnen, Wilhelm. Er spricht zu meinem Klassenkameraden, dann schaut er mich an. Es ist wirklich sehr freundlich von Ihnen, aber sagen Sie, mein Gedächtnis läßt mich manchmal im Stich, Ihr Gesicht kenne ich, warten Sie, aber ja, natürlich kenne ich Sie, dieses Gesicht, diese Familienähnlichkeit, Sie sehen Ihrem Großvater ungemein ähnlich. So, meinem Großvater, ich dachte meiner Mutter. Ja, antwortet er ganz ruhig, ja, Ihrer Mutter wohl auch, denn Ihre Mutter sieht Ihrem Großvater ähnlich, darum sagte ich ja: diese Familien-Ähnlichkeit. – Herr Pastor, Sie scheinen, wenn Sie von meiner Familie sprechen, nur die mütterliche Seite zu meinen; wo bleibt dabei mein Vater? Er fällt nicht aus seiner schwerfälligen Ruhe: Ihrem Vater sehen Sie nicht ähnlich, jedenfalls scheint es mir so. Jetzt wäre der Augenblick da, um weiterzufragen, aber dieser Wilhelm, nein, vor ihm keine Silbe weiter. Der Pastor schaut mich an mit Augen wie Kurzsichtige sie haben ohne Brille; der Fall beschäftigt ihn weiter. Aber, sagt er, wieso kommen gerade Sie mir helfen? – Packen helfen, sage ich, nun, wieso gerade ich, wieso nicht ich, habe ich keinen Anlaß, Ihnen packen zu helfen oder kein Recht, oder was? – Aber sagt mein Klassenkamerad harmlos wie er ist, Tobias meint doch nur, es wundert Sie vielleicht, daß jemand helfen kommt, der gar nicht zu Ihrer Gemeinde gehört, ja nicht einmal zu Ihrer Kirche. – Oho, rufe ich, gehöre ich nicht dazu, vielleicht gehöre ich viel enger dazu, zu all diesem hier, als du und andre! – Jetzt schaut mir der Pastor bestürzt in die Augen, er beugt sich sogar etwas herunter zu mir, er ist viel größer als ich. Ach was, sage ich und weiche zurück, das ist doch nur ein Scherz, man redet halt so; also, können wir anfangen mit dem Packen oder vielmehr weitermachen? Der Pastor, nicht ganz anwesend, zeigt auf ein noch volles Bücherregal und beginnt, da er der größte von uns ist, das oberste Fach auszuräumen. Er nimmt immer fünf oder sechs Bücher auf einmal und reicht sie mir, und ich gebe sie weiter an Wilhelm, der sie in die Kiste legt. Es geht zu wie beim Steinetragen auf dem Bau. Schweigsam geht es zu. Wir arbeiten, als würden wir bezahlt dafür, wie Akkordarbeiter schuften wir. Manchmal ruft Wilhelm: halt, langsam, ich komme nicht mit, ich muß die Bücher doch ordentlich hineinlegen, den Platz ausnützen. Dann halten wir inne und stehen steif und stumm und unglücklich und sinnlos da, und sind erlöst, wenn Wilhelm ruft: ich bin so weit. Dann bekommt unser Dasein wieder Sinn; der Sinn liegt im Packen, im Ausräumen der Regale, im Wegtun dieser Bücher. Sinn genug. Wie der Pastor sie anfaßt: es graust ihn sie anzurühren, er haßt sie. Manchmal lese ich einen Titel: Barth, Kirchliche Dogmatik; Ritschl, Dogmengeschichte des Protestantismus; Bultmann, Glauben und Verstehen; meist sehe ich nur Namen: Thielicke, Stählin, Dibelius, Heckel, Kierkegaard. Sagen mir alle nichts, bis auf Kierkegaard natürlich; müssen mir aber auch gar nichts sagen, ich helfe nur sie wegräumen, sie ihm aus den Augen bringen. Die leeren Fächer in den Regalen sind häßlich anzusehen, Staub auf den Brettern, ein paar tote Nachtfalter, tote Fliegen, herausgefallene vergilbte Buchzeichen. Uns allen dreien steht der Schweiß auf der Stirn, so arbeiten wir, aber immer noch gibt es volle Regale, ich frage mich, ob wir sie jemals alle leer haben werden, mir scheint die schon geleerten füllen sich aufs neue, das ist gar nicht aufzuhalten, Buch zeugt Buch, wie das hockt in den Regalen und heckt und heckt, jeder Wurf zwölf Junge und mehr, die Kisten sind alle voll, rien ne va plus, ruft Wilhelm und richtet sich auf; keine leeren Kisten mehr? Doch, im Keller, aber für heute hören wir auf, ich danke Ihnen, wie kann ich Ihnen nur... Aber wir haben es doch gern getan, Herr Pastor. Ich suche nach einem Vorwand um zu bleiben, meine Frage zu fragen, aber ich finde keinen, so gehe ich denn, aber kaum sind wir auf der Straße, hält es mich nicht mehr; ich murmle etwas, schüttle Wilhelm ab und laufe zurück. Hatten wir nicht Gartentor und Haustür geschlossen? Wer hat sie wieder geöffnet? Springen Türen von selbst auf? Der Pastor sitzt wieder auf einer Kiste, wie ein Buckliger hockt er da, läßt die Arme und die langen Hände zwischen den Knien zu Boden hängen, tut nichts, hat die Augen geschlossen, die Ohren auch, wie es scheint, er hört mich nicht kommen, oder tut so als höre er nicht, will es nicht hören oder braucht es nicht zu hören, weil er ohnehin wußte, daß ich zurückkehren würde. Ich bleibe stehen. Setzen Sie sich, sagt er plötzlich, ohne die Augen aufzumachen, aber er sagt nicht wohin, es ist kein Stuhl da, das weiß er wohl gar nicht, ich setze mich auf eine Kiste. So sitzen wir beide da, brüten etwas aus, jeder das Seine, vielleicht ists das gleiche, wer weiß. Diese Familien-Ähnlichkeit... Meine Frage, meine Frage. Es schien so einfach sie zu fragen, zuerst, warum kann ich es jetzt nicht mehr? Aber ich muß es können, ich werde es können, gleich, oder bald, oder in einer Stunde, oder wenn mich der Pastor anschaut, wenn er sich bewegt. Aber er schaut mich nicht an, er bewegt sich nicht, hat er denn meine Gegenwart vergessen, oder wartet er seinerseits darauf, daß ich beginne zu reden, und was erwartet er, das ich sagen soll? Es wird dämmerig, wir werden zu Schatten, zu einer Schattengruppe, kommt denn niemand uns voneinander zu erlösen? Niemand kommt. Ich schaue den Mann an, ist er denn tot, unvermerkt gestorben, ich bekomme wahrhaftig Angst, und dann fühle ich plötzlich einen Schmerz und auf einmal weiß ich auch, was dieser Schmerz bedeutet: ich fürchte, der Mann da könnte sterben oder doch fortgehen für immer, ohne einmal von mir das Wort gehört zu haben, das ich ihm sagen will, probeweise, nein, nicht mehr probeweise, sondern den Sachverhalt bestätigend, oder vielleicht, ich will ganz scharf bei der Wahrheit bleiben: um ihn zu beschwören, ich will, daß dieser Mann mir sei, wie ich ihn nenne. Ich sage ganz leise: »Vater.« Hat er es gehört? Schaut er mich an? Erkennt er mich? Es ist dämmerig, ich sehe fast nichts mehr. Soll ich das Wort wiederholen? Ich kann nicht. Der Augenblick, in dem ich es konnte, ist vorbei. Ich möchte jetzt gehen, ich bin plötzlich müde, finde die Situation nur mehr peinlich, ich stehe auf, der Pastor bemerkt es: Sie wollen gehen, warum wollen Sie gehen, müssen Sie gehen? Nein, Herr Pastor, ich muß nicht, aber (statt zu sagen: ich langweile mich, sage ich) ich möchte Sie nicht länger stören. Stören? fragt er, wobei stören, mich stört niemand mehr, nichts mehr. Ehe ich, etwas beleidigt, erwidern kann, das sei ja sehr schmeichelhaft für mich, fährt er schon fort und bricht mir den Giftzahn aus: Wer da angelangt ist wo ich bin, der hält nicht mehr so viel von sich, daß er noch Ansprüche stellen könnte. Das klingt nach echter Verzweiflung, für diese Tonart bin ich anfällig, sie hat eine Faszination für mich wie sie alle Katastrophen für mich haben; immer da, wo das Gewöhnliche durchstoßen wird, wo der Urgrund aufgerissen ist und das Urdunkel hochquillt, da bin ich angesprochen, da springe ich an. Aber was sage ich dem Pastor jetzt? Er schweigt, also muß wohl ich reden. Wohin ziehen Sie denn, Herr Pastor; ich nehme an, daß Sie unsre Stadt verlassen und anderswo Ihr Amt antreten. Er schüttelt den Kopf. Wie, frage ich, Sie verlassen nicht nur unsere Stadt? Sie haben es erraten, sagt er; wenn Sie wüßten, wieviel mehr noch zu verlassen ich heut nacht entschlossen war, nachdem meine Katze gestorben war. Man hatte sie wohl vergiftet, sie kam gekrochen, sterbend, das tun Katzen sonst nicht, sie verstecken sich im Sterben, aber sie kam zu mir, sie hatte einen Todeskampf wie ein Mensch, und zuletzt schrie sie, ja, sie stieß einen Schrei aus und verschied. Das war gestern. Und dann in der Nacht... Sie müssen verstehen: ich habe Menschen sterben sehen, leichte und schwere Tode habe ich miterlebt, aber da starben Menschen, schuldig gewordene, und sie starben alle mit einer Hoffnung und sei es nur jene auf den ewigen schmerzlosen Schlaf gewesen; aber meine Katze... Und warum schrie sie so? Vor Schmerzen, nein, das glaube ich nicht, denn sie litt vorher stärker, das sah ich. Sie schrie nicht für sich, nicht für sich allein, sie schrie für alle Tiere, die schuldlos Schmerzen und Tod erleiden müssen, weil wir schuldig geworden sind an der Schöpfung. Und da, als ich es begriffen hatte, da dachte ich, man müsse doch für die Tiere... weil man doch schuld ist an ihrem Tod, man müsse... Schauen Sie mich nicht so an, wie heißen Sie, Tobias, ja, schauen Sie weg, während ich es sage; ich dachte, wenn einer starb für die Menschen, warum soll es nicht ein andrer tun für die Tiere. Aber dann dachte ich: was ist das denn schon, wenn ich mein Leben weggebe, was für einen Wert hat das denn, wenn ich gar nicht mehr leben will. Warum nicht? Warum. Es gibt viele Gründe, die alle nur ein einziger sind: ich kann nicht mehr. Ich sage das so. Aber wissen Sie, was das heißt, wenn ein Mann das sagt? Ich schäme mich nicht es zu sagen. Es haben vor mir schon viele gesagt und einer hat es gesagt für uns alle: Warum hast du mich verlassen, so schrie er, und was heißt das anderes als mein armseliges »ich kann nicht mehr«? So ein Wort hat eine lange Geschichte in einem Leben, das wächst im Dunkeln, man spürt, wie es arbeitet da unten, und eines Tages ist es so weit: Ich kann nicht mehr. Aber Sie wollen gehen, nicht wahr, ich halte Sie auf, und was geht Sie das alles an, Sie sind jung, gehen Sie, grüßen Sie Ihre Eltern, oder nein, grüßen Sie niemand mehr von mir; aber warum gehen Sie nicht, ich sehe im Dunkeln Ihre Augen glitzern, Sie sind neugierig das Bekenntnis eines alten Mannes zu hören, das ist etwas Neues, Aufregendes für Sie, sicher sammeln Sie nicht Autogramme sondern

Erfahrungen, so einer wie Sie will wissen alles wissen die nackte Wahrheit wissen, als ob es die gäbe, als ob es jemals jemandem gelänge die Maske abzunehmen. Sehen Sie, ich versuche es, Ihnen mein maskenloses Gesicht zu zeigen, aber ich bemerke, daß jeder Satz den ich Ihnen sage die Maske dichter macht. Es ist entsetzlich: man kann sich nicht zeigen wie man ist. Begreifen Sie wie entsetzlich das ist? Man reißt sich die Maske ab und schon trägt man eine andre. Der Mensch... Aber setzen Sie sich doch wieder; ich... was macht es schon aus, wenn ich Sie bitte hierzubleiben, diese Stunde mit mir zu teilen, ich mache hier vor Ihnen mein Testament, Sie sind mein Erbe, ich möchte Ihnen alles hinterlassen was ich weiß aber oh Gott Sie können nichts anfangen damit; was bedeutet es Ihnen schon wenn ich sage: ich will nicht mehr leben? Sie sagen das gleiche. Fahren Sie nicht auf. Woher ich das weiß? Mein Junge, in Ihrem Alter will jeder gescheite und leidenschaftliche Mensch sterben; er sagt »sterben«, aber er meint etwas anderes damit, er meint: Verwandlung. Wenn einer in eurem Alter bereit ist zu sterben, so nicht aus Mangel sondern aus der Fülle; er ist der Millionär der eine Million verschenken kann ohne arm zu werden. Aber ich, in meinem Alter, in meinem Stand, ich so wie ich bin da vor Ihnen: ich meine wirklich sterben, fortgehen, ins Dunkel eingehen, aufhören. Sehen Sie: ich habe gelebt und habe nicht gelebt. Vertanes Leben. Nein, sagen Sie nichts, ich weiß, daß Sie jetzt einen konventionellen Trost sich abringen wollen, ist es so? Sie wollen sagen: Aber Herr Pastor, Sie haben doch alle Ihre Amtspflichten getreu erfüllt, ein tadelloses Leben geführt, wenigstens soviel bekannt ist... Ja, das ist wahr, das trifft alles zu, aber gerade das ist es ja was mich... oh dieses makellose Leben! Ich, unter den scharfen Augen meiner Gemeinde das Beispiel das Vorbild unangreifbar. Ein Mann wie unser Pastor. Sie fanden keine Schuld an ihm. Keine Schuld. Aber mein ganzes Leben: eine einzige Schuld. Warum, wieso? Der Hochmut des Dienens: schlimmste aller Lügen. Nichts begriffen vom Christentum. Verstehen Sie? Christsein identifiziert mit Bravsein, mit dem Sich-die-Hände-sauber-Halten, mit dem reinen geordneten Herzen. Ohne Risiko. Ohne den Mut sich den andern zu öffnen, hinzugeben. Das schön aufbewahrte Taufkleid, ängstlich gehütet; als sei damit alles getan. Aber was sonst, wo ist das Wahre? Die Liebe, steht geschrieben. Das ist es. Wir sollen lieben und können es nicht. Wir sollen Christen sein, und uns fehlen die Voraussetzungen dafür. Ehe Christus kam, genügte die Tugend. Ein männlich tapferes Leben, wohlwollend allem Geschaffenen gegenüber, auf Ehre, Macht, Besitz, Ordnung bedacht. Das war zu leisten vom Menschen. Die Ankunft Christi hat unsre Lage verschlechtert. Wir wissen, was von uns erwartet, nein, gefordert wird, gefordert auf Leben und Tod, verstehen Sie, bedenken Sie das, und wir haben einfach die Kraft nicht dazu. Wäre Christus nur nicht gekommen. Uns zur Rettung kam er? Nein: zu unsrer Verdammnis. Jetzt können wir nicht mehr nach Menschen-Maß leben, jetzt werden wir mit dem göttlichen Maß gemessen. Wir! Wir, die nicht einmal große Sünder zu sein vermögen. Als ich das alles erkannt hatte, ich meine: als diese Gedanken den Kern meiner Person erreicht hatten, da gab ich es auf, Christ zu sein. Was das heißt? Ich verlor zuerst das Vertrauen auf Gott, das heißt die Hoffnung darauf, daß er uns lieben möge so wie wir sind, und dann verlor ich, logischerweise, es gibt nichts was zwingender daraus folgte, den Glauben. Ich habe immer behauptet, man könne den Glauben nicht verlieren, wenn man ihn je voll besessen hat. Aber man kann es. Es erfolgt nur anders herum: der Glaube verliert uns. Unglaube, das ist doch nicht: an der Lehre zweifeln oder Atheist sein. Ein

Atheist, das ist einer, der will, daß etwas, das ist, nicht sei. Aber man kann doch nur von etwas wollen, daß es nicht sei, von dem man weiß, daß es ist. Zweifler, Atheisten, Spötter, Lästerer, ach, die sind immer noch in der lebendigen Nähe Gottes, sie nehmen ja gegen ihn Stellung, er ist ja Wirklichkeit für sie. Aber ich... Was antworten Sie mir auf die Frage: Geht es Sie etwas an, daß die Erde sich um die Sonne dreht? Ich meine: beeinflußt es Ihr Denken, Ihr Sein? Geht es Sie etwas an, daß der Weidenbaum unfruchtbar ist oder daß jetzt in Kalifornien die Morgendämmerung kommt? Fakten, alles Fakten, es fällt Ihnen gar nicht ein sie zu leugnen, aber Sie sind nicht davon betroffen, diese Fakten sind für Sie gar nicht da. Und das, sehen Sie, das war mir Gott geworden: ein Faktum, das mich nicht betrifft, mir so gleichgültig wie die Unfruchtbarkeit der Weide. Und das nenne ich: nicht mehr glauben. Die unendliche Apathie die einen befällt, wenn Gott sich zurückzieht. Und so habe ich mein Amt ausgeübt Jahr für Jahr ein vorbildlicher Geistlicher meiner Kirche. Ein Toter zufrieden mit seinem Totsein. Wissen Sie, was das ist, so zu leben? Das ist die Hölle. Leiden, das ist, was Ihr Katholiken Fegefeuer nennt. Hölle, das ist der Ort ohne Leiden. Die Parodie auf den Himmel. Das schmerzfreie Leben, das Satan geben kann. Aber da kam nun dieser Schrei meiner Katze. Und auf einmal litt ich wieder. Die Hölle hat sich geöffnet. Aber wohin mit mir jetzt? Mein Amt habe ich verspielt. Jeden Anspruch darauf, andern etwas zu sein, habe ich verloren. Für immer. Dafür ist meine Katze zu spät gestorben. Meine Kirchenbehörde hat mein Gesuch genehmigt, sie entläßt mich. Wohin? Ich weiß es nicht. Ich weiß es buchstäblich nicht. Vielleicht mache ich eine lange Reise. Vielleicht sterbe ich bald. Ich rufe den Tod nicht. Ich lege keine Berufung gegen das Urteil ein, das mir befiehlt zu leben. Ich gehe. Vorigen Sonntag habe ich zum letzten Mal das Wort verkündigt, das Abendmahl gefeiert, gestern zum letzten Mal ein Kind getauft und eine Ehe... Er hörte einfach auf zu sprechen. Ich horchte, ob er vielleicht weinte, es hätte sein können. Aber ich hörte nichts. Ich sah auch nichts mehr von ihm. Es war ganz finster geworden. Ich wartete. Auf einmal sagte er: Der Tod wäre besser. Selbstmord. Ihnen zeigen, wohin es führt, wenn man Gott ausklammert aus dem Leben. Ich habe es früher oft gesagt, ich habe das Wort gepredigt, ich spreche von jener Zeit, in der ich noch in der Wirklichkeit Gottes lebte. Ich habe gepredigt, und sie haben mir nicht geglaubt. Vielleicht würden sie dem Toten glauben, daß man, ungläubig geworden, nur mehr den Tod wählen kann. Vielleicht würde es sie erschrecken. – Ich hörte, daß er sich mir zugewandt hatte. Der letzte Satz war ein Frage an mich. Was sollte ich sagen? Durfte ich sagen, was ich dachte: Herr Pastor, ich sehe, Sie wollen um jeden Preis Martyrer werden; der Tod als Sühne für die leidende Kreatur, oder der Tod als Schock für die Sünder, es läuft aufs gleiche hinaus; wie jung Sie noch sind, Herr Pastor, daß Sie von der Martyrergloriole träumen; spirituelle Indianer-Abenteuer sind das, weiter nichts, das sage ich Ihnen so jung ich bin. Das wollte ich ihm sagen, aber ich sagte es nicht, wozu auch, und ich verstand ihn ja so gut, ich hätte genau so reden können wie er. Aber ich sagte ganz nüchtern und verständig: Herr Pastor, das gäbe eine schöne Schlagzeile für Zeitungen und Stoff für einige Artikel, und vielleicht würden einige Ihrer Schäfchen sagen: nun, wenn das am grünen Holz geschieht... oder: wenn das Salz taub wurde... Nein, Sie wären auf jeden Fall nur das Negativ eines Martyrers, die Hohlform davon sozusagen. Und derlei verpufft schnell und wirkungslos, wird einfach überrollt vom täglich Neuen. Da ist es schon besser für Sie weiterzuleben. Das ist nämlich das Schwierigere. Es wird sich schon ein Platz finden irgendwo auf Erden, wo Sie das tun können, meine ich. – Er antwortet nicht. Ich höre ihn nicht einmal mehr atmen. Ist er überhaupt noch da? Habe ich ihn vielleicht nur geträumt? Ich strecke vorsichtig meine Hand aus; als Kind machte ich es so, wenn ich mir einbildete, irgend etwas sei im Zimmer, ein Gespenst, ich fürchtete mich entsetzlich, aber ich stand auf und streckte die Hand aus, um es zu berühren; jetzt fühlen meine Fingerspitzen den Stoff seines Anzugs, die Kante seines Ärmels; er zuckt zurück. Ach, sagt er, Sie sind noch da, ich hatte Sie ganz vergessen. Vergessen, sage ich, vergessen; erst bitten Sie mich zu bleiben, damit ich Ihr Bekenntnis anhöre, und dann vergessen Sie mich einfach, lassen mich stehen wie einen Hackstock, den man nicht mehr braucht. Ich stehe brüsk auf, ich will jetzt wirklich gehen. Aber er sagt: Verzeihen Sie, ich meinte es nicht so, Sie dürfen einem Mann in meiner Lage... Ich weiß schon, sage ich; ist schon gut, aber jetzt – ich will sagen: jetzt gehe ich; da fällt mir ein, daß ich damit den letzten Augenblick verpasse, in dem es möglich sein wird, meine Frage zu stellen und irgendeine Antwort zu bekommen. Was will ich wissen? Ob dieser da mein leiblicher Vater ist? Nein. Ich will es nicht wissen, denn ich will nicht, daß er es ist, jetzt nicht mehr; er ist mir zu schwach, oder vielleicht habe ich keinen Sinn für das, was man seine Stärke nennen könnte, kurzum: ich will so einen nicht zum Vater, aber ich will von ihm etwas wissen. Darf ich zuletzt eine Frage stellen, Herr Pastor? Ich möchte wissen, was Sie von meinen Eltern halten. Er antwortet nicht; ich merke, daß er sich einige Schritte von mir wegbewegt, er tastet nach etwas, er findet es: eine Streichholzschachtel; er zündet ein Streichholz an und leuchtet damit die Wand ab: da ist der Schalter fürs elektrische Licht, es flammt auf, fällt wie ein Blitz über uns, blendet uns. Auf einmal ist unsre

Lage verändert. Die Stunde der Bekenntnisse ist vorüber, jetzt gibt es nur mehr Auskünfte. Ihre Eltern, fragt er, was ich von Ihren Eltern halte, wie meinen Sie das, unter welchem Gesichtspunkt fragen Sie das, und weshalb mich, ich sagte Ihnen doch, daß ich aufgehört habe, etwas zu wissen. – So, sagten Sie das? Aber ich bitte Sie trotzdem mir zu antworten. – Ich weiß keine Antwort; ich verstehe nicht, was Sie wissen wollen. – Also: ob die beiden eine gute Ehe haben, zum Beispiel. – Ich würde sagen: ja, aber ich müßte wissen, was Sie unter einer guten Ehe verstehen. – Aha; sagen wir einmal: waren die beiden sich treu? – Selbst wenn ich das wüßte, würde ich, im negativen Falle, keine Auskunft geben. – Auch nicht, wenn mein Leben davon abhängt? – Ihr Leben? Es hängt nicht davon ab, das wissen Sie selbst. – Herr Pastor, ich muß deutlicher werden: ich habe den Verdacht, daß ich das natürliche Kind meiner Mutter bin, ich meine, daß mein Vater, das heißt derjenige, der dafür gilt, mich nicht gezeugt hat. – Sie meinen also, daß Ihre Mutter Ihren Vater mit einem andern Mann betrogen hat. – Genau das meine ich, aber ich behaupte es nicht; ich möchte wissen, ob es sich so verhält. – Und Sie meinen, ich wüßte das? Und Sie meinen, daß ich, wüßte ich es, Ihnen es sagen würde? – Ja, warum nicht, was die zweite Frage betrifft; und was die erste angeht: es könnte ja immerhin sein, Sie haben in unserm Hause viel verkehrt, meine Mutter kann Ihnen ein Geständnis gemacht haben, oder irgendeine vage Bemerkung ist gefallen, ein verräterisches Zeichen erschien irgendwann. – Weder das eine noch das andre. Aber sagen Sie: ist es Ihnen wirklich so brennend ernst damit, es zu erfahren? – Ich sagte Ihnen doch: mein Leben hängt davon ab. – Inwiefern? – Inwiefern? Man muß doch wissen, wer sein Vater ist. – Muß man das wissen? – Man braucht einen Vater. – Wirklich? Sie haben aber doch einen. –

Den? Den Herrn Ministerialrat, meinen Sie den? Aber Sie kennen ihn doch, diesen Dummkopf, diese Gewöhnlichkeit in Person, dieses speilangweilige Muster öder Pflichterfüllung, diesen wandelnden Stundenplan, dieses hölzerne Uhrwerk, die unüberbietbare Korrektheit, den Ehrenmann, den Charakter, den Mann mit den unumstößlichen Grundsätzen die er an alle und alles anlegt, andre als seine gibt es nicht und was zu diesen Grundsätzen nicht paßt ist minderwertig; oh, dieser rechtschaffene Mann an dem alles falsch ist... warum schauen Sie mich so an, Herr Pastor, habe ich nicht recht? – Es mag der Jugend erlaubt sein, zu richten auf solche Art. Ihr Vater ist bestrebt, das Rechte zu tun, und das ist viel, wieviel, werden Sie später sehen, wenn es auch Ihnen nur mehr darauf ankommt, einen Tag nach dem andern in Tapferkeit zu bestehen. – Ach, das sagen Sie, und für Sie stimmt das ja auch, vielleicht, ich nehme es einmal an; aber er, der Herr Rat, der hat ja noch nie den sichern Boden verlassen, der riskiert nichts der merkt nichts den ängstigt nichts der ist tugendhaft aus Mangel an Phantasie, nein verteidigen Sie ihn nicht, Menschen wie er könnten Christus sterben sehen und neben dem Kreuz stehend mit ihren Kollegen vom Fach über die Berechtigung seines Todesurteils und darüber diskutieren, ob es nicht doch besser gewesen wäre ihn der Wut des Mobs zu überlassen, Lynchjustiz, und sie würden nicht einmal hören, wenn er seinen Schrei ausstößt. Verstehen Sie denn nicht, daß mit solchen Leuten das Leben sich in eine Sackgasse hineinmanövriert hat? – Sie sind hart, Tobias; wer kennt den andern; wer weiß, welche Umwege... – Halt, Herr Pastor, hier kann nicht von Umwegen gesprochen werden. Sünden, das sind Umwege, möglicherweise. Aber die perfekte Tugend, ohne Einfallstor für die Reue, die ist doch das Aufhören jeder Chance zum Leben zu kommen; ich rede doch wohl in Ihrem Sinn und in

Ihrer Fachsprache, Herr Pastor? Warum sagen Sie nichts? – Weil ich nicht richte; weil ich selbst schuldbeladen bin; weil ich Ihnen vor zehn Minuten das von mir bekannt habe, was Sie jetzt Ihrem Vater vorwerfen. – Also gut, lassen wir das. Aber Sie werden zugeben, daß dieser Herr Rat nicht eben der Vater ist, den ich mir wünschen kann. – Worauf, Tobias, gründen Sie eigentlich Ihren Anspruch, einen andern, bessern Vater zu haben? – Ich... oh, Sie meinen: jeder hat den Vater, den er verdient? – Jeder hat den Vater, den er hat. Mit dem Gegebenen umzugehen, mit ihm ins Reine zu kommen: dies ist das Gebot des Lebens. Alles andre ist Flucht und Traum. Aber das werden Sie nicht verstehen und nicht zugeben können. – Aber dieser Mann ist nicht mein Vater er ist es nicht ist es nicht ich fühle es ich weiß es, darum... Schreien Sie doch bitte nicht so. – ... darum eben suche ich meinen wirklichen Vater, den mir als Vater Zugedachten, den mit dem ich ins reine kommen muß. – Ach Tobias, was Sie suchen, sind ja Sie selbst. – Möglich. Sicher. Aber durch den Vater hindurch. Und jetzt bitte ich Sie, hören Sie, ich bitte Sie, mir einen Hinweis zu geben, wo ich meinen Vater zu suchen habe. – Mein Gott, Tobias, ich weiß es nicht, ich weiß so wenig wie Sie, ich schwöre es Ihnen. – Sie schwören es. Nun gut. Wissen Sie daß ich... Was? – Daß ich vor zwei Stunden gedacht, nein gewünscht habe... Was gedacht? – Daß Sie es seien. – Ich? Oh Gott. Ich, der ich... nein, ich bin kein Vater, nicht der Ihre, nicht irgendeines andern Kindes, nicht meiner Gemeinde. Haben Sie denn nicht verstanden, was ich Ihnen vorher sagte? Ich bin kein Anfang, ich bin ein Ende. Aber vielleicht wäre es gut gewesen einen Sohn zu zeugen. Einen wie Sie einer sind. – Wie ich einer bin? Wie bin ich denn? – Sie werden es später wissen, dann, wenn Sie, vielleicht, geworden sind wie wir alle: müde, viel zu müde, um das zu tun, was man müßte und was Sie jetzt tun. – Und was tu ich? – Suchen. – Suchen. Und findet man denn etwas bei diesem Suchen? Finde ich meinen Vater? – Darauf kommt es nicht an. Das Gefundene ist nie das Gesuchte. – Nie? – Nie. Niemals. – Wozu dann suchen? – Weil das Suchen Glück ist. – Ihre Ansicht. Mein Suchen hat ziemlich wenig Ähnlichkeit mit Glücklichsein. – Viel später werden Sie sich daran erinnern, wie glücklich Sie waren, als Sie suchten und hoffen konnten, etwas zu finden. Und jetzt gehen Sie, es ist sehr spät, ich werde weiterpacken, ich kann ja doch nicht schlafen, wozu es erst versuchen. – Kann ich Ihnen helfen? – Nein, Tobias, nein, ich danke Ihnen; in dieser Nacht, der letzten hier, muß ich allein sein. Aber ich danke Ihnen für Ihr Angebot, ich danke Ihnen dafür, daß Sie mich angehört haben. – Einen Augenblick, Herr Pastor, wir sind noch nicht fertig; habe ich Sie angehört, was nicht durchaus ein Vergnügen war, wie Sie zugeben werden, so werden Sie mir jetzt auch geduldig antworten auf eine Frage, die Sie sehr wohl beantworten können. – Natürlich habe ich Geduld. Fragen Sie. – Also: wie ist meine Mutter? Sie kennen sie schon lange, mindestens fünfzehn Jahre. – Was meinen Sie mit dieser Frage? – Genau das, was sie sagt: wie ist meine Mutter? – Wie ist sie... ich weiß es nicht; ich kann höchstens sagen, daß sie kein leichtes Leben hat, ich meine: keine leichte Ehe. Genügt Ihnen das? – Nein. Wieso ist ihre Ehe schwierig? – Es gibt Menschen, die beide an sich gut sind und besten Willens, und die doch nicht naturhaft zusammenpassen. Kurz und gut: Ihre Eltern geben sich die denkbar größte Mühe, eine gute Ehe zu führen. Daß dieses Bemühen mit großen Opfern erkauft ist, werden Sie glauben. – Ja. Und das Ergebnis dieser Bemühungen und Opfer ist respektabel: zwei Menschen sterben aneinander ab. Das lohnt sich also, wie? Aber genau gesagt, und deshalb fragte ich nach meiner Mutter, nicht nach deren Mann, genau gesagt ist es doch so, daß meine Mutter sich opfert und an diesem Manne abstirbt, während er, korrekt wie er ist, sich bemüht, das zu sein, was er sich unter einem guten Ehemann vorstellt, nämlich dies: kein Verhältnis haben mit einer Kellnerin, nie ins Bordell gehen, nicht saufen, pünktlich das Wirtschaftsgeld abliefern, immer sagen wohin man geht, zu bestimmten Zeiten den sogenannten ehelichen Pflichten obliegen, dabei achtgeben, daß keine unerwünschten Kinder kommen, eine hohe Lebensversicherung eingehen und dem geheimen Ideal jeder Frau entsprechen, das da ist: eine starke Hand fühlen der man gehorcht; mehr kann eine Frau ja auch nicht erwarten von einem Ehemann; erwartete sie sich mehr, so müßte sie sich schon einen Geliebten zulegen, der ein wenig Poesie in ihr Leben brächte. Und sehen Sie, Herr Pastor, das eben hoffe ich von meiner Mutter: daß sie einmal einen Geliebten hatte, einen, der ihr ein Bett aus Fliederblüten richtete und ihr den Vollmond ins Schlafzimmer trug auf beiden Händen, und der nicht wußte, wieviel Uhr es war und welcher Wochentag und... Ach, Unsinn, ich rede Unsinn, ich weiß... Haben Sie meine Mutter geliebt, Herr Pastor? – Geliebt? Meinen Sie als Mann, das heißt... Sie verwirren mich. Ich habe Ihre Mutter sehr gern gehabt, habe sie noch gern, auch wenn ich aus bestimmten Gründen kaum mehr zu Ihren Eltern komme seit der Konversion Ihres Vaters, die Ablehnung liegt auf seiner Seite, nicht auf meiner. Ihre Mutter ist... vielleicht hätte ein andrer Mann es verstanden, alle ihre Talente herauszulocken. – Haben Sie jemals daran gedacht, daß Sie dieser andre hätten sein können? Sie schweigen. Ist das Ihre Antwort? Und meine Mutter? Hat sie es auch gedacht? – Das weiß ich nicht. – Nein? Sie haben nie gefragt? – Nein. – Und sie selbst, sie hat es Ihnen nie gesagt? – Nein. – Und

Sie haben dann nie geheiratet? – Nein. – Wozu diese Härte in Ihrer Stimme? Hat Sie der Verzicht soviel gekostet? Sie schweigen. Aber wenn das so ist, dann war meine Vermutung doch so abwegig nicht, daß Sie mein Vater sein könnten, auch wenn ich damals schon geboren war, darauf kommt es nicht an; wenn Sie meine Mutter liebten und meine Mutter Sie, was freilich zu beweisen wäre aber angenommen werden kann, dann bin ich füglich was? – Sie sind verrückt, Tobias. Das sind müßige Träume. Romantik ist das. Ich wußte gar nicht, daß die Jugend heute so romantischer Hirngespinste fähig ist. – Soll ich Ihnen Ihren Spott zurückzahlen? Ich habe da ein Wort, das Sie beleidigen wird. – Sagen Sie es. – Sie mein Möchtegern-Vater. – Und Sie hoffen, das beleidigt mich? Ach Tobias, Tobias. Gehen Sie jetzt heim. Es ist schon zuviel geredet worden von uns beiden. Gehen Sie heim, und wenn ich Sie um etwas bitten darf: seien Sie gut zu Ihrer Mutter und verzeihen Sie Ihrem Vater, daß er nicht so ist, wie Sie ihn sich wünschen; ich wäre ein noch viel schlechterer gewesen. Gute Nacht, Tobias. – Er, der vorher alle Türen offen gehalten hatte, er schloß sie nun alle hinter mir: Gartentor, Haustür, Flurtür; ich hörte sie ins Schloß fallen, ich hörte das Umdrehen der Schlüssel, das Vorlegen der Sperrkette, ich war ausgeschlossen, ich stand auf der Straße, es war spät und es regnete und mich fror und ich trottete vor mich hin, kam aus der Vorstadt in die Stadt zurück, war ärgerlich über mich, ohne genau zu wissen warum, sollte eigentlich nach Hause gehen zum Abendessen, war aber ohnehin zu spät dran, telephonierte darum von einer Zelle aus zu Hause an, Annette war am Apparat, die Eltern waren ausgegangen mit irgendwelchen Besuchern, ›sie dinieren‹, sagte Annette langgedehnt; und wo treibst du dich herum? fragte sie. Ich geh ins Bordell, sagte ich; sie lachte. Und ich geh auf den Strich, sagte sie. Pfui, Fräulein, spricht man von solchen Dingen, Sie, ein Mädchen aus gutem Hause, schämen Sie sich. – Mein Herr, die Not zwingt mich, nicht der Trieb. – Armes Kind. Wie kann ich Ihnen helfen? Gehen Sie in mein Schlafzimmer, nein, ich bin nicht drinnen, aber bedienen Sie sich meiner Geldkatze. Ihre Unschuld zu retten, ist mir kein Opfer zu groß. – Edler Wohltäter, ich werde Ihnen die Hälfte meines Nachtgewinnes geben zum Dank. Sie finden mich wie gewöhnlich an der Ecke Virchow-Einsteinstraße. Aber hör zu, Tobias, du bist eben angerufen worden vom Pastor von der Lucas-Kirche. – Was wollte er? – Weiß nicht. Fragte nur nach dir. Ich sagte, du seist nicht da, und da wollte er mit Mutter sprechen. Was bedeutet das? – Was weiß denn ich. Wird schon nicht so wichtig sein. Ich hängte ein. Was bedeutete das nun wirklich? Wollte er meine Mutter vor mir warnen? Oder hatte unser Gespräch seine Gefühle für sie neu entzündet? Oder nur eine wehmütige Erinnerung? Oder wollte er sich einfach verabschieden? Ach zum Teufel, was ging es mich an. Auf einmal war ich in finsterster Stimmung. Und es regnete und regnete, und der schwarze Asphalt spiegelte die rote blaue giftgrüne Lichtreklame, das macht mich immer besonders melancholisch, und zu dünne Schuhe hatte ich an, ich bekam nasse Füße, und meine Haare klebten am Kopf, und ich fror, und alles war widerwärtig, und ich war abscheulich allein. Ich holte mir Zigaretten aus einem Automaten, aber mein Feuerzeug funktionierte nicht, und die Streichhölzer waren mir in der Tasche naß geworden, und das einzige, das brannte, löschte mir der Wind aus, ehe ich die Zigarette anzünden konnte. Ich hatte Lust in eine Bar zu gehen, aber trinken mag ich nicht, was also tun dort. Aus Überdruß und Langeweile und Melancholie fiel mir ein, ich könnte ja ins »Victoria« gehen, das dem Fuchs gehörte, dem langschnäuzigen spitzohrigen scharfzähnigen, dessen Foto meine Mutter aufbewahrte. So naß wie ich war. Ein Landstreicher. Gerade so: naß und finster und mit schmutzigen durchweichten Schuhen und bereit zu ganz Verschiedenem, beispielsweise ohne Umschweife den Besitzer zu verlangen in dringender Angelegenheit; oder mich für einen Grafen ausgeben, dem Portier einen Zehnmarkschein in die Hand drücken (den einzigen, den ich in der Tasche habe) und sagen: Lassen Sie mein Gepäck vom Bahnhof abholen, nein, warten Sie noch, es hat keine Eile; oder mich einfach in die Halle setzen, stumm, ohne etwas zu bestellen, einfach herumlümmeln und warten, bis mich jemand hinauswirft oder bis der Fuchs zufällig vorbeikäme und ich ihn ansprechen könnte; oder mich erkundigen, ob eine Stelle als Liftboy frei wäre; oder nach meiner Mutter, der Fürstin Soundso fragen; Blödsinn, wieso diese aristokratischen Wunschträume; oder einen Flirt beginnen mit irgendeiner Dame, die allein ist, oder besser mit einer, die nicht allein ist, vor den Augen ihres Begleiters einen Flirt beginnen; oder einfach Zeitung lesen, mich wärmen, einen Tee bestellen; oder meinen Block herausziehen, Brille aufsetzen, Bleistift zücken, scharf beobachtende Blicke auf die Leute heften, Reporter oder Detektiv mimen; so ein Kind bin ich, daß ich derlei denken und wünschen kann. In meiner Vorstellung saß ich längst in der Halle, war bereits beim Besitzer gemeldet, wartete darauf, zu ihm geführt zu werden. Aber ich stand noch immer vor der Schwingtür. Autos fuhren vor, Leute stiegen aus, andre Autos kamen, Leute stiegen ein, Schwingtür auf, wieder zu, warme Luft kommt heraus, der Boy beobachtet mich durch die Glastür, wofür hält er mich, jetzt trete ich wirklich ein, an meiner Nase hängt ein Regentropfen, ich wische ihn vor aller Augen nach Schulbubenart mit meinem Mantelärmel ab, gehe, ungeniert vernehmlich durch die Nase schniefend, an dem Boy vorbei, der etwas zur Seite weicht, direkt auf die Portiersloge zu. Drei Livrierte sind da; ich frage zwischen ihren Köpfen hindurch nach oben ins Leere, frage ein imaginäres übergeordnetes Gehirn: Ist Herr X im Hause? Die drei sehen erst mich an, dann sieht Nummer Eins Nummer Zwei an, diese Nummer Drei, worauf Nummer Zwei Nummer Eins ansieht; mit winzigen hölzernen Rucken geschieht das, ich komme mir vor wie im Kasperltheater. Dann geruht der Erste zu sagen: Herr X kommt selten ins Hotel, er wohnt in seiner Privatvilla außerhalb der Stadt. Der Zweite: Und wenn er in der Stadt ist, dann befindet er sich im Amt. – ›Befindet sich‹, sagt er, und ›im Amt‹. Ehe ich dazu komme zu fragen, in welchem Amt, fragt der Dritte: In welcher Angelegenheit kommen Sie? – Ich antworte: Wenn Herr X nicht hier ist, dürfte es von geringer Nützlichkeit sein, Ihnen zu sagen, in welcher Angelegenheit ich ihn zu sprechen wünsche; aber um Ihre private Neugier zu befriedigen, mein Herr, kann ich Ihnen verraten, daß ich ihn in ebenso privater Sache zu sprechen wünsche. – Wieder geht ein kleiner Ruck durch die drei. Dann sagt der Erste: In diesem Falle dürfte es sich empfehlen, mit Herrn X vorher telephonisch ein Treffen zu verabreden. – Mein Herr, Sie sind äußerst liebenswürdig, mir einen so guten Rat zu verabfolgen, ich werde ihm augenblicklich nachkommen; haben Sie die Güte, mich mit Herrn X zu verbinden, der hier im Hause ist. – Ich sage das aufs Geratewohl, aber wie leicht die Leute zu verblüffen und anzuschwindeln sind: meine ironische Sicherheit und meine Behauptung, Herr X sei im Hause, sie machen Eindruck. – Nummer Eins fragt: Und wen darf ich melden? – Mich, mein Herr. – Nun sind die drei zweifellos überzeugt davon, es mit einem Verrückten zu tun zu haben; ich tue nichts ihre Meinung zu ändern, ich fahre fort: Sagen Sie Herrn X, hier sei ein Mann, der ihm etwas anzubieten hat, was er nicht besitzt. – Nummer Eins hebt den Hörer von der Gabel, er spricht, er meldet mich an, er wiederholt brav, was ich ihm sagte, aber ich merke genau, daß er mit niemand spricht. Nein, sagt er, Herr X ist nicht hier. – Ist er zu Hause? Das wissen Sie nicht. Wann kommt er zurück? Unbestimmt. Danke vielmals. – Er wendet sich mir zu: Herr X ist... Ich unterbreche ihn: Besten Dank, ich war durchaus imstande, Ihrem Monolog zu folgen, ehrenwerter Herr; ich ersuche Sie, mich nun endlich mit Herrn X zu verbinden, der im Hause ist. – Nummer Eins zieht sich aus der Affaire: ein neuer Gast ist eingetroffen. Nummer Zwei ruft nach rückwärts, in eine Kammer, in der niemand ist: Ja, ich komme sofort. Nummer Drei, von den andern im Stiche gelassen, kann nicht umhin, irgend etwas zu tun, was in Beziehung zu mir steht; er schaut mich von oben bis unten an, murmelt etwas, schaut mich noch einmal an, ich halte seinem Blick mit eisigem Hochmut stand, er unterliegt, und nun telephoniert er wirklich, nur kurz, dann sagt er: Herr X wird in etwa einer halben Stunde hier sein; wenn Sie so lange warten wollen? – Ich sage: Ich bin in der beneidenswerten Lage, Zeit zu haben. Ich warte. Dann schlendre ich durch die Halle, setze mich, will eine Zigarette anzünden, das Feuerzeug funktioniert noch immer nicht, der Boy schiebt sich näher, bietet mir Feuer. Ein kleines verdorbenes Bürschchen, fünfzehn vielleicht, armer Kerl, blaue Ringe unter den Augen, gelbe Tabakfinger; hast du keine Eltern, die auf dich achtgeben, wie sollen sie aber achtgeben, wenn du hier bist und Geld verdienen mußt; doch was gehts mich an, wer paßt denn auf mich auf, und wenn ich wollte, könnte ich mit genau so blauen Ringen unter den Augen herumlaufen; sehe jeder wo er bleibe, wie ers treibe; aber der kleine Kerl tut mir doch leid, ich habe Lust ihn anzureden: wie alt bist du, mußt du Geld verdienen oder willst dus selber, hast du Eltern, einen Vater, wie ist er, magst du ihn... Aber ich bin doch zu faul zu einem solchen Gespräch, oder vielmehr: ich bin zu gespannt, habe nichts anderes im Sinn als den Auftritt des Herrn X. Was sage ich denn? Das wird sich geben. Vorbereitete Gespräche gelingen nie. Der Boy legt zwei Zeitschriften auf mein Tischchen. Was, zum Teufel: bin ich denn im Sprechzimmer eines Klosters? »Christliche Welt« heißt die eine, die andre auch so ähnlich, habs vergessen. Ich rufe den Kleinen. Du, was soll das, habt ihr keine andern Zeitschriften, ich lese nicht gern Erbauungsblättchen. – Er schaut mich schief an, was für ein Altes-Äffchen-Gesicht er hat. Doch, sagt er, aber das andre sind Zeitschriften für Damen, mit Mode und so. – Danke. Und eine Tageszeitung? – Er bringt mir eine: das allerschwärzeste Blatt unsres Landes. Ich fege Zeitung und Zeitschriften vom Tisch. Ist das hier ein Christliches Hospiz oder das Bischöfliche Ordinariat oder was? – Der Kleine hebt Zeitung und Zeitschriften auf. Danke, sage ich, und du kannst ja nichts dafür. Ich lege ihm eine Mark auf den Tisch, er schaut sie an, nimmt sie nicht. Das ist eine Beleidigung. Nun gut. Hier scheint alles dazu angetan, mich demütigen zu wollen. Ich ginge gerne fort, könnte ich nur; eine winzige Anstrengung, und ich wäre frei. Aufstehen, fortgehen. Aber ich klebe fest. Die Fliege auf dem Leimblatt. Auf den Leim gegangen, denke ich, aber das hat ja keinen Sinn; wenn hier wer auf den Leim geht oder zu gehen gezwungen wird, dann ist es Herr X. Warten wir also. Eine halbe, drei Viertelstunden. Vielleicht hält man mich zum Narren, läßt mich hier sitzen bis Mitternacht? Nun gut, so werde ich eben bis Mitternacht warten. Ich habe Geduld, ich bin zäh wenn ich etwas verfolge. Ich sitze der großen Treppe gegenüber. Jedermann benutzt den Lift, niemand die Treppe. Schließlich kommt doch jemand diese große breite leere Treppe zwischen den Marmorgeländern herunter. Eine Ameise, nein ein Wiesel, nein ein Fuchs, der Fuchs, er selbst. So klein hatte ich ihn mir nicht gedacht nach dem Foto und wenn ich ihn in seinem Auto sah. Klein und behend und leise und emsig. In seinem Gefolge ein weibliches Wesen, ein grauhäutiges rothaariges Geschöpf, ein Jungfuchs, ein Mädchen. Am Fuß der Treppe verabschieden sich die beiden mit einem Kuß. Vater und Tochter. Oh Familienglück, dem Hotelpersonal, den Hotelgästen, aller Welt demonstriert. Sind keine Pressephotographen da? Melanie, ruft der Vater; das graurote Geschöpf dreht sich um. Ja, Papa? – Vergiß nicht, für Mama die Blumen abzuholen. – Nein, Papa. – Tschüs, Melanie. – Melanie Melanie Melanie. Mir schwindelt ein wenig, mir wird übel. Wer sonst in der Stadt heißt Melanie außer meiner Mutter und dieser da? Melanie. Der Indizienbeweis. Ein starkes Stück, seine Tochter nach der Geliebten zu nennen. Aber war sie, meine Mutter, denn wirklich... Ach, ich weiß doch nicht, weiß doch nicht. Melanie. Diese magere graue Ziege da: Melanie. Herr X empfängt von den drei Livrierten offenbar Informationen über mich, äußert sich nicht dazu, hört nur was sie sagen; dann kommt er auf mich zu, nickt leutselig nach rechts und nach links. Wie er daherkommt: wie mit Filzpantoffeln auf ganz glattem Parkett, nein, wie dann, ja eben wie ein Fuchs, der auf Beutegang durchs hohe Schilf schnürt. Er ist kleiner als ich, und er trägt ein gestutztes Bärtchen, rötlichgrau, und seine Ohren sind wie auf dem Foto: übermässig groß und spitz gerollt. Der Mann ist ganz Ohr. Alles andre bedeutet nichts, ist sozusagen Zutat, überflüssig. Das Ohr huscht auf kurzen Beinen näher, ist ganz Leutseligkeit, ganz freundliches Entgegenkommen, ganz Vorurteilslosigkeit, zwingt mich aufzustehen und höflich zu sein, mich vorzustellen. Ich murmle einen Namen, verstehe ihn selber nicht. Auch er stellt sich vor, schaut mich erwartungsvoll an, überläßt mir die Eröffnung des Gesprächs. Aber ich denke nicht daran, etwas zu sagen. So weit kenne ich die Spielregeln auch schon, daß ich weiß: wer zu warten versteht, gewinnt Vorsprung. Aber ihm kommt es offenbar gar nicht darauf an, mich warten zu lassen, es war nur eine Höflichkeitspause. Können wir hier sprechen, fragt er, oder ziehen Sie es vor, weniger öffentlich mit mir zu plaudern? – Es ist mir gleichgültig, sage ich, aber vielleicht haben Sie Ihrerseits den Wunsch... Er lächelt, zeigt dabei einen Fuchszahn, deutet auf eine Ecke: Setzen wir uns dorthin, hier zieht es ein wenig, und ich bin etwas rheumaempfindlich. – Wie spricht er denn? So wie er geht. Er flüstert nicht eigentlich, spricht eher halblaut, und doch hörte es sich an, als gehe ein Luftzug durch dürres Schilfrohr; er verschluckt die Vokale, man hört fast nur Konsonanten, aber die nur wie im Fluge berührt, er spricht ungemein rasch, huscht aufenthaltlos dahin, ohne Spuren zu hinterlassen, ein schlürfendes raschelndes Genuschel, ein lispelndes Ineinanderschieben von Wörtern und Sätzen; und seine Hände, knochenlos scheinend, unterstreichen die Wirkung: die Fingerkuppen aufeinandergelegt wie zum Beten, reibt er die Handteller leise und rasch gegeneinander, pausenlos, auch hier das schleifende Rascheln. Den Mann fängst du nicht, sage ich mir, den fängst du sowenig wie den Wind, der ist geschaffen dazu, auszuweichen, dir zu entweichen. Sie haben mir etwas anzubieten? fragt er; sind Sie Vertreter? – Ja, Vertreter; Vertreter einer Generation, einer Gesellschaftsschicht, einer Kirche. Ganz leise füge ich hinzu: und meiner Mutter. (Ich bin unsicher, ob er das gehört hat.) – So, sagt er, und Vertreter einer Meinung auch? – Nein und ja; ich vertrete nur die meine. – Ich verstehe; Sie sind in keiner Partei? – Nein. – Aber Sie sagten: Kirche; also doch Vertreter einer Meinung? – Nein, ich sagte das vorher nur aus Spaß am Spiel. – Aha. Bleibt also: Vertreter einer Generation. – Nein, auch das nicht; ich maße mir nicht an oder ich lasse mich nicht dazu

herbei, meine Generation zu vertreten; ich vertrete nur
mich und... – Und? – Und eben meine Meinung. –
Mir schien, Sie wollten etwas anderes sagen. – Nein.
Die junge Dame vorhin, war das Ihre Tochter? – Er ist
etwas bestürzt von dieser zusammenhanglosen Frage, unsicher, worauf ich hinaus will. – Ja gewiß, meine Tochter,
eine meiner drei Töchter, die Älteste. – Melanie. – Ja,
Melanie. – Ein seltener Name. – Ein musikalischer. –
Oh, es gibt andere, die noch musikalischer klingen: Ro-
samunde oder Isolde oder Cherubina zum Beispiel. –
Gewiß. – Darf ich Sie fragen, was Sie bewog, Ihre Tochter
Melanie zu nennen? – Ich sagte es Ihnen. – Klingt er
nicht ein bißchen nach mélange oder nach mésalliance? –
Er schaut mich mit unverminderter Höflichkeit an; er
versucht so auszusehen, wie jemand aussehen müßte, der
sich bemühte, mich zu verstehen. – Seltsam, sage ich,
seltsam; es gibt außer Ihrer Tochter meines Wissens nur
noch eine Frau in unsrer Stadt, die Melanie heißt. – Ach?
Haben Sie das Einwohnermeldeamt durchsucht? – Er sagt
es ohne Bosheit, nur mit freundlichem Spott. So also
komme ich nicht weiter. Herr X, sage ich, diese andre
Melanie ist meine Mutter. – Er neigt den Kopf etwas
schief, erwartungsvoll; er kommt mir nicht zu Hilfe. Ja,
sage ich, meine Mutter; und es interessiert mich, ob
zwischen diesen beiden Melanien irgendeine Verbindung
besteht, ich meine, ob die Namengebung Ihrer Tochter
in einem Kausalzusammenhang steht mit dem Namen
meiner Mutter. – Jetzt lächelt er, ganz freundlich, ganz
ohne Hinterhältigkeit, ohne Arroganz: Für eine Detek-
tivgeschichte nicht übel, sagt er; aber würden Sie so
freundlich sein, mir zu erklären, was Sie so plötzlich
dazu bewog, zu mir zu kommen, Sie dürften doch etwa
zwanzig Jahre alt sein und nicht eben erst heute von
meiner Existenz erfahren haben, lieber Tobias. – Ich fahre
auf, ich fahre so töricht unbeherrscht auf, daß ich damit

jeglichen Vorsprung und jede Sicherheit mit einem Schlag verliere. Aber wieso... Ich stottere. Er lächelt, ohne seinen Triumph zu genießen. Ich habe es, sagt er, zweifellos mit einem höchst intelligenten jungen Mann zu tun, dessen Familiennamen, obgleich unverständlich bei der Vorstellung, mit Absicht unverständlich wie ich annehme, ich natürlich sogleich erraten oder vielmehr mit Sicherheit vom Gesicht abgelesen habe, und ich wundere mich, weshalb Sie sich solcher um- und abwegiger Methode bedienen, um etwas zu erfahren, was Sie offenbar erfahren möchten; würden Sie mich nicht besser, um uns beiden Zeit und Mühe zu ersparen, direkt fragen? – Ich habe Sie schon gefragt. – Ach, Sie meinen: weshalb ich meine Tochter Melanie nannte oder vielmehr, ob ich sie nach Ihrer Mutter nannte? Ihre Mutter ist die Taufpatin meiner ältesten Tochter. Das ist die Lösung des Rätsels. Sind Sie enttäuscht? – Der Wind im raschelnden Schilf, nicht zu fangen; aber ich gebe nicht nach: Wieso mir die Tatsache dieser Patenschaft verschwiegen wurde von meiner Mutter, ist mir nicht klar; können Sie mir etwas dazu sagen? – Ihre Mutter und ich waren früher befreundet, mir war der Name teuer, so wählte ich Ihre Mutter zur Patin und gab ihren Namen meiner Erstgeborenen. – Das weiß ich bereits. Aber weshalb verheimlicht man mir das, weshalb macht man keinen Gebrauch von dieser Patenschaft, es ist doch üblich, daß Paten und Patenkinder sich sehen, daß Paten Geschenke machen und so fort; wenn das in diesem Fall nicht geschieht: warum nicht? – Wie alt sind Sie, Tobias? – Wieso, was soll die Frage? – Ich dachte, in Ihrer Generation sei man mit zwanzig schon sehr vif. Ich gab Ihnen einen Hinweis: ich war mit Ihrer Mutter befreundet. Früher. Es ist lange her. Als Ihre Mutter ein Mädchen war. – Nun, und? – Als sie heiratete, verbot Ihr Vater, daß wir uns je wiedersähen. So blieb es bei der Tatsache der Patenschaft. Sind

Sie zufrieden? — Nicht sehr, Herr X. Ihr Wort Freundschaft mißfällt mir. Wenn ein Mann seine Tochter nach einer Freundin nennt, so erlaube ich mir den Schluß, daß diese Freundin mehr oder sagen wir etwas anderes war als eben eine Freundin. — Er schaut mich an, als verstehe er derlei nicht. — Nun, sage ich, sprechen Sie, ich habe Sie etwas gefragt. — Sie haben nicht gefragt, junger Mann, Sie haben behauptet, und zwar haben Sie etwas behauptet, was ich aus dem Mund des Sohnes von Melanie Kelbeck nicht gehört zu haben wünsche. — Er sagt es ganz sanft, aber aus dem Schilfgeflüster klirrt plötzlich warnende Schärfe. Aber jetzt bin ich nicht mehr einzuschüchtern. Herr X, Sie tun, als hätte ich Sie des Hochverrats oder eines Justizmordes oder zumindest einer Vergewaltigung Minderjähriger angeklagt; wenn Sie mit meiner Mutter befreundet waren, ich meine: etwas mehr als befreundet waren, so ist damit doch wohl nichts Ehrenrühriges gesagt. — Junger Mann, Ihr Sittenkodex ist nicht der meine; wir sprechen verschiedene Sprachen. — Aha, Sie haben nie vorehelich geliebt, wie? — Junger M... — Hören Sie auf, junger Mann zu sagen; Sie ahnen nicht, welche Reaktionen diese Apostrophierung in unsereinem auslöst; würden Sie gern alter Herr von mir genannt werden? — Bleiben wir bei der Sache: Sie unterstellen also Ihrer Mutter daß sie vor der Ehe mit mir... — Herr X, was meine Mutter vor der Ehe, vor, hören Sie, vor der Ehe mit Ihnen oder sonstwem tat, ist mir Hekuba. — Also dann verstehe ich nicht, verstehe absolut nicht... — Herr X, ich bin überzeugt, daß Sie mir auf eine klipp und klar vorgebrachte Frage keine Antwort gäben, also lasse ich diese Frage ungefragt. — Oh, Sie meinen, ob Ihre Mutter, nein, das können Sie nicht meinen. — Was, Herr X? — Nein nein, lassen wir das; das ist ja entsetzlich; da kommen Sie zu mir und beschuldigen Ihre Mutter... — Ich beschuldige meine

Mutter keineswegs, wer spricht denn davon, von Schuld ist da überhaupt nicht die Rede, schon gar nicht von moralischer oder wie Sie das zu nennen wünschen; es ist schlicht und einfach die Rede davon, oder vielmehr bisher war keine Rede davon, nur das Schweigen davon, daß ich... aber Sie haben recht, lassen wir das. – Er schaut mich jetzt an wie der Irrenarzt einen Patienten: mit wohlwollend mißtrauischer Aufmerksamkeit; sein Blick fühlt mir den Puls, legt sich als Stethoskop auf meine Brust, und sein Ohr scheint sich noch spitzer zu rollen und schärfer zu stellen. Ich fühle mich plötzlich hundemüde, wie zu Beginn einer Narkose. Herr X, sage ich, dieses Gespräch hat sich totgelaufen; ich bin überzeugt, Sie haben mich recht wohl verstanden, aber Sie ziehen es vor, sich weiterhin zu tarnen. – Zu tarnen? Nein, auf Ehre, ich verstehe Sie nicht. – Nein? – Nein. – Um so besser. Also denn: ich gehe, entschuldigen Sie die Störung, leben Sie wohl, grüßen Sie Fräulein Tochter Melanie von ihrem Pseudo-Stiefbruder. – Stiefbruder? – Ach nein, ich habe mich versprochen; wie sagt man da: vom Sohn ihrer Patentante. – Ich stehe auf, Herr X steht auch auf, wir schauen uns eine Weile an wie zwei aus einem Traum Erwachende, Herr X streckt plötzlich seine Hand aus und drückt mich in den Sessel zurück. Nein, sagt er, so gehen Sie mir nicht fort; was ist denn mit Ihnen, was quält Sie, sagen Sie es mir offen. – Ich muß lachen: einem Fuchs etwas offen sagen, in dieses große spitz gerollte Ohr etwas hineinfallen lassen, was dort dann für immer bliebe, untilgbar? Nie und nimmer. – Warum lachen Sie? – Weil Sie reden wie ein Beichtvater, wie ein Psychiater, oder wie Ihr Steuerberater. Mich drückt gar nichts. – Nein? Aber erlauben Sie mir dann Ihnen zu sagen, daß Sie Ihre Intelligenz auf etwas Nützlicheres verwenden sollten als darauf, Spuren im Sand zu suchen dort, wo gar keine sind. – Gar keine sind. –

Ja, fährt er fort, Nützlicheres sollten Sie tun. – So, was denn zum Beispiel? – Mir scheint, daß Sie sich nicht für das Wohl andrer Menschen interessieren geschweige denn dafür einsetzen. – Genau das; ich überlasse das Leuten wie Ihnen, die jung genug sind, um an den Fortschritt zu glauben; und ich bin ja auch nicht auf die Gunst der Leute angewiesen, ich habe kein Hotel, ich brauche die Leute nicht zu hofieren; ich kann es mir leisten, das öffentlich zu tun, was Sie im Geheimen tun: das Pack verachten. Wie, Sie wollen mir einreden, Sie täten das nicht? – Ich gebrauche die Leute, ich benutze sie. – Ist das nicht das gleiche wie sie verachten? – Diese Frage stellt sich mir nicht; wenn ich Leute benutze, so tu ich es nicht zu ihrem Schaden; wer mit mir arbeitet, gewinnt dabei. – Was gewinnt er? – Ansehen, Geld, Erfolg. – Und wer gegen Sie arbeitet? – Der bekommt es zu fühlen, daß er am falschen Ende des Strickes zieht. – Aha. Sie sind also das, was man einen Manager nennt. – Ein Wort, das gar nichts aussagt. Jeder, der an irgendeinem Hebel der Wirtschaft, der Verwaltung, der Politik sitzt, ist ein Manager, wenn Sie so wollen. Es hat immer nur Manager und von ihnen Dirigierte gegeben. Nichts Neues unter der Sonne. – So einfach erklären Sie das? Nun, Sie brauchen mir ja nicht eine Vorlesung über das Wesen des Managertums zu halten. – Nein, jun... nein, ich will Ihnen lieber meine Karten offen hinlegen. Sehen Sie: als ich vor dreißig Jahren diesen Betrieb übernahm, war ich zwar reich, aber nichts als eben das. Meinen Eltern hat es genügt, reich zu sein, zu reisen, sich zu vergnügen, ein gewisses wohlwollendes Ansehen zu genießen in ihren Kreisen. Mich langweilte das. Mich juckte es zu versuchen, auf andre Weise zu leben, nämlich: diese unsre Stadt in die Hände zu bekommen. – In die Hände zu bekommen? – Ich bin Bürgermeister. Oberbürgermeister. Sie schauen erstaunt. Wußten Sie das nicht? Ich bin es seit drei Monaten. Sie sollten sich wirklich etwas mehr für das öffentliche Leben interessieren als für die Schattenspiele, die Ihre Phantasie Ihnen vorführt. – Als ob das öffentliche Leben nicht das schattenhafteste aller Schattenspiele wäre! Wieso soll mir dieses sogenannte öffentliche Leben, das zu öffentlich ist um wahr zu sein, wichtiger erscheinen als mein eigenes Leben, das ich durchschaue, das greifbar ist für mich, für das ich Verantwortung trage? Ich wage zu bezweifeln, Herr Oberbürgermeister, ob das, was Sie am öffentlichen Leben interessiert, nicht nur Ihre eigene Person ist, die sich darin spiegelt. – Vielleicht. Aber wenn Sie meinen, die Beschäftigung mit dem öffentlichen Leben sei weniger interessant als jene mit Ihrem Inneren oder Innersten, so irren Sie. Ich werde Ihnen zeigen, wie interessant das Spiel mit der Öffentlichkeit ist. Wollen Sie? Gut; beginnen wir mit der Frage: können Sie unsre Stadt davon überzeugen, daß Sie ein präsumptiver genialer Schriftsteller sind? Warum zucken Sie zusammen? Rührte ich an eine empfindliche Stelle? Liegt da ein Nerv bloß? Pardon. – Woher zum Teufel wissen Sie etwas davon? – Wovon? Daß Sie schreiben? Das lese ich von Ihrem Gesicht. Junge Männer, die schreiben und ernsthaft entschlossen sind, berühmt zu werden, sehen so aus wie Sie. – Ich schreibe gar nicht, und Ruhm lockt mich nicht, und Ehrgeiz habe ich nicht. Warum lächeln Sie? – Sie gefallen mir in Ihrem Trotz und Ihrer Schamhaftigkeit. – Ich lege keinen Wert darauf, Ihnen zu gefallen. – Bravo. Kehren wir zurück zum Thema. Ich stellte eine Frage. Ich stelle jetzt eine andere: Wie wird man Oberbürgermeister? – Indem man sich, so denke ich, mit Ellbogen nach vorne drängt. Indem man sich in einer Partei von unten nach oben arbeitet; ich nehme an, daß diese Partei die christlich-soziale ist. – Falsch geraten. Wie kommen Sie darauf? – Ihr Boy gab mir Erbauungsliteratur zu lesen. Lachen Sie? Es ist wahr! – Der dumme

Bub, er ist ein Anfänger, er taxiert die Gäste noch nicht scharf genug ein. – Aha, Ihr Personal ist psychologisch gedrillt: Bibeln für Jugendliche, Klerikale und Puritaner aus den USA; Erotica für ältere Ehepaare; Krimis für einzeln reisende Herren, damit sie nicht etwa, sich sonst langweilend, Lust auf Abenteuer bekommen... – So etwa, ja. Ich fühle mich verantwortlich für meine Gäste. In meinem Hause herrscht Ordnung. – Edle Seele. Und nachts schleichen Sie durch die Korridore dieses Ihres ordentlichen Hauses, um zu kontrollieren, ob jeder in seinem richtigen ordentlichen Bette liegt. (Der Fuchs auf Pirsch, denke ich, und stelle ihn mir vor, das steil gerollte große Ohr an Schlüssellöcher legend, mit der spitzen Schnauze an den Türritzen schnüffelnd.) Ich muß lachen. Er lacht nicht, er schaut mich nur aufmerksam an. Also, sage ich, in welcher Partei sind Sie dann, wenn nicht in dieser? – In keiner. Und das, sehen Sie, brachte mir das Vertrauen der Wähler ein. – Das ist absurd, nein, ich korrigiere mich: das ist vernünftig; jeder mißtraut zu Recht jedem Parteigänger; aber vergnüglich ist, wenn die Christlich-Sozialen einem Christlich-Sozialen mißtrauen. – Wie auch immer; jeder denkt so: Herr X ist in keiner Partei, das bedeutet, Herr X scheffelt in keine Parteikasse, ist keiner Partei verpflichtet, redet keiner nach dem Mund, ist nicht käuflich, ist, wie der Liebe Gott, frei nach allen Seiten. – Sind Ihre Wähler wirklich so dumm? Wissen die nicht, daß einer, der nach keiner Seite hin verpflichtet ist, es nach allen Seiten ist? Um allen Parteien genehm und von allen gestützt zu sein, muß man allen geben. Kann man das? Ich meine: kann man das guten Gewissens? – Ich verstehe nicht, was das mit Gewissen zu tun hat, oder vielmehr, was daran gegen das gute Gewissen verstoßen könnte. Ich sorge mich gleicherweise um alle. – Wie der Liebe Gott, ich verstehe. Sonne aufgehen lassen über Gerechte und Ungerechte, Regen fallen lassen über Böse und Gute. Aber wie kam es, daß man unter all den Parteilosen dieser Stadt gerade Sie wählte? – Das eben ist es, was ich Ihnen sagen wollte. Aber wie, so frage ich Sie, denken Sie sich das? Wie kommt so etwas zustande? – Ich nehme an, Sie machten Gebrauch von Ihrem Geld: eine Stiftung in die Parteikasse der Christlich-Sozialen, eine in die der Sozialdemokraten, und so fort, vielleicht auch in die der geheimen Faschisten, für alle Fälle. – Was erlauben Sie sich? – Nichts als das, was Sie mir erlaubten oder wozu Sie mich aufforderten: zu sagen, wie ich mir Ihr Avancement vorstelle. Also? Ferner: eine Spende fürs sozialistische Arbeiter-Jugendheim, eine für die katholische Kirche, eine für die evangelische, eine für die Una Sancta, denn man ist doch modern, riecht doch gegen den Wind, was kommt, ist für Toleranz, für Einheit, für Europa, für den Frieden zwischen den Kirchen. Ihre Frau wird ja auch in Ihren Diensten stehen und das ihrige getan haben: Sonntags Besuch im Altersheim, Bonbons verteilend; samstags Besuch im Waisenhaus, auch Bonbons verteilend, bisweilen mütterlich über ein Kinderköpfchen gebeugt, vom Pressefotografen zufällig geschnappt; und Fräulein Melanie samt Schwestern mit Körbchen am Arm Blumen ins Gefängnis bringend, den Sexualverbrechern ein Blümchen ins Knopfloch, oder mit Rotkreuzsammelbüchsen in Händen die Straßen ablaufend. So etwa denke ich mir das. – Sie Stümper! Sie wissen offenbar nicht, daß der Mensch sich gerne rühren läßt, ohne daß er sich zu rühren bemüßigt fühlt, das heißt: der Schakal frißt Ihnen aus der Hand, macht kehrt, läuft zu Ihrem Feind, frißt ihm aus der Hand, kotet und scharrt mit den Hinterbeinen den Kot Ihnen ins Gesicht. Das ist der Mensch. Damit müssen Sie rechnen. – Sagte ich nicht, daß Sie ihn verachten? Sie haben es geleugnet, vorhin. – Verachte ich ihn? Ich nehme ihn wie er ist. Er überrascht mich nicht. Ich komme seiner Inferiorität zuvor. – Wie denn? – Indem ich ihn vor meinen Wagen spanne, ohne daß er es merkt. Haben Sie sich schon einmal überlegt, was das ist: die öffentliche Meinung? – Nun, wie das Wort sagt: was die Öffentlichkeit in aller Öffentlichkeit meint, mit andern Worten: wie alle gemeinsam über jeweils eine Sache denken und urteilen. – Falsch. Schade: Sie begannen beinahe richtig, jetzt haben Sie Ihre Examensnote verpatzt; Sie müssen die Verba ›denken‹ und ›urteilen‹ von vorneherein und ein für alle Mal streichen, wenn Sie von öffentlicher Meinung sprechen und sich jene Leute vorstellen, welche diese öffentliche Meinung vertreten. Glauben Sie, daß die Waschfrauen Nevil-Waschpulver kaufen, weil sie denken und urteilen, es sei unter allen vorhandenen Waschmitteln das beste? Sie kaufen es, weil man sie injiziert hat mit dem Werbeslogan: Nevil, das Beste für ihre Wäsche. Und dabei hätten sie sogar die Möglichkeit, nachzuprüfen, ob das stimmt: sie brauchten nur, praktizierend, die Wirkung verschiedener Waschmittel zu vergleichen. Aber das tun sie nicht. Wozu auch. Andere haben für sie gedacht und geurteilt. – So kommt die öffentliche Meinung also doch aus Denken und Urteilen? – Sancta simplicitas. Selbst Testversuche sind gelenkt. Selbst Tester sind korrumpierbar, und sei es durch ihr eigenes unausrottbar in ihrem Wesen verwurzeltes Vorurteil. Es gibt kein objektives Urteil, kann keines geben, es wäre nicht menschlich. – Sie wollten mir erzählen, wie Sie es zum Oberbürgermeister brachten. – Ich will es Ihnen exemplifizieren an einem Modellfall, der Sie mehr interessiert. Nehmen wir an, Sie wollten nicht Schriftsteller ... warum zucken Sie denn da jedesmal so zusammen, das ist heutzutage doch ein Beruf wie jeder andre und kein Mysterium der Berufung mehr, aber ich wollte sagen: nehmen wir an, Sie wollten Maler werden. Wie wird man ein bekannter Maler, der seine Bilder auch tatsächlich verkauft? – Indem man auf die Akademie geht oder, falls man genial ist, es nicht tut, sondern vor sich hin malt, arbeitet, wieder arbeitet, Leinwand vollschmiert, Leinwand wieder abkratzt, verzweifelt ist, sich besäuft, von neuem malt. – Falsch. Hier haben Sie ein Blatt Papier, hier einen Bleistift. Zeichnen Sie, was Sie wollen. Was? Sagen wir: das Bahnhofsgelände einer Großstadt, viele Geleise, ein Zug fährt aus, die Sonne scheint. Zeichnen Sie. Gut so. Nur weiter. Und jetzt zeichnen Sie das Ganze noch einmal, lassen Sie die Schwellen zwischen den Geleisen weg, die Geleise selbst deuten Sie nur an, Striche, die ins Unendliche laufen; der Zug, was ist ein Zug? Eine Kraft, die in die Ferne zieht, ein Zug ist Eisen, ist schwarz, zeichnen Sie einen kräftigen schwarzen Strich; und die Sonne, ist sie rund? Wer hindert Sie, sie viereckig zu sehen? Also: ein Viereck wie eine offene Tür, auf welche die Geleise zustreben, auf welche der Pfeil zielt. Großartig. Eine abstrakte Zeichnung. Könnte von Paul Klee sein. Nun, geht Ihnen noch kein Licht auf? Nein? Also, wie geht die Geschichte weiter? Ich hänge diese Zeichnung, schön gerahmt, in mein Büro, an gut sichtbarer Stelle. Sie haben inzwischen noch mehrere solcher Blätter gemalt, alle in diesem unverwechselbaren Stil, ich hänge sie im Hotel auf an gut sichtbaren Stellen. Blickfang. Jedermann sieht sie. Man fragt, wenn schon nicht aus Interesse so doch aus Höflichkeit und um mir zu gefallen, wer der Maler ist. Ich gebe mich geheimnisvoll. Man wird nervös, denn man könnte etwas versäumen. Man erinnert sich, wie ich vor vielen Jahren einen Chirico kaufte und einen Miró. Sie staunen? Das hätten Sie mir nicht zugetraut, wie? Ich mir auch nicht. Aber den Seinen gibts der Herr im Schlaf. Was runzeln Sie die Brauen? – Ich mag Frivolitäten nicht, wenn sie geistlos sind. – Pardon. Aber die Pointe liegt ja nicht hier, die liegt ... Du lieber Himmel, ich lache heute noch,

ich lache Tränen, ich ... Geduld. Sobald ich kann ...
also: eines Tages hatte ich einen Gast hier, laut Paß
österreichischer Adel, mochte schon stimmen, er war
knapp bei Kasse, will sagen: er konnte die Rechnung
nicht bezahlen und bat mich beinahe auf den Knien lie-
gend, jene beiden Bilder zu nehmen, die er selbst wiederum als Zahlungsmittel von einem Zahlungsunfähi-
gen angenommen hatte. Ich nahm sie. Motto: besser
als nichts. Ich hängte sie sogar auf, weil meine Frau es
chic fand, Bilder zu hängen, die niemand verstand.
Ein paar Jahre später bezahlte man für Chirico und Miró
so viel, daß mein armer Graf sich die Haare raufen
mochte vor Verzweiflung. Seither gelte ich als Kenner.
Als Voraus-Spürer. Begreifen Sie noch nicht? Ich hänge
Ihre Zeichnungen auf, im Büro, im Hotel, in meinem
Hause. Überall trifft das Auge des Besuchers auf Sie.
Eine Dauer-Infiltration. Ich gebe Andeutungen von Auskünften. Man ist neugierig auf Sie. Der Boden ist berei-
tet. Folgt eines Tages die Ausstellung. Privat, so scheint
es. Ich lade zu einer Party ein. Wen lade ich ein? Die
Köche, die aus dem, was man ihnen auf den Küchentisch
legt, die öffentliche Meinung bereiten: Presse, Rundfunk,
Fernsehen; dazu einige kaufkräftige Freunde, die von mir
präpariert, von mir abhängig, mir gern zu Diensten sind;
ferner Gewerkschafter, Parteileute, Professoren von der
TH, Vertreter des höheren Klerus, Vertreter der Frauen-
vereine, und natürlich ein paar Kunsthändler von auswärts. Und Sie. Sehen Sie sich stehen? Gut gekleidet,
bürgerlich, weder devot noch scheu noch auftrumpfend,
in sich gekehrt, schweigsam, gespannt, das Gesicht streng,
alles in allem eher einem Physiker ähnlich als dem, was
man sich unter einem Künstler vorstellt. Sehen Sie sich
so? Sie stehen auf einer Insel, ein ernster, eher finsterer
Turm, Geheimnisse bergend. Turm und Insel sind um-
flattert umstrichen umwedelt von Leuten, die nichts

von Kunst verstehen. Der Reporter A schwänzelt auf Sie zu: Was, bitte, wollten Sie mit dieser Zeichnung hier ausdrücken? Und was werden Sie antworten? Sie könnten sagen: dies ist ein Bahnhof. Das wäre falsch, außer Sie hätten einen Apfel gezeichnet und nennten das Bild Bahnhof. Sie könnten sagen: dies ist eine imaginäre Begegnung. Oder Sie könnten sagen: Ein jedes Ding ist von seinem Gegenteil schwanger. Wie? Woher ich diesen Satz habe? Habe ich ihn irgendwoher? Ich weiß nicht woher, ich habe ihn nur so hingesagt. Oder Sie könnten antworten – nun, sagen Sie selbst etwas, Tobias! – Ich denke nicht dran. – Sie könnten auch antworten: Ich habe abstrakte graphische Formelemente zu Formen zusammengefügt, ohne die Elemente zu opfern; ich habe auf solche Art einen formalen Kosmos geschaffen, der sich gleichnisartig zur Schöpfung verhält. Was sagen Sie zu diesem Satz? Oder Sie könnten antworten: Ich habe mit drei verschieden starken Bleistiften der Firma Faber sechsunddreißig Striche gemacht und mit meinem in Tinte getauchten Daumennagel ein kleines Viereck darübergesetzt. Was immer Sie auch sagen würden, in trockenem Ton und abweisenden Gesichts, man würde es als Offenbarung betrachten. Was folgt? Interviews. Eine Ausstellung in der Kunsthalle. Eine Fernsehsendung. Kritiken, Aufsätze. Und Ankäufe. Ich habe in aller Stille aus den zur Party Geladenen ein Team geformt, das für Sie arbeitet. Sie sind Glied eines Konzerns geworden. Sie sind gemacht. – Pfui Teufel. – Sagen Sie jetzt. Warten Sie nur, bis Sie eines Tages mit Ihren Manuskripten... ach Pardon, bleiben wir bei der Malerei: mit Ihren Bildern dasitzen, und kein Hund interessiert sich dafür, und Ihnen hängt vor Hunger und aufs äußerste gereiztem Ehrgeiz die Zunge aus dem Mund, sabbernd nach einer Ausstellung, nach einer Anerkennung, nach einem einzigen Blick eines einzigen Besuchers auf Ihre vollen Kartons und den Stapel Leinwand, nach einem noch so schäbig zahlenden Käufer. – Also auf solche Weise wurden Sie Oberbürgermeister? Denn das wollten Sie mir doch exemplifizieren, nicht wahr? – So ungefähr, ja. Variiert, denn ich konnte ja nicht selbst einer ganzen Stadt einreden, daß ich das einzige in Frage kommende Stadtoberhaupt sei; ich mußte mir zuerst meinen Konzern bilden. Einladungen, Parties. Nie devot und nie arrogant sein. Schön die Mitte halten. So tun, als wisse man von allen alles, schwiege aber wie Sankt Nepomuk auf der Brücke. Nie etwas Abfälliges über jemand sagen, aber sich jede böse Bemerkung des einen über den andern mit Datum notieren. Gegebenenfalls damit einen gegen den andern ausspielen, so daß es keiner merkt. Schweigen, viel schweigen. Die andern reden und sich decouvrieren lassen. Beichtvater sein. Diskret Ratschläge erteilen. Und dann die etwas gröberen Methoden: Geld ausleihen, zinslos; Bürgschaft leisten; Skandale vertuschen helfen; die Leute sich verpflichten. Und das Ganze sich etwas kosten lassen. Was ich damit sagen will? Meinen Sie, ich hätte nie Lust gehabt zu einem Abenteuer? Ich hab mirs versagt. Das Modell eines guten Ehemanns und Familienvaters. Sauber, vertrauenswürdig. Moral zieht noch immer, auch heute. Die Moralischen fühlen sich bei mir fromm zu Hause. Die Unmoralischen bewundern mich der Raffinesse wegen, mit der ich mein Privatleben, das natürlich, ihrer Meinung nach, um nichts moralischer ist als das ihre, allen Blicken zu entziehen verstehe. Auf diese Weise fange ich sie alle. – Ich verstehe: die Kreuzspinne; das Netz schimmert im Morgentau; die kleinen Insekten, ahnunglos, fliegen hinein, verheddern sich ... – Und beschuldigen sich gegenseitig, Ursache des Verhedderns zu sein, und verheddern sich dabei immer mehr, bis sie keinen andern Ausweg mehr sehen, als die große Spinne anzurufen, die denn auch eilends kommt, sie zu befreien, das heißt, so weit zu befreien, daß sie statt mit sechs nur mehr mit zwei Beinen festkleben und so sich frei wähnen; Dank und Preis der großen hilfreichen Spinne; das spricht sich herum, das lockt immer mehr Insektengesindel an, und die Spinne spinnt, und das Netz wächst und umfaßt schließlich die ganze Stadt. – Aha. Aber fühlen sich die Insekten denn wohl im Netz? – Gewiß, denn die große Spinne hat bekanntgegeben, daß nur im Netze Heil sei. – Aber wovon nährt sich die Spinne? Sehen denn die Insekten nicht, wenn immer wieder einige von ihnen ausgesaugt werden? – Man hat ihnen längst mitgeteilt, daß es zum Wohle aller sei, wenn einige verspeist werden, denn gerade diese wären es, welche das Netz mit allen Insassen bedrohten: Revolutionäre, Stockkonservative, Anarchisten, Klerikale, Antiklerikale, Amoralische, Moralisten, Kriegshetzer, Kriegsdienstverweigerer, Kommunisten, Koexistenzialisten, erzählen Sie den Leuten, was Sie wollen, von einem bestimmten Augenblick an glauben sie Ihnen faustdicke Lügen. Sagen Sie dem Gesindel: Ihr braucht den Krieg, und schon wählen sie Tod statt Leben, und wähnen sich ungeheuer frei und heroisch. Frage: warum denken die Insekten nicht? Oh, es gibt schon solche, die denken, einige, aber sie wissen: die Meinung eines einzelnen zählt nicht, ist in den Wind gesprochen. Und warum bemächtigen sie sich nicht der modernen Mittel der Werbung, der Kommunikation? Weil sie zu faul sind oder zu hochmütig, oder weil sie so lange zögern, bis alle Posten besetzt sind von Leuten mit Spruchbändern um den Bauch: Nevil das beste Waschmittel; Demokratie die beste Regierungsform; Sex das beste Zugmittel für Literatur und Film; Atheismus die modernste Form der Anerkennung Gottes; Kritik an der Kirche die beste Form der Kirchentreue; Nihilismus die beste Art, der Wahrheit nahezukommen. Die wenigen, die wissen, daß das Blödsinn ist und Lüge ... – Einen Augenblick, Herr X: Ich sehe nicht, daß das, was Sie von jenen imaginären Spruchbauchbändern ablesen, blöd und lügenhaft ist. – Ach Tobias, darum geht es jetzt doch nicht; ich wollte nur sagen, daß jene wenigen, welche andrer Meinung sind, jene Spruchbänder lesen, sie plebejisch finden und erbittert kehrt machen. Und fürderhin schweigen. Wer aber hat recht: sie oder die andern? Immer die vielen; immer die öffentliche Meinung, denn recht hat, wer die großen Wirkungen erzielt. – Sie lügen, Herr X, und Sie wissen, daß sie lügen. – Aber darauf kommt es jetzt doch nicht an. – Doch, darauf kommt es immer an. Mir schwindelt bei Ihren Ausführungen. Sie exemplifizieren etwas so lange mit etwas, bis man nicht mehr weiß, was Sie wirklich denken. – Was ich wirklich denke, ist, daß ich Sie lancieren möchte. – Als Maler. – Nein, als 'das, was Sie werden wollen, auch wenn Sie noch nicht genau wissen sollten, was Sie sein wollen. – Ich will aber nicht von Ihnen lanciert werden. Von Ihnen nicht und von niemand. – Aber Tobias, wie schlecht Sie Ihre Zeit kennen. Wollen Sie als einsamer hungernder Poet im Elfenbeinturm sitzen? Ohne Gruppe, ohne Konzern, ohne Leithammel, der zustößt, wenn Ihnen, dem Verwundbaren, einer zu Leibe zu rücken sich anschickt, ein Buschklepper aus dem Papierwald, ein Kritiker ein böser. Ohne den Schutz der Gruppe sind Sie ein toter Mann, Tobias. – Aye! I am a poet and upon my tomb shall maidens scatter rose leaves and men mystles ... – Was murmeln Sie da? – Nichts von Bedeutung. Ich meine nur: wenn Sie jenen fiktiven Maler lancieren, merken denn das die Kritiker nicht sehr bald, daß er gar keiner ist, will sagen, daß er nichts kann? – Sie halten mich für sehr dumm. Natürlich lanciere ich nur Leute, von denen ich weiß, daß sie, durch den Anfangserfolg getragen, Selbstvertrauen gewinnen, und dann, durch die Erwartungen der Kritiker und Käufer angestachelt, ehrgeizig geworden, beginnen, verbissen zu arbeiten. Ich bin kein Hochstapler und züchte keine. Ist das klar? – Ganz klar. – Nun also? – Aber woher wollen Sie wissen, daß ich ein Schriftsteller bin, den zu lancieren sich lohnt? Sie lasen keine Zeile von mir. – Richtig, ich las nichts. Aber (er hebt seinen Zeigefinger) ich spüre, woher der Wind weht. – Ich will aber gar nicht Schriftsteller werden, weder mit Ihrer Hilfe noch ohne sie. – Erzählen Sie mir jetzt keine Märchen. Sie haben sich längst verraten. Hören Sie, Tobias: ich habe keinen Sohn. – Das weiß ich. Und? – Ließen Sie mir nicht sagen per Telephon, Sie haben mir etwas anzubieten, was ich nicht besitze? – Ein Scherz, ein Trick, Bluff. – Machen wir Ernst. Sie könnten mein Sohn sein. – Wenn meine Mutter gewollt hätte. Wenn. Sie hat aber nicht gewollt. Also könnte ich keineswegs Ihr Sohn sein. Im Gegenteil: die Ablehnung meiner Mutter ist das stärkste Argument gegen Ihren Satz. Nein, Herr X, machen wir jetzt Schluß. Ich möchte gehen. Soviel Väterlichkeit macht mich krank. – Tobias, Sie haben noch nicht begriffen (sehr vieles haben Sie nicht begriffen), daß heutzutage nicht mehr das Blut entscheidet, sondern die freie Wahl. Nicht die Zeugung aus dem Fleische treibt das Leben voran; das tun vielmehr die Gehirne und die von vorurteilsfreien Gehirnen gesteuerten Willen. Die Biologie weiß heute, nach vier oder fünf Forschergenerationen, noch immer nicht, was Leben ist, wie Leben entsteht. Wir Praktiker des Lebens aber wissen, wie man Leben steuert, wie man es zur Mutation nach oben oder unten zwingen kann. – So steuern, zwingen, mutieren Sie was und wen und wie Sie wollen, aber nicht mein Leben. Das steuere ich selbst. – Welche Illusion im Zeitalter der Teams und Trusts. Sie sind ein eigensinniger Hinterwäldler, Tobias. – Ich frage mich nur, weshalb

Sie so versessen sind auf mich plötzlich. Es gab mich doch schon früher auch. – Man muß warten können. – Aber woher überhaupt Ihre Lust, junge Leute zu lancieren? – Lust? Lust sagen Sie? Ich habe keine Lust daran. – Ja dann versteh ich schon gar nicht ... – Sie sagten: Lust. Meinen Sie, mir mache irgend etwas Lust? – Nein? Nicht? Warum tun Sie es dann? – Man muß irgend etwas tun, etwas von Belang. – Aha, das ist also von Belang. – Bestreiten Sie, daß es von Belang sei, Talente zu fördern? – Nein. Ich möchte aber wissen, warum Sie Talente fördern. – Um Leben voranzutreiben. – Das ist eine beachtliche Objektivität. Schade, daß ich sie Ihnen nicht abnehme. Soll ich Ihnen sagen, was Sie treibt? – Falls Sie sagen wollen, Angst triebe mich, so haben Sie recht. Warum schweigen Sie jetzt? Überrascht Sie meine Offenheit? – Ein wenig, ja. Ich wollte tatsächlich sagen ... Aber Angst wovor? – Ich sagte Ihnen doch: ich habe keinen Sohn. – Muß ich Sie trösten? Sie leben in Ihren Töchtern fort, falls Sie das meinen. – Meine Töchter, Tobias, sind dumm. Aber sehen wir von ihnen ab. Ich sagte Ihnen doch, daß nicht die Zeugung aus dem Fleische entscheidet, sondern die Wahl. Ich habe Angst, daß ich das, was ich weiß, an keinen Sohn meiner Wahl weitergeben kann. – Aha. Aber ehrlich gesagt, scheint mir Ihr Wissen nicht so, daß es schade wäre, ginge es verloren. Ich bin grob, ich weiß. Aber ich verstehe tatsächlich nicht, was so Großartiges ist an dem, was Sie sagen. – Ich habe Ihnen ja noch nichts gesagt, Tobias, nichts von meinen Erfahrungen mit dem Menschen. – Wissen Sie, Herr X, wie Sie mir vorkommen? Wie ein Kidnapper. Sie locken mich mit vagen Versprechungen. Aber ich mag nicht. Ich mag Sie nicht. Entschuldigen Sie die Störung. Was ich hier wollte, habe ich erreicht. Schönsten Dank. – Herr X steht auf; er ist nicht gekränkt, er ist nicht einmal betroffen, er ist nicht zu schlagen, er bleibt immer Herr der Lage, immer der Gewinner. Gut, sagt er, gehen Sie, ich kann Sie nicht zwingen Ihren Vorteil zu ergreifen. Aber wenn Sie eines Tages, eines fernen Tages, meinen Rat brauchen sollten, so wissen Sie mich zu finden. Der Oberbürgermeister einer Stadt, der nebenbei Hauptaktionär der drei großen Zeitungen dieser Stadt ist und im Rundfunkrat sitzt, ist nicht zu verachten dann, wenn man etwas erreichen will. Ob Sie mich mögen oder nicht, ist unwichtig. Wer sagt Ihnen, daß ich Sie mag? Das sind altmodische Worte und altmodische Gefühle. Es kommt nur auf das Spiel an, auf das Zusammenspiel. Grüßen Sie Ihre Mutter von mir. – Damit sehe ich mich entlassen. Herr X, ganz Höflichkeit, begleitet mich über die Hälfte der Treppe hinunter. Ich bin überzeugt, daß er genau weiß, wen er wieviele Stufen begleiten muß, um seinem Personal seine Einschätzung der betreffenden Person darzutun. Die halbe Treppe für mich; immerhin: die Livrierten grüßen, der Boy springt zur Schwingtür, öffnet sie, und jetzt nimmt er die Mark an, die er vorher verschmäht hat. – Auf der Straße. Es regnet noch immer. Nieselregen. Es ist spät. Mir schwindelt. Ich versuche auf dem Heimweg, dem Gespräch mit dem Fuchs auf den Grund zu kommen, aber mein Kopf ist voll vom Rascheln und Nuscheln seiner Stimme. Der Wind im Schilf. Hoffentlich ist Annette daheim, ich brauche jemand, mit dem ich vernünftig reden kann, jemand, bei dem ein Wort das bedeutet, was es bedeutet. Hunger habe ich auch, und meine Schuhe und Hosenbeine sind noch immer und schon wieder naß. Wenn Annette nicht daheim ist, geh ich nochmal fort. Wohin? Ich wage es mir nicht recht einzugestehen, wohin ich gehen möchte in dieser Nacht. Warum geh ich nicht gleich dorthin? Zu wenig Geld. Ich ahne nicht, was es kostet. Man kann ja fragen. Nein, sieht zu blöd aus: fragen und dann wieder gehen. Ich seh ja auch noch sehr jung aus. Gibt es da eine Altersgrenze wie im Kino? Muß man einen Ausweis vorzeigen? Und wie wissen die, daß man nicht eine venerische Krankheit einschleppt? Ach so, die stecken sich ja nicht an, normalerweise, und wenn: die stehen unter Kontrolle. Aber wenn ich dann ... Nein, das ist doch nicht möglich. Was will ich aber dort? Bin ich neugierig? Nein. Darauf nicht. Was wirds schon sein. Dazu brauche ich keine starke Phantasie. Und so ein abgenutztes Ding da. Aber es wäre warm dort. Und ich wäre nicht allein. Ich brauchte nicht zu denken. Muß man es eigentlich tun mit so einer? Darf man nicht einfach seinen Kopf an ihre Schulter legen? Die kennen doch das Leben, die wissen vieles, fast alles. Die sind keine Mütter, aber vielleicht sind sie es doch: die wahren Mütter, die Ur-Mütter, bei denen man untertaucht ins Dunkle, in die Ur-Höhle. Es ist anonym. Man erkennt sich, ohne sich zu kennen. Müßte schon eine tolle Erfahrung sein. Aber man bezahlt die. Nein, die selber nicht, man bezahlt, glaub ich – ach ja, man nennt sie ja die Puff-Mütter. Also Mütter. Mütter, die man bezahlt dafür, daß ihre Töchter, die gar nicht ihre Töchter sind ... Nein, es ist doch nichts. Nicht für mich. Irgendwo in einem Kornfeld eine Bäuerin. Auch anonym. Aber ohne Bezahlung. Einfach weil es heiß ist und die Wellen, die heißen Kornwellen, über uns zusammenschlagen. Auf der heißen Ackererde. Oder nachts im Wald, zwischen den kühlen feuchten Wurzeln eines alten Baumes, im Moos. Man sieht sich nicht einmal, riecht nur bittere Rinde und Farn und Pilzgeflecht, umarmt die Nacht. Ja. Aber kein Damenboudoir mit rosa Lämpchen und Jasminparfum oder was sie haben. Und kein Bett, auf dem hundert oder tausend andre ... Nein. Pfui Teufel. Und so eine, die denkt: schnell schnell, je schneller, desto mehr kann ich in einer Nacht hintereinander ... Nein. Aber eine halbe Stunde etwas Warmes Weiches halten, von ihm gehalten werden.

Vielleicht weinen. Vielleicht getröstet werden. Aber nein, die wollen keinen Knaben, die wollen was andres. Und ich hab ja gar keine Lust darauf, ein Mann sein zu müssen. Es müßte solche Häuser geben, wo Mütter sind. Solche, mit denen man nicht schläft. Ammen. Sanft wie Milch, und blind. Man kommt in ein Zimmer, Bauernstube, Kachelofen, warm, altmodisches Ledersofa, die Uhr tickt, auf dem Sofa die alte dicke Frau, die nimmt einen in den Arm, an ihren großen alten Busen, riecht nach Lavendel und Leinen und Mottenpulver, man fängt an zu weinen, sagt nichts, weint bloß, und die Alte murmelt Unverständliches, wie ein unterirdisches Wasser murmelt das, und die Uhr tickt und tickt und tickt, und nach Stunden hat man ausgeweint, ißt einen Bratapfel und geht, und alles ist gut. Bis auf weiteres. Aber das ist ja keine Mutter, das ist eine Großmutter, eine Ur-Ur-Großmutter. Tut nichts, Urgroßmütter sind auch Mütter, sind mehr Mütter als die eigentlichen Mütter, Mütter sind immer zu jung für ihre Kinder. Großmütter müßten einen gebären. Eigentlich sind wir Männer immer betrogen. Wir heiraten, weil wir eine Mutter brauchen. Aber die Mädchen wollen keine Mütter und schon gar keine Großmütter sein. Wollen nicht dick werden. Mit sechzig wollen sie sein wie dreißig, mit dreißig wie zwanzig. Sind eine einzige eigensinnige schroffe Forderung an uns. Wollen, daß wir ihr Herr sind und ihr Sklave zugleich. Geht doch nicht. Versuchen es immer wieder. Man müßte eine heiraten, die dick ist und still und geduldig und weise. Bei der man sein darf, wie man ist. Auch feige. Auch müde. Ich hab einen Mutterkomplex. Hab ich einen? Suche ich eigentlich einen Vater oder eine Mutter? Wichtige Frage. Suche ich für meine Mutter den richtigen Mann? Ach Unsinn. Aber wer weiß. Ich weiß nichts mehr. Bin so müde. Gibt es in unsrer Stadt solche Häuser wie in Brüssel am Gâre du Nord? Annette war dort mit einer Freundin. Erzählt: ein ganz kleines Stadtviertel, kleine Häuser, große Fenster, Schaufenster, hinter jedem eine Hure, stickend, nähend; säuberlich alles, gemütlich. Eine Negerin winkt Annette. Annette begreift nichts. Aber ihre Freundin ahnt plötzlich etwas: die rosa Lämpchen und Polizisten am Eingang der Hauptstraße. Wenn unsre Eltern wüßten, was für Abenteuer wir ungenützt vorübergehen lassen. Aus Dummheit. Aus Feigheit. Nicht aus anerzogener Tugend. Vielleicht, wenn ich jetzt in Brüssel wäre? Aber nicht hier, nicht in unsrer Stadt. Stelle mir vor, daß mich die kennt, von der Straße her, vom Bus, und sagt: Ach du bists, was willst du denn hier, geh heim, wenn das deine Eltern wüßten. Diese da haben auch ihren Sittenkodex. Woher weiß ich das? Weiß es eben. Und jetzt weiß ich auch, was mich so anwidert dabei: gar nicht die Unmoral, sondern weil die Unmoral so schäbig ist, so spießbürgerlich, so witzlos, genormt, polizeiüberwacht, ärztlich kontrolliert, steril. Ohne Risiko. Und bezahlt! Bezahlen für das Untertauchen in den Urstrom, bezahlen für die Begegnung mit dem Numinosen! Aber vielleicht erfährt man das, was da gemeint ist, was Geschlecht ist, nur dann, wenn man die nicht kennt, mit der man da beisammen ist; wenn es eine ohne Namen ist; eine, die man nicht halten will und kann; eine, mit der man keine Zukunft hat, nicht einmal einen Morgen; eine, mit der man nicht spricht; eine, bei der man keine Hemmungen zu haben braucht, keine Angst vor Kindern, keine Angst vor Heirat, keine Angst vor Tränen, und vielleicht auch keine vor einer Blamage. Alles ganz ehrlich. Sachlich, nüchtern, wahrhaftig. Alles ganz identisch mit sich selber. Erfüllung und Wunsch kongruent. Bleibt kein Rest. Alles meint, was es meint. Ist das Moralische, unseres, das anerzogene, nicht unmoralischer, weil Lüge, weil Feigheit? Einer will in den brennenden Abgrund stürzen und zieht vorher einen Asbestmantel an. Betrug. Selbstbetrug. Man müßte beides haben: Liebe mit Gesittung, und die andre, die wilde. Aber so machen es doch viele Männer: gute Ehemänner, rücksichtsvoll; und dann ins Bordell, in fremden Städten. Ich möchte beides in einer haben. Das Ganze. Gibt es das nicht? Weiß nicht. Bin doch noch blödsinnig jung. Ach du milchjunger Knabe. Weiß gar nichts. Ist doch höchste Zeit, daß ich anfange damit. Wissen wissen. Leben ist Wissen. Also dann geh ins Bordell, Tobias. Nein. Warum nicht? Warum nicht. Weil ich noch nicht gewählt habe. Man kann nur eine einzige Erfahrung ganz machen. Die eine: alles erleben; verführen, sich verführen lassen; Nächte Wunden Narben; ein Gesicht gezeichnet von solchen Stürmen, und am Ende des Lebens sagen: jetzt gibt es nichts mehr, was ich nicht kenne; bin wohlgesättigt, bin zufrieden. Aber ist ja gar nicht wahr: so einer kennt ja gar nicht alles, kennt nur eines, kennt nicht die andre Möglichkeit, den Verzicht, die Strenge, die Reinheit, das Mönchische, Priesterliche, das Opfer. Wäre schon großartig. Gibt solche Leute. Gibt es sie wirklich? Wer weiß. Sind Sünder allzumal. Aber vielleicht gibt es das doch. Das Exklusive. Nicht tun, was alle tun. Verzicht. Heroisch. Ob es wahr ist, daß Enthaltsamkeit die Geisteskräfte steigert ins Übermenschliche? Merke nichts davon bei den Pfarrern, die da so herumlaufen. Müßte man doch merken. Aber die kompensieren den einen Verzicht mit Kompromissen: essen gern gut, trinken, machen wild Karriere. Violett, purpurn, weiß. Nächste Stufe: Gold. Der Heiligenschein. Gibt einen sublimen Ehrgeiz auch. Was wiegt eine Frau gegen Stab und Mitra und Heiligenschein? Aber gibt auch andre. Unser Religionslehrer vielleicht. Lebt arm mit seiner alten krummen Mutter. Hat eine tolle Doktorarbeit geschrieben seinerzeit, hat sich nicht habilitiert, ist armer Dorfpfarrer geworden, bis man ihn, als er krank wurde vor Askese, an unsre Schule holte. Der Peter Frey hat einen Onkel, ist auch Pfarrer, groß blond schön wie alle Freys. Ob der nie eine Frau gehabt hat? In Belgien, sagt man, gibts ein Heim für Priesterkinder. Katholisch. Feigheit, eine Frau dann im Stiche lassen, ein Kind verleugnen. Vertuschen das Ganze; darf nicht geschehen sein; die Glorie der Kirche verträgt keinen Flecken, kennt keine Demut. Fällt mir ein: einmal, vor vier Jahren, hat mich ein Priester im Beichtstuhl gefragt, ob ich nicht Priester werden will. Warum, Hochwürden? Du scheinst mir eine Berufung zu haben. Wieso, Hochwürden? Deine Reinheit. Mein Gott ja. Aber ich hätte fragen sollen: ist Reinheit das einzige, was ein Priester braucht, und ist der rein, den es ein großes Opfer kostet, dem Trieb nicht nachzugeben, und was ist einer, der keinen starken Trieb hat, welchen Wert hat denn dann seine Reinheit; und ich hätte sagen sollen: aha, so sagt Aschenputtel zu den Täubchen, die Guten ins Töpfchen, die Schlechten ins Kröpfchen; die Reinen in den Priesterberuf, die Unreinen in die Ehe. Reinheit, was ist denn das? Kanns nicht sagen. Hat etwas mit Noblesse zu tun. Ist gar nicht auf Sex hin zu sehen. Eher auf Zucht. Maß. Ja, das ist es: Maßhalten; das hat mit Keuschheit zu tun. Zuchtvoll einen Weg gehen. Streng. Gesammelt. Unberührbar. Ja, wie denn aber: als alter Junggeselle? Geht doch nur, wenn man Priester wird oder Mönch. Nein, stimmt nicht. Muß auch in der Ehe gehen. Warum nicht. Man wählt eine Frau und bleibt ihr treu, bis zum Tod. Kommt überhaupt nur darauf an, daß man einmal wählt, etwas Hohes wählt, und dann absolut unbeirrbar treu bleibt. Aber Ehen Ehen, wie sind denn die, die ich kenne? Ach, überhaupt: das Leben, es ist ja doch nur ein wirrer Haufen von Tagen. Unrat. Man wurstelt sich so durch. Wer spricht von Siegen, übersteh'n ist alles; wenn sogar so jemand wie

Rilke das sagt ... Leben, das ist wie die Wohnung von Hallhubers: ein fürchterlicher Verhau; überall Stapel von Kartons, und in der Küche das dreckige Geschirr von fünf sechs Tagen, und plötzlich wollen sie aufräumen, Frau Hallhuber und ihre Tochter, wie heißt sie, Bertha oder so, und dann, Annette hat mirs erzählt, sagt Frau Hallhuber: so Bertha, jetzt gehts los, jetzt machen wir Ordnung, aber zuerst einen guten Kaffee, und hol was drüben in der Konditorei; dann sitzen sie mitten im Unrat, trinken Kaffee, essen Torte, finden es ›schrecklich gemütlich‹, und aufgeräumt wird nicht, warum auch, macht bloß Mühe. So sind wir alle. Bleiben hocken dort, wo man eben hockt. Bei allen Leuten bleibt alles immer beim alten. Trostloser Trott. Misere. Miserere. O Dieu, purifiez nos cœurs, purifiez nos cœurs. Sonderbares Gedicht. Dieser Ezra Pound. Even so is mine heart become silent within me... Ich aber sehne mich. Ich sehne mich. Wonach? Weiß man, wonach man sich sehnt? Man nennt es so oder so; es sind Chiffren. Aber Chiffren für was? Mir ist hundeelend zumute. Hunger hab ich. Kalt ist mir. Aber nein, das ist es nicht. Liefe gern frierend und hungrig herum, wüßte ich: wofür. Man muß wählen. Man kann nur eine Art Leben leben. Oder wie: hintereinander? Zuerst Hure sein, dann den Tabakladen kaufen und Almosen geben? Don Juan, und dann ins Kloster? Geht nicht: da hat man weder die eine noch die andre Erfahrung ganz. Nein. Man muß... Ich, ich muß wählen. Jetzt. Oh Gott, ich habe vergessen: Carola. Ich habe ja schon mit einem Mädchen geschlafen. Hab schon gewählt. Reinheit? Dahin. Hat es sich gelohnt? Was hab ich erfahren dabei? Nichts; nichts, was der Mühe wert war. Vergessen. Nein, geht nicht. Hinterließ doch eine Narbe. Sünde. Was ist das? Und Vergebung, was ist das? Was geschehen ist, ist geschehen. Der Makel bleibt. Wie hat mich der Fuchs genannt? Hinterwäldler. Bin ichs? Hoffentlich ist

Annette daheim und noch wach. Das Haus ist dunkel. Schlafen sie alle schon? In der Garderobe fehlen die Mäntel der Eltern. Sind also noch fort. Und Annette? Ich öffne leise die Tür. Dunkel. Aber Annette ist da, liegt im Bett, sie knipst das Wandlicht an. Schläfst du nicht, Annette? – Nein. Ich liege und denke nach. – Worüber? – Über eine Uhr. – Was für eine Uhr? Geruhen gnädiges Fräulein deutlicher zu werden. – Setz dich. Nein, nicht auf mein Kleid. Tus weg, es knittert sonst. Zigaretten? Hab keine. Ich rauch doch nimmer. Warum nicht? Vielleicht weil Martin es nicht mag. – So, Martin mag es nicht, und du gehorchst. Ihr werdet doch heiraten. Alle Voraussetzungen sind gegeben. – Quatsch. Ich rauche nicht mehr, weil ich eben nicht mehr rauche. – Zurück zur Uhr. Was ist mit der Uhr, über die du nachdenkst? – Es gibt eine Uhr, eine Wasseruhr, im Deutschen Museum in München: eine Nymphe, der in jeder Minute eine Träne aus den Augen fällt. – Und? – Und? Das ist doch klar. – Ja, ist das klar? – Und es gibt eine Sonnenuhr, eine mittelalterliche, da steht auf dem Zifferblatt: Alle verwunden, die letzte tötet. – Vulnerant omnes, ultima necat. – He! Du kennst das? – Mhm. Aber mich tötet schon die vorletzte, weil ich jetzt vor Hunger sterbe. Keine Kekse da, nichts Eßbares? – In der Küche ist was. Komm, gehn wir hinunter. Weißt du noch, wie wir klein waren und einmal um Mitternacht aufstanden, du hast mich geweckt, und wie wir den Kühlschrank ausräumten und ein Festgelage hielten? Mindestens ein halbes Pfund Schinken haben wir gegessen, und einen Liter Milch getrunken, und die Schokoladenspeise haben wir ganz und gar aufgegessen, es muß ein Samstag gewesen sein, die Speise war sicher für Sonntag gemacht. Mein Gott, waren das Zeiten. – Haben wir Prügel gekriegt? – Sicher. Und wie. Du mehr als ich, weil du der Ältere warst. – Und der Mann. Aber komm schon. Im Schlafanzug, ja, ist ja geheizt. – Was ist im Kühlschrank? – Schinken, Eier, Emmentaler, Milch, Weißwein. Was wünschen der Herr? – Du, machen wir uns Schinken mit Spiegelei, willst du? – Ich will. Und Weißwein. Da, kork auf! – Wie vor sechs Jahren, Annette. – Du sagst es wie andre Leute sagen: vor einem halben Jahrhundert. Mein lieber Greis, damals, ja damals waren Sie noch jung und schön. – Gib du auf das Fett acht, raucht ja schon. Und zu spotten gibts da gar nichts. Sechs Jahre, Annette, bedenk doch. Damals waren wir noch Kinder. – Ja, und besaßen alle Merkmale der Kindlichkeit, so da sind: Taufunschuld, absolutes Vertrauen zu den Eltern, liebender Gehorsam, Frömmigkeit. – Und? War es etwa nicht so? – Also, du scheinst wirklich alt zu werden. Alte Leute sagen immer, ach damals, wie schön war das alles, wie rein. Du guter Gott, Tobias, weißt du nicht mehr, wie du mich vor meiner ersten Beichte verhört hast? Keine Sünde vergessen, Annette? Und wie wir dann zusammen eine Gewissenserforschung machten, die sich auch bei jesuitischen Exerzitien hätte sehen lassen können. Wir waren verrückt. Es war ein Paroxysmus des Bekennens. Wir haben alle Scham voreinander abgelegt. Und da kam allerlei herausgekrochen aus den Fugen und Ritzen unseres ach so unschuldig kindlichen Lebens. Weißt du noch? – Ja. Ich hab dir gesagt, daß ich den Vater ermorden wollte mit dem Fleischmesser. – Und ich hab gesagt, daß ich es war, die Mutters Katze ertränkt hat, und dafür war doch unsere Köchin fortgejagt worden, weil man meinte, sie sei es gewesen. Und du hast gesagt, daß du Zeichnungen von nackten Mädchen gemacht hast. – Nein, Annette, das stimmt nicht. – Doch. Ich weiß es sicher. – Quatsch. – Na schön. Du willst es nicht wahr haben. Damals warst du ehrlicher. Warum willst du das vergessen? Ist doch nichts Schlimmes. Warum stöhnst du? – Ich stöhne nicht. Gib endlich den Schinken her, er wird ja ganz braun. – Da.

Aber du hast gestöhnt. Warum bist du traurig, Tobias? – Weil ich hungrig bin. – Unsinn. – Was war das mit deiner Uhr? – Mit der weinenden Nymphe? Ich habe darüber nachgedacht, ob das Poesie ist oder eine Philosophie. – Warum ›oder‹? Du scheinst der Poesie nicht zuzutrauen, daß sie eine Wahrheit aussagt. – Ich hab mich falsch ausgedrückt. Ich meine, ob der, welcher diese Uhr gemacht oder entworfen hat, wirklich daran geglaubt hat, daß das Leben so entsetzlich traurig ist, oder ob das bloß eine künstlerische Spielerei war. – Du solltest und willst anders fragen: ob ich meine, daß der Pessimismus, der sich in dieser weinenden Uhrnymphe ausdrückt, berechtigt ist. – Also gut: ja. – Was meinst du selbst? – Ich weiß nicht. Drum hab ich ja nachgedacht. – Aha, und dann kam ich und brach diesen Denkprozeß rüde ab. Sonst wüßtest du jetzt die Antwort. – Ach du, sei doch nicht so abscheulich. Siehst du denn nicht . . . – Was? Was soll ich sehen? – Daß es mir verdammt ernst ist mit dieser Frage. – Hast du dich mit Martin zerstritten? – Nein. Wenn du das meinst: meine Frage hat überhaupt keine reale Ursache, ach zum Kuckuck, du schaust einen immer so an, wenn man sich nicht ganz genau ausdrückt. Ich will sagen: ich stelle diese Frage nicht, weil ich persönlich und privat etwas Trauriges erlebt hätte. Im Gegenteil. Ich hab eine Mathematik-Eins geschrieben heut, und Vater hat mir zehn Mark geschenkt, und am Sonntag gehen Martin und ich ins Theater, und mein scheußlicher Pickel ist abgeheilt, und ich bin frisch gebadet und gesund und erwarte kein Baby, also: alles in bester Ordnung. Ich weiß selber nicht, warum ich so traurig bin. Nein, nicht traurig. Unruhig, muß ich sagen, aufgestört. Bisher hab ich einfach gelebt, einmal lustig einmal traurig, aber das war alles unproblematisch. Und jetzt auf einmal frage ich mich: wozu das alles. – Was alles? – Leben. – Du stellst also die Frage nach dem Sinn des Lebens. Ich hab heut in der Zeitung eine Zeichnung gesehen: ein Mann, ein Barmixer umringt von vielen Leuten, die bestellen; einer redet auf ihn ein. Der Barmixer sagt: Aber ja, seien Sie doch vernünftig, Mann, ich erkläre Ihnen ja gern den Sinn des Lebens, bloß nicht jetzt in der Stoßzeit. – Tobias! – Verzeih. Ich will dich nicht verspotten. Aber schau, was soll ich antworten. Weiß ich denn etwas von einem Sinn? Habt ihr in der Schule etwas gehört von Septimus Severus? – Ja. Das ist doch der römische Kaiser, der zuerst Sklave war. – Weißt du, was der am Ende seines Lebens gesagt hat: omnia fui et nihil expedit. Kannst dus noch übersetzen? – Alles war ich und nichts... was heißt expedit? – Genützt, geholfen. Ich war alles, und es hat doch nichts geholfen. Wofür oder wogegen geholfen? Fürs Glücklichsein, gegen die Traurigkeit. Ich könnte dir ein Dutzend solcher Sätze anführen, von Marc Aurel und von Schopenhauer, und von Nietzsche und von Byron. – Ach, du führst lauter Pessimisten an. – Aber ja, mein Kind; davon ist doch die Rede. Du fragst: was soll das alles, was ist der Sinn von alledem. Diese Frage impliziert aber schon deinen Zweifel am Sinn des Lebens, oder jedenfalls am Sinn deines Lebens, am Sinn der Art deines Lebens. Sie kommt aus einer pessimistischen Grundhaltung. Ein Optimist stellt sich nämlich die Frage nicht, denn ihm ist der Sinn des Lebens evident: man lebt, weil es gut ist zu leben. – Das hab ich bisher auch gedacht. Aber jetzt, ich weiß nicht, wie das kam, so aus heiterm Himmel. Auf einmal meine ich, daß man nicht so ins Blaue hinein leben kann. – Lebst du ins Blaue? Du Glückliche. Ich lebe ins Schwarze. – Sei doch ernst, zum Teufel. – Teufel und ernst sein, paßt das zusammen? Aber ich bin ernst. – Also dann sag, was du denkst: wozu oder wofür lebst du? – Ich weiß nicht, liebes Gretchen. – Wieso Gretchen? – Weil du so etwas wie eine Gretchenfrage an mich stellst. Du weißt doch: Faust. – Ach so. ›Nun sag, wie hast du's mit der Religion‹, meinst du das? – Ja. Was soll ich antworten? Ich lebe, weil ich nicht tot bin. Oder: ich lebe, weil ich nicht sterben darf. Oder: ich lebe, weil ich eine klein winzige Hoffnung habe, eines Tages zu wissen, warum ich lebe. Oder was soll ich sonst sagen. – Lebst du nicht gern? – Nein, mein schönes Kind, ich lebe nicht gern. – Was quält dich? – Nichts. Alles. – Nein, dich quält seit einiger Zeit etwas Besonderes. – Nicht daß ich wüßte. – Früher hast du mir immer gesagt, wenn dich etwas gequält hat. – Ja, früher. Weißt du, was Goethe einmal schrieb: Wenn man weiß, worauf alles ankommt, hört man auf, gesprächig zu sein. – Aha, du weißt also, worauf alles ankommt, lieber Greis. Aber was meint Goethe denn damit? Worauf kommt alles an? Was alles? – Dein Leben, das meine, das aller Menschen; alles, was wir tun denken leiden. – Ja, und worauf kommt es an? – Weiß ichs? Goethe war ein alter Mann, als er das schrieb. Vielleicht meint er: alles kommt darauf an, daß man es nicht ernst nimmt, ich meine: nur als Traum, Rauch, Schatten. Oder er meint: es kommt darauf an, daß ichs in Geist verwandle durch Denken, oder in Form durch künstlerisches Bilden. Weißt du, Annette, manchmal meine ich, alle Dinge haben außer dem, was man an ihnen mit den Sinnen erfaßt, noch ein anderes, das eigentliche Wesen, und Leben besteht darin, daß man dieses Eigentliche findet. So wie ich als Kind einmal, erinnerst du dich, ein junges Bäumchen abgerindet habe, eine Kerbe machte, und dann Stück um Stück vom Holz herausschnitt, und wie ich fürchterliche Haue bekam, und nur dir habe ich gesagt, warum ich das tat: ich wollte den Baum finden. Den ›eigentlichen‹ Baum, meinte ich. Auf gut philosophisch: ich wollte wissen, was denn im Baum sei, das ihn zum Baume macht. Nur meine Methode das herauszufinden, war falsch. – Du, Tobias, weißt du, was ich denke: daß das, was den Baum zum Baume macht und mich zu mir und alles zu dem, was es ist, daß das, meine ich, vielleicht eben das ist, was man Gott nennt. – Ja, schon. Aber was ist denn das: Gott? – Eben das, was alles zu dem macht, was es ist; das Bauprinzip, nein: der Lebensstoff; nein, stimmt auch nicht; eher stimmt das: der Sinn. Ach, ich kann mich nicht philosophisch ausdrücken. Einmal hab ich so was Ähnliches zu unserm Religionslehrer gesagt, da hat er gesagt, ich sei eine Pantheistin und es sei gefährlich, so zu denken. – Der Esel. – Du, Tobias, ich... – Was? – Ich möchte... ich wollte es dir schon lang sagen, aber man soll nicht zu früh von so etwas reden, ich hab ja noch zwei Jahre bis zum Abitur. – Ja, und? – Aber du darfst es niemand sagen. – Was denn überhaupt? – Schwöre, daß du es niemand sagst. So wie wir als Kinder geschworen haben. – ›Auf Ehr und Seligkeit‹, meinst du? – Ja. Sag so. – Also: Auf Ehr und Seligkeit. Aber nun sags schon. – Als ob das so leicht zu sagen wäre. Weißt du, wie ich vorhin sagte, ich möchte nicht mehr so ins Blaue leben, da meinte ich etwas Bestimmtes. Ich habe einen Plan. Ich... ach, es klingt so pathetisch, so als meinte ich, es sei etwas besonders Großartiges. Ich möchte etwas tun, was schwierig ist, was einem die ganze Kraft abfordert, was einem kein bißchen Bequemlichkeit gestattet und wobei man gar keine Zeit mehr hat, sich wichtig zu nehmen. – Willst du ins Kloster gehen? Oder Leprakranke pflegen? Warum wirst du rot? Hab ichs erraten? – Medizin will ich studieren und in die Missionen gehen, nach Afrika, oder wo es dann gerade wichtig und gefährlich ist. – Du hast also heroische Ideale, du, ein Mädchen von heute? Aber dein Martin? Ihr seid doch so gut wie verlobt. Was sagt er dazu? – Er sagt: darüber reden wir später. Er meint wohl, mein Plan sei eine Laune. Aber da irrt er sich. Er wird ja sehen. Ich hab ihm gesagt, er könne ja mitgehen, statt hier Karriere zu machen. – Und wenn er nicht mitgeht? – Dann? Ich weiß nicht. Jedenfalls: ich gehe. Mich zieht das andre. – Ich verstehe. Und was hat das mit der weinenden Nymphe zu tun? – Aber Tobias, verstehst du denn nicht? Die Nymphe läßt weinend die Zeit vertropfen. Die Zeit vergeht ins Nichts, weil sie ohne Inhalt blieb. Weil sie so ohne Inhalt nichts als vergänglich ist. – Aha, und du willst dem Vergänglichen ein Unvergängliches abtrotzen? – Vielleicht. Ich würde es einfacher sagen: ich will die Zeit nützen. – Warum weshalb wozu? – Weil ich meine, daß man dann, wenn man für andre arbeitet, den Sinn des Lebens erfährt. Nicht ausdrücklich, meine ich, nicht philosophisch und nicht theologisch gesagt, sondern man erlebt den Sinn, man spürt ihn, und man braucht nicht mehr danach zu fragen, und darum kann man auch nicht mehr verzweifeln. – Aha. – Was: aha? Du meinst... nein, sag nicht, daß das eine Flucht ist, sag das bitte nicht. – Ich sags ja nicht. Und wenn ichs sagte, würde ich meinen, daß es auch eine Flucht nach vorne gibt. Das Wort stammt nicht von mir. Ach Annette Annette... – Was? – Du fragst nach dem Sinn des Lebens, und bist selber die Antwort darauf. Ich wollte... – Was wolltest du? – Nichts. Horch, ein Auto; das sind sie. Komm, gehen wir, sonst müssen wir als artige Kinder Gutenachtküßchen geben. Los, lauf! – In der Nacht nach diesem langen Tag schlafe ich nicht. Dabei bin ich halb tot vor Erschöpfung, und dennoch glasklar wach, es tut geradezu weh wie wach ich bin, ich schneide mich an den scharfen Glasrändern meiner Wachheit. Ich versuche zu ordnen, was ich erlebt habe: Onkel Philipp, Cherubina, den eitlen Narr von Kapellmeister, den Pastor inmitten seiner Kisten, den Liftboy, den Fuchs, Annette, mich selbst in diesen Begegnungen. Aber die Bilder zerfallen, verändern sich, lassen sich nicht greifen. Bildfetzen Wortfetzen Stimmungsfetzen. Ich selber zerteilt, auseinanderfallend, ein eiskaltes Fieber im Kopf und in den

Adern. Was habe ich gefunden? Drei Männer, keinen Vater. Männer? Drei Männer, die keine Männer sind. Geschwätz, Eitelkeit, Dummheit, die sich für Gescheitheit hält. Und Zynismus. Und Melancholie; das ist noch das beste, das, was der Wahrheit am nächsten kommt. Drei Männer, jeder in seinem Käfig. Jeder sich selbst der einzige Nächste. Väter-Generation. Manager oder Verzweifelte. Oder Manager aus Verzweiflung. Wenn sie erst so weit sind, daß sie sich blind und taub gemacht haben für die Stimme der Wahrheit, dann fressen sie mit schmatzender Wonne, was diese Erde ihnen bietet, und ihre Verdauung funktioniert nach Wunsch. Stimme der Wahrheit? Was meine ich denn damit? Nur keine Klischees denken. Was ist Wahrheit? Daß wir geboren werden, leben, leiden, sterben. Nein, das sind Tatsachen, das ist keine Wahrheit. Wahrheit, das meint den Sinn von alldem. Annettes Frage. Muß versuchen, am einzelnen lebendigen Fall herauszufinden, was Wahrheit ist, was der Sinn ist. Aber ich bin doch so müde. Mein Gott, wie bin ich müde. Wieviel Uhr ist es? Erst eine Stunde nach Mitternacht? Wie lang die Nacht ist. Ein Flugzeug hoch über der Stadt. Richtung West. Paris. New York. Mitfliegen, weg von hier, Neues erleben, neu beginnen. Knabentraum: über Steppen reiten, keinem Menschen gehören, keinem verpflichtet sein, sich Liebe nehmen im Vorüberreiten; aller Besitz: ein Pferd, ein Sattelsack, ein Beutel mit Geld; nirgendwo bleiben, kein Heim haben, überall daheim sein und überall fremd; nichts als reiten. Ja, und wenn der Beutel leer ist, was dann? Man kann nicht bis zum Tod reiten und sonst nichts tun. Nein? Warum eigentlich nicht? Käme auf den Versuch an. Reiten, ohne irgendwo ankommen zu wollen. Man kommt überall an. Wo man ist, da ist Leben und Tod. Aber das muß man wissen. Furchtlos den Tod bedenken, das gehört dazu. Ja, aber dann: das Gericht? Eines Tages, im Sterben, sehen. Sich selber sehen. Sehen, was man geworden ist durch die eigenen Taten. Und dieses Sehen wäre dann das Gericht. Ich selbst mein Richter. Sehen ob man sein Leben erfüllt hat oder ob man es vertan hat. Unwiederholbar. Und dann, nach dem Gericht? Wer weiß etwas davon? Man spricht davon in Bildern, die Wunschträume sind, oder Alpträume. Auf keinen Fall adäquat. Unsterblichkeit? Ja. Aber nicht die meine, nicht die eines einzelnen. Ich glaube an Mutation: unsterblich ist der Mensch im Wandel. Nicht einer, nicht einige, sondern alle in einem: in der Idee Mensch. Wie meine ich denn das? So vielleicht: lebe ich richtig (aber was heißt das, wie ist das: richtig leben? Jedenfalls nach oben zielen. Aber was ist oben? Ich weiß es, kanns nur nicht fixieren), dann helfe ich, den Menschen, die Spezies Mensch höherentwickeln. Das ist meine Funktion. Habe ich mein Teil getan, kann ich als Ich sterben. Ich lebe unsterblich weiter in meinem Anteil an der Entwicklung des Menschen. Aber zum Teufel: was ist denn dieser künftige Mensch? Ich will ich bleiben. Ich, ich will unsterblich sein. Warum? Aus Angst vor dem Nichtmehrsein? Wer weiß. Wir wissen alle nichts. Himmel, Hölle, Ewigkeit, was ist das. Bilder. Chiffren. Vor allem die Bibel. Glaube ich nicht mehr? Was glaube ich nicht mehr? Dogmen? Sind mir gleichgültig. Versteh doch nichts davon, trotz Religion-Eins. Glauben heißt: den Sinn erfahren. Evidenz des Lebenssinnes. Muß nicht explizit sein. Stimmt das? Annette glaubt. Und ich? Ich? Bin wieder bei der Gretchenfrage. Wollte es an einzelnen nachprüfen. Onkel Philipp: Atheist, zynisch. Ohne Hoffnung. Lebt, um zu arbeiten. Tut nichts andres. Zehrt sich auf in der Praxis. Hat mit dreckigen Sünden zu tun. Hat kein Mitleid, aber behandelt mit Hingabe, doch ohne Liebe. Dienst. Er selber: weißlackierte sterile Leere. Erhofft nichts, erwartet nichts für sich. Muß aber doch glauben. Glaubt an den Wert des Heilens. Muß also, logischerweise, an den Wert der zu Heilenden glauben. Muß also etwas für den Menschen erhoffen. Aber für sich selber? Dient ohne Hoffnung für sich. Unlogisch: wer für andre hofft, hofft auch für sich. Entweder oder. Bildet sich ein, das Gute um des Guten willen zu tun. Klingt großartig. Kantianisch. Erhaben. Einsam. Kalter Eisgipfel. – Weiter: der Kapellmeister, diese aufgeblasene Null, was denkt denn der sich, wofür er lebt? Für seinen Ruhm, den er sich einbildet? Für Cherubina? Fortleben im Kind? Im Gedächtnis ihrer Liebe? Und wenn sie ihn eines Tages vergißt, dann fällt er ins Nichts. Aber die vergißt ihn ja nicht. Predigt ihn ihren Kindern Enkeln Urenkeln, macht ihn zur legendären Gestalt. Mythos vom verkannten Genie. – Und der Pastor? Wohin stürzt der, wenn ihm der Sinn abhanden kommt? Die am stärksten glauben, müssen wohl am tiefsten stürzen, wenn sie es nicht mehr tun. Aber in seiner Verzweiflung ist doch noch der Sinn. Wie in einem Spiegel. Ich meine: als Negativ. – Und der Fuchs? Den versteh ich am allerwenigsten. Der Fuchs: will mich managen. Großer Dichter werden. Möchte ich. Etwas sein! Unabhängig von den Eltern. Von allen. Aber die Kritiker? Der Fuchs kauft sie. Und ich könnte furchtlos leben, in Freiheit aufsteigen. Ein kühl funkelnder Stern am Winterhimmel. Sirius, eisblau. Möchte solche Poesie schreiben: glasklar, klirrend, eine die wehtut so scharf und klar und kalt. Glut im Eis. Banales Bild. Neue, neue Bilder finden. Wörter sammeln. Aus der Astrophysik, Psychologie, Politik, Kybernetik, aus ganz fremden Sprachen, Afrikadialekte. Wörterbuch anlegen. Arbeiten. Wozu einen Vater suchen? Mein eigener Vater sein. Mich selber zeugen, mein eigentliches Ich. Vater Sohn Geist, alles selber sein. Blasphemie? Gleichnis. Alles ist für alles Gleichnis. Erschrecke immer noch vor gewagten Gedanken. Angst vor Gott. Auch davon frei werden. Absolute Freiheit: ist das erstrebenswert? Anders fragen: gibt es die überhaupt? Männer wünschen sich diese Freiheit, Frauen nicht. Der Mann: tragisch angelegt auf Freiheit, die es gar nicht gibt. Arme Hunde, wir. Wollen immer ausbrechen, werden immer wieder eingefangen: Brotberuf, Frauen, Familie, und unser eigener Ehrgeiz. Es gibt solche, die ausbrechen, aus der Familie, aus dem Reichtum, dem Stand, der Konvention. Helden. Heilige. Aber kommen die in die Freiheit? Nein. Verlassen nur die unfreiwillige Unfreiheit, die mit ihnen geboren ist, in die sie hineingeboren worden sind, und suchen sich eine freiwillige Unfreiheit, die nennen sie dann Freiheit. Und wohin ich? Vor mir: noch fünf Jahre Uni, Verlobung, Heirat, Kinder. Nein! Ich schwitze ja, bin ganz feucht, Angstschweiß. Todesangst vor dem Leben. Kommt denn der Morgen nie? Aufstehen, ins Bad gehen, Wasser trinken, Wasser ins Gesicht schütten. Hilft alles nichts. Will nicht sterben, will nicht leben. Dreht sich das Rad schon wieder in meinem Kopf? Bildfetzen, Wortfetzen. Alles verschwimmt jetzt. Bin todmüde. Kann nicht schlafen. Könnte eigentlich den Fotokarton holen. Geht nicht. Würde man hören. Ach zum Teufel mit den Vätern. Fixe Idee. Ist doch gleichgültig. Die Uhr schlägt. Fünf Uhr. Morgengrauen. Fenster auf. Kalte rauchige Luft. Nebel. In der Ferne Lastwagen. Bilde mir ein das Dieselöl zu riechen. Um den Domturm Dohlenschwärme. Lautlos. Mich friert. Ein magerer Hund trottet mitten auf der Straße, immer weiter, die ganze lange Straße hinunter, immer in der Mitte, wird immer kleiner. Eine Glocke läutet, die vom Franziskanerkloster wahrscheinlich. Die gehen jetzt in ihre Kirche. So früh. Beginnen geordnet einen geordneten Tag. Wäre schön so zu leben. Mich friert. Noch eine Stunde schlafen. – Drei Stunden später weckt mich die Mutter, indem sie mir ihre Hand auf die Stirn legt. Ich schrecke hoch, schaue in ihr bekümmertes Gesicht. Hast du Fieber? fragt sie. Wieso, nein, ich bin gesund, wie kommst du darauf, daß ich krank sei? Oh ihr Mütter, fast möchte man glauben, ihr wünschtet, wir wären oft krank, damit ihr uns wieder ganz klein und hilflos habt, damit ihr uns wieder in eurer Gewalt habt; aber ich bin nicht krank, siehst du? Ich springe aus dem Bett. – Das ist kein Beweis, sagt sie und lächelt ein bißchen. Du kannst ruhig weiterschlafen, ich wollte dich eigentlich nicht wecken, aber du hast im Schlaf gestöhnt, und da glaubte ich, du seist krank; ich wollte dir nur sagen, du sollst zum Friseur gehen heut vormittag. – Warum denn? – Hast du denn vergessen, daß wir heut abend eine Einladung haben? – Einladung? Wieso, ist was Besonderes los? – Aber das weißt du doch, Vater redet doch schon seit Wochen davon. – So? Ich hörte nichts. – Du hörst nie, was er sagt. – Ach fang doch nicht in aller Frühe an mit solchen Sachen. Auf leeren Magen vertrag ich das nicht. Sag mir lieber, was los ist. Guter Gott, bist du jetzt gekränkt? Möchte wissen warum. Also sag schon. – Wir haben morgen Silberne Hochzeit. – Und das feiert ihr? Da muß ich lachen. Ihr feiert wohl ein Dankfest, weil ein Vierteljahrhundert vorüber ist, ohne daß ihr euch umgebracht habt. Entschuldige, ich sollte das nicht sagen, ich weiß, aber schau, wir Kinder haben Augen und Ohren, und wir wissen genau, was gespielt wird zwischen euch. Sei still, Mutter, sei still, ich bitte dich. Du brauchst weder dich noch ihn zu verteidigen. Eure Ehe ist, wie die meisten Ehen, ein Mißerfolg. – Du willst sagen: eine schwierige Aufgabe. Eine Ehe, Tobias, ist kein... – Ich weiß: eine Ehe ist keine Vergnügungsreise, sondern eine harte Schule; hör auf mit solchen Sprüchen, du machst mich gähnen damit. Eure Ehe, weißt du, wie die mir vorkommt? Ihr beide sitzt aneinandergekettet in einem morschen Boot, das auf einem verschilften Moorsee treibt; ihr habt keine Ruder, kein Segel, nichts, es geht auch kein Wind, keins von euch kann aussteigen, und beide zusammen kommt ihr nicht vorwärts. – Hör auf, du redest Unsinn, was weißt denn du von unsrer Ehe und von Ehe überhaupt. Du siehst und hörst, was in deine Vorstellung von der Welt paßt, wo alles verrottet ist und falsch herum läuft; du siehst und hörst, was du zu sehen und zu hören wünschst. – Ach Mutter, wünschen, wünschen? Wünschen würde ich mir was andres, denn schließlich sind es ja wir Kinder, Annette und ich, Martine zählt ja nicht mehr, die hat sich davongemacht beizeiten, ich wollte sagen: sind es ja wir Kinder, die eure Misere ausbaden müssen. – Du redest, als ob bei uns die Hölle los wäre. – Ach wär es doch so! Da wäre wenigstens höllisches Leben, da täte sich was, aber so: so stecken wir im Sumpf und treten auf der Stelle. – Jetzt hör auf. Ich bin nicht gekommen, um mich von dir beschimpfen zu lassen. – Mutter, wenn du doch verstehen würdest: ich beschimpfe dich nicht, ich möchte dir... ach was, lassen wirs, wir werden uns nie nie niemals verstehen, Mutter. Ist das nicht fürchterlich, das zu wissen? Du weißt es so gut wie ich. – Ich wollte dir nur sagen, daß du zum Friseur gehen sollst und nachher wollte ich mich mit dir treffen, damit wir einen neuen Anzug für dich kaufen. – Einen neuen was? Einen Anzug? Wieso? Ich habe drei Anzüge, das ist mehr als genug. – Du bist gewachsen, Tobias, die Ärmel sind überall zu kurz, das sieht lächerlich aus. – Ja, ich weiß, ich sehe lächerlich aus in deinen Augen. Aber einen neuen Anzug will ich nicht und schon gar nicht für diesen Anlaß, denn, sags nur ehrlich, für eure Silberne Hochzeit soll er doch sein, nicht wahr? Also höre: du weißt, daß ich meine Anzüge trage, bis sie in Fetzen sind. Ich will keinen neuen Anzug, und eure Silberne Hochzeit ist mir kein Grund, meine Gewohnheiten zu ändern. Mir wäre lieber, ihr hättet nicht geheiratet, dann wäre alles anders. Aber Schluß damit. – Jetzt hast du alles verdorben, Tobias. Ich wollte dir sagen, daß ich gerne mit dir in der Stadt zu Mittag gegessen hätte, ich mit dir allein. Ich muß zum Schneider, um elf Uhr, und ich hätte dich bitten wollen, im Opernrestaurant auf mich zu warten. Aber nach all dem ... – Du mußt schon gestatten, daß ich erstaunt bin, Mutter. Erstaunt über diese Einladung. Nie zuvor in meinem Leben hast du so etwas gesagt oder getan. Und jetzt ziehst du diese Einladung also zurück als Strafe für meine Anzüglichkeiten und Frechheiten? Nun gut, so laß es eben bleiben. – Es steht bei dir, abzulehnen oder anzunehmen. Ich geh um neun Uhr aus dem Haus. Bis dahin kannst du dich ja entschieden haben. Oder besser: Ich bin um zwölf im Opernrestaurant. Bist du da, ists gut ... – Bin ich nicht da, ists auch gut, ich weiß. Danke. – Die Mutter geht. Sie geht langsam, sie geht neuerdings anders als früher, sie geht wie in zu großen Filzpantoffeln, wie man sie anziehen muß bei Schlösserbesichtigungen, damit man das Parkett nicht zerkratzt. Ich schaue ihr nach. Sie dreht sich nicht um, geht hinaus, sie schließt die Tür hinter sich, aber ich sehe, daß der Griff noch eine Weile heruntergedrückt bleibt, dann geht er langsam und lautlos nach oben. Mich packt ein grenzenloser Jammer. Immer dasselbe, immer dasselbe. Wir wollen es nicht, aber wir tun uns weh. Jedes Gespräch verläuft so. Es scheint unmöglich zu sein, daß wir je ruhig und vernünftig miteinander reden, ohne daß wir uns Wunden schlagen. Es ist wie verhext: jedes harmlose Wort hat eine scharfe Spitze, ist mit einer präzis arbeitenden Giftdrüse verbunden. Bin ich schuld? Ist sie schuld? Ich weiß es nicht. Da kam sie nun herein, wollte mir eine Freude machen, halt, nein, da sitzt der Stachel: sie wollte etwas anderes, sie wollte mich ködern, wollte gut Wetter machen, wollte sich meiner versichern, daß ich diese alberne Einladung, diese ganze Silberhochzeitkomödie mitspielte, ohne zu stören; noch anders: sie fühlte sich getrieben, etwas gutzumachen an mir, ein Pflaster auf jene Wunde zu legen, die sie ahnt. Oh Mutter, wie durchsichtig du mir bist. Siehst du, wie verlogen unser Familienleben ist? Wie wir alle uns vorbeidrücken an der harten Wahrheit, die da heißt: wir sind nur durch Konvention aneinandergebunden. Im Grunde ersehnt jedes von uns nichts als die Freiheit. Aber warum weine ich jetzt? Ich, zwanzig Jahre alt, weine über eine niedergehaltene Türklinke. Wie, wenn ich wirklich ins Opernrestaurant ginge? Wenn ich beginnen würde, gut zu ihr zu sein? Möchte ich das? Ja, ich möchte es. Warum? Weil es schön wäre, gut zu sein. Ist das eine hinreichende Begründung? Ich weiß nicht. Nun habe ich vergessen zu fragen, wer denn heute abend zu dieser verdammten Einladung kommt. Vielleicht weiß es Annette. Aber Annettes Zimmer ist leer, ist aufgeräumt, sie ist schon fort. Wieso hat Annette mir nichts gesagt von dieser blöden Silberhochzeit? Hat sie auch nichts davon gewußt? Was tu ich nun diesen Vormittag? Geh ich wirklich zum Friseur? Muß wohl. Ich hasse es, zum Friseur zu gehen. Diese glatten, parfumduftenden Männerfinger an meinem Kopf machen mich wütend. Ich ergebe mich mürrisch. Nicht zu kurz, sage ich. Aber, sagt der Friseur, wenn ich mir erlauben dürfte etwas zu sagen: zu lange Haare sehen unordentlich aus; drittrangige Künstler tragen lange Haare in der Meinung, das gebe ihnen einen Stich ins Geniale. – Ich jedenfalls kann nicht leiden, wenn der Nacken zu weit hinauf frei ist, da friert mich. – Gut, gut, also bis hierher, ich weiß. Neulich hat mir ein Schauspieler erzählt, daß er einmal unter einem berühmten Regisseur gespielt hat, und bei der Probe habe dieser zu ihm gesagt: Junger Mann, wenn Sie meinen, lange Haare seien ein Zeichen von Genialität, so irren Sie; kein genialer Mann trägt lange Haare. Doch, sagte der Schauspieler, doch, einer. Wer? fragte der Regisseur. Albert Einstein, sagte der Schauspieler triumphierend. Der Regisseur stutzte, dann sagte er: Die langen Haare trägt er nicht als Physiker, sondern als Geiger, und als Geiger ist er miserabel. – Der Friseur lacht laut. Ich lache nicht, denn ich kenne die Geschichte schon, sie ist zehn Jahre alt, und ich weiß, wer jener Regisseur ist und wer der Schauspieler ist, und daß er nie in unsrer Stadt spielte und deshalb vermutlich auch nie bei meinem Friseur war. Meinetwegen. Jeder von uns schneidet auf, lügt um einer Pointe willen. Ich auch. Der Friseur ist enttäuscht, daß ich nicht lache, er tut mir leid, darum lache ich doch noch, verspätet und unnatürlich laut, ich steigere mich ins Lachen hinein, ich lache Tränen, und mir ist hundeelend dabei. Auf einmal sehe ich durchs Fenster meine Mutter auf der andern Straßenseite gehen. Ich kann sie die ganze gerade lange Straße hinunter verfolgen mit meinen Blicken. Jetzt geht sie irgendwo hinein, in ein Geschäft, aha, Blumen. Blumen für das Fest, für die Einladung. Sie kommt ohne Blumen heraus, hat sie nur bestellt. Sie geht weiter. Ah, die Konditorei. Sie bestellt den Nachtisch für heute abend. Ich stelle mir eine Torte vor, terrassenförmig, weißer Zuckerguß, oben drauf zwei Tauben, Täubchen, rosa Zukker, die schnäbeln, und auf der Torte steht in Silberschrift: Zur Silbernen Hochzeit. Oder nur die Zahl 25. Oder: Dem Silberpaar. Diese Torte hätten wohl Annette und ich bestellen sollen. In glücklichen Familien tun das wohl die glücklichen Kinder. Gibt es solche? Solche Familien, solche Kinder? Die Mutter geht weiter, an der Ecke betritt sie ein Geschäft, kommt aber sofort wieder heraus und entschwindet meinen Augen. Zehn Minuten später gehe ich den gleichen Weg. Das große Eckgeschäft ist ein Modesalon. Das ist wohl ihr Schneider, bei dem sie um elf Uhr sein will. Jetzt ist es halb elf. Sie wird sich angemeldet haben und inzwischen noch etwas anderes besorgen. Ich kann eigentlich ebenso gut hier auf sie warten wie im Restaurant. Der Modesalon ist komfortabel. Kann sich meine Mutter einen so teuren Schneider leisten? Na, meinetwegen. Ein junger Mann fragt mich, was ich wünsche. Nichts, sage ich, außer daß ich hier warten möchte auf eine Dame, die, wie ich zu wissen glaube, diesen Vormittag hierherkommt. – Bitte, sagt er, wollen Sie hier drinnen warten? – Er weist mich in ein kleines Zimmer, das acht Türen hat, nach jeder Seite zwei, also sozusagen nur aus Türen besteht; diese Türen sind aber keine, denn sie bestehen nur aus Türrahmen, die Türe fehlt, statt dessen gibt es dünne durchscheinende grauseidene Vorhänge, die in einem anhaltenden Luftzug sich bauschen und bäumen, so daß man von Zeit zu Zeit Einblick bekommt in das, was sich in den also kaum verhüllten Räumen dahinter begibt. Ich sitze in der Mitte des Zimmers in einem der vier etwas steifen Sessel à la Louis Seize, die um ein Marmortischchen natürlich desselben Stils gruppiert sind. Außer diesen Möbeln und mir und einem rosagrünen Teppich unter mir und einem gläsernen Lüster über mir ist nichts in dem Raum. Dafür ist er voll von kleinen Geräuschen: die Kristallplättchen des Lüsters schlagen klirrend und klingelnd aneinander, die Vorhangseide hebt und senkt sich mit dem sanften Knattern eines fernen Segels bei wenig Wind, und aus den Nebenräumen kommen alle jene Geräusche, die man in einem Modeatelier füglich erwartet: das Klicken großer Scheren, das Zerreißen gesteifter Gewebe, das Surren elektrischer Nähmaschinen, das unterdrückte Gekicher und Geschwätz der Nähmädchen, dazwischen von Zeit zu Zeit eine Männerstimme, sehr leise, und Schritte, ebenfalls leise, die mit dieser Stimme kommen und gehen und offenbar der gleichen Person gehören, die ich einmal hinter dem windgebauschten Vorhang vorübergehen sehe. Eine Weile später begibt sich vor einem der durchscheinenden Türvorhänge eine kleine lautlose Szene: ein junger Mann, ein andrer als der, der mich einließ, will mein Zimmer betreten, aber eine Hand hält ihn zurück, schiebt ihn beiseite, drängt ihn entschieden nach hinten, und statt seiner tritt ein andrer Mann ein. Im gleichen Augenblick weiß ich, wer das ist. Ich starre ihn an. Der Otter. Zweifellos, er ist es, glatt, wie frisch dem Wasser entstiegen, die Haare silbergrau wie feucht glänzend eng an den schmalen Kopf gestrichen, die Tänzerfigur, aber er hinkt, er zieht ein Bein nach, tut jedoch auch dies tänzerisch. Seine Stimme ist leise, kommt wie sanft fließendes Mohnöl: Sie erwarten jemand hier? – Ja. – Darf ich fragen, auf welche meiner Klientinnen Sie warten? – Ich sage es ihm, sage aber nicht, daß es meine Mutter ist. – Die Frau Rat wird erst um halb zwölf kommen. Wollen Sie so lange warten? – Eigentlich nicht. Es ist erst elf Uhr. – Aber bleiben Sie doch. Darf ich mich zu Ihnen setzen? – Bitte. Sie sind doch, scheint mir, der Herr des Hauses, der Chef. – Er nickt, lächelt zustimmend, dann schweigt er, schaut mich aber unentwegt an, ich werde unruhig unter diesem Sammetblick, mir ist äußerst unbehaglich, ich bin gelähmt, bin festgenagelt auf diesem Sessel, unter diesen sanften, diesen falsch sanften, wasser- und ölfeuchten Augen. Und von diesem Kerl da hat meine Mutter ein Foto, verwahrt es seit was weiß ich wie vielen Jahren, Jahrzehnten, damals war der da noch jung. Und dieses Foto hat sie verschwinden lassen vor meinen Augen, ja, das versteh ich, das durfte ich freilich nicht sehen. Aber was kann sie denn mit dem gemeinsam gehabt haben? Ich starre ihn an, er blickt mich an, wir schweigen, er beginnt zu lächeln, ich spüre, daß er dabei ist, ein Netz um mich zu spinnen. Aber ich zerreiße es, ehe es auch nur halb fertig ist. Meine Stimme klingt brutal und viel zu laut hier: Ist diese Frau, wie sagten Sie: Frau Rat, schon lange Ihre Kundin? – Zehn Jahre, antwortet er höflich. – Erst zehn Jahre? Aber Sie kannten sie wohl schon vorher, wie? – Diese Frage müßte ihn überraschen, eigentlich, aber sie tut es nicht. Ja, sagt er, wir kennen uns schon lange, schon etwa fünfundzwanzig Jahre, aber da war sie nicht meine Klientin, da war ich noch nicht Schneider oder genau gesagt, ich bin auch heute noch nicht Schneider, ich kann ja weder zuschneiden noch nähen, ich berate meine Klientinnen nur, damals dachte ich noch nicht daran, ein Schneideratelier aufzumachen, da war ich noch Tänzer, Solotänzer am Theater, bis zu meinem Unfall. – Er deutet auf sein Bein. Ich bin gestürzt, nicht im Theater, sondern, es ist lächerlich, es ist grotesk: sondern beim Tanzen auf einer ganz gewöhnlichen Tanzdiele. Meine Partnerin war ein Mädchen namens Melanie Kelbeck, eben diese Frau Rat; eine gute Tänzerin, leider ließen ihre Eltern sie beinahe nie zum Tanzen gehen und nur unter Bewachung, irgendeine alte Tante mußte mitgehen, und das war völlig unnötig in unserm Falle. – Er schaut mich sanft lächelnd an. – In ›unserm‹ Falle, sagen Sie? Meinen Sie damit Ihre Beziehung zu diesem Mädchen? – Ich meine damit alle meine Beziehungen zu Mädchen. – Wieso? Waren Sie so ungefährlich? – Er lacht leise. Ja, das war ich, aber das wußte damals weder ich noch wußten es die andern. Ich war ein ungewöhnlich moralischer junger Mann, der nicht im Traum daran dachte, ein Mädchen zu verführen. – Sie, am Theater? Ich denke... – Ja, ich weiß, man denkt so, und mit einigem Recht. – Aber Sie waren eine Ausnahme? – Ich esse kein Fleisch, sagte der Bär, und machte sich an den Honigtopf. – Wie, was soll das heißen, ich verstehe kein Wort. – Er lächelt wieder, legt seine Hand auf die meine und blickt mir dabei ölsanftdunkel in die Augen. – Ich entziehe mich seiner Hand, ich beginne zu begreifen. Aber sage ich und stottere dabei, aber dann verstehe ich nicht, daß Sie einen Modesalon für Frauen aufgemacht haben.– Er lächelt intensiv, ist sichtlich zufrieden, daß ich endlich begriffen habe; er schöpft wohl Hoffnung, er stürzt sich mit sanftem Eifer in seine Erklärungen. Aber, sagt er, das ist wirklich sehr einfach zu verstehen: ich mag die Frauen nicht, darum mögen sie mich; sie verstehen mich nicht, sie ahnen vielleicht etwas, aber sie weben an ihrer winzigen Ahnung weiter, und da entsteht ein recht seltsamer Schleier, mit dem sie mich schmücken; in den Schleier eingewebt sind magische Worte wie: unglücklicher Liebhaber bekam die Geliebte nicht, lebt seither wie ein Mönch; oder, je nach Geschmack der Weberin: ist tief gebrochen seit seinem Unfall, lebt in hoffnungsloser Schwermut; oder: sein Unfall hat ihn nicht nur am Bein verletzt, daher sein zölibatäres Leben; oder: ist besessen von seinem neuen Beruf, hat keine Zeit für Liebschaften und Ehe. Und quer über all diesen tiefsinnigen Sätzen steht, einzig wichtig: Er allein versteht mich, er allein weiß mich anzuziehen. Aber Sie – er blickt mir wieder tief in die Augen, er drängt mir seinen Otterblick auf – aber Sie, sagt er, wissen mein Geheimnis. – Nein, sage ich mürrisch, gar nichts weiß ich. Er lächelt mohnsanft. Wir schweigen nun beide, und ich möchte gehen, weiß nur nicht, wie den Aufbruch begründen. Statt zu gehen aber frage ich und höre mir selbst erstaunt zu: Sie sagen Sie mögen Frauen nicht leiden; und jene, wie heißt sie, Melanie auch nicht? – Doch, antwortet er, die mochte ich, die, ja, die liebte ich wahrscheinlich. – Warum sagen Sie ›wahrscheinlich‹, weiß man so etwas denn nicht sicher? – Jedenfalls, sagt er, hätte sie als einzige mich haben können. – ›Haben können‹, sagt er. Er merkt, daß mir seine Art zu reden nicht paßt. Diese Melanie, sagt er, war ein sonderbares Mädchen: heiß und kalt, sie lockte und stieß einen weg. – So, sage ich, nicht sehr originell; so machen es die meisten. – Er schaut mich schief an: Ihre Erfahrung? – Darauf antworte ich nicht. Er fährt fort: Sie lockte einen an, nur um einen fortweisen zu können, das verstand ich sehr früh, und ich tat ihr nicht den Gefallen ihr zu zeigen, daß ich angelockt war, das nahm sie mir übel und das freute mich, ich litt, aber ich litt böse, und sie sah, daß ich litt, und das freute sie, und doch litt sie vielleicht ebenso und wenn auch nur darüber, daß ich keine Miene machte, sie zu nehmen; und darum kommt sie jetzt zu mir als meine Klientin, verstehen Sie? – Nein, ich verstehe kein Wort. – Nicht? Ist doch ganz einfach: sie läßt sich von mir anziehen, umziehen, ausziehen, anrühren, ich bin ihr Schneider, sonst nichts; aber ich räche mich: ich schreibe ihr lächerlich winzige Rechnungen, Scheinrechnungen, und das weiß sie, und es beschämt sie, und manchmal bleibt sie dann ein Jahr weg, aber sie kommt wieder und wieder, warum, weil sie eine Frau ist und der Mode nicht widerstehen kann, und warum nicht, weil Mode etwas Magisches ist, das verstehen Männer nicht, Sie auch nicht? – Nein; ist es wichtig, derlei zu verstehen? – Nun: da Sie ja sehr viel Interesse für Frauen zu haben scheinen ... – Wie er das sagt; ich könnte ihm ins Gesicht schlagen, und er merkt, daß ich es möchte, er beobachtet mich spöttisch. Also gut, sage ich verdrossen, erklären Sies mir. – Gerne; warum will eine Frau ein neues Kleid? Um einem Mann zu gefallen? Simpel; sie will ein neues Kleid, weil sie im Wahn lebt, in einem neuen Kleid sei sie eine neue Frau, jene nämlich, die sie gerne wäre; diesem Phantom jagt sie nach lebenslang, und deshalb schlüpft sie von Kleid zu Kleid, immer auf der Suche nach sich selber, nur deshalb, und ich, ich verführe sie daran zu glauben, daß ein Kleid genüge, sie zu verwandeln, ich dränge sie ab von dem Bestreben besser zu werden, verstehen Sie; ein Kleid kaufen, hier bei mir, das ist eine teure Sache, aber was ist dieser Preis gegen die Mühe, die es kosten würde, auch nur ein klein wenig besser zu werden; ich will, daß sie dumm bleiben, die Frauen, dumm und leichtfertig und putzsüchtig; und diese eine da, die besonders; die macht immer wieder Versuche auszubrechen, ihre angeborene Vernunft anzuwenden, es gelingt ihr nicht, ich verstricke sie stets von neuem. – So, sage ich, und warum, nur weil es die einzige Art ist, auf die Sie diese Frau ›haben‹ können, wie Sie zu sagen beliebten. – Er ist etwas bestürzt über den scharfen Ton. Oh, sagt er, so einfach ist das nicht; diese Frau hat nämlich einen Mann. – Nun, und? – Sie liebt ihn nicht, sie ist ohne Hoffnung, und im Grunde macht sie sich gar nichts aus schönen Kleidern, sie macht sich etwas aus mir. – Ich lache laut heraus, aber er überhört es, weiß sich als Sieger. Ja, sagt er, so ist es, doch das verstehen Sie nicht: sie kommt zu mir nicht, um über ihre Ehe zu klagen, das täte sie niemals, aber sie fühlt, daß ich weiß wie sie leidet, und das beschämt sie, aber sie braucht es auch, sie braucht mein Mitgefühl, sie braucht mich. – Mein Herr, ich verstehe allmählich überhaupt nichts mehr; sagten Sie nicht, sie käme ihres Wahnes wegen, in einem neuen Kleid ein neuer Mensch zu sein? – Er schaut mich melancholisch an, will etwas erwidern, läßt es bleiben. Sonderbar, wie gut ihn diese Traurigkeit kleidet, fast macht sie ihn sympathisch, aber ich glaube sie ihm nicht ganz. Schon ist sie vorbei. Warten Sie nur, gleich kommt sie, Sie können selbst sehen, wie sie mich behandelt und wie ich sie behandle, es könnte lehrreich sein für so jemand wie Sie. – Jetzt stehe ich auf. Nein, sage ich, danke, ich bin kein voyeur, und jene Dame ist meine Mutter, adieu. Ich renne hinaus. Wären die Vorhänge Türen gewesen, hätte ich einen ziemlich lauten Abgang von dieser Bühne gehabt. Um ein Haar stoße ich mit meiner Mutter zusammen. Sie kann nicht gesehen haben, daß ich aus dem Salon kam, doch scheint sie mir ein wenig verstört, aber vielleicht bin nur ich es, der verstört ist. Obgleich ich weiß, daß sie jetzt zur Anprobe will, stelle ich mich, als wüßte ich das nicht und nähme an, wir könnten jetzt zum Essen gehen. Aber Tobias, ich muß doch... Muß,

muß, rufe ich, weshalb mußt du; du hast doch so viel anzuziehen, komm, geh mit mir. Ich hänge mich sogar bei ihr ein, das tu ich sonst nie, sie duldet es einen Augenblick, dann schüttelt sie mich sanft ab. Aber was ist denn in dich gefahren, fragt sie kühl und bestürzt zugleich. – Geh nicht dorthin, murmle ich eigensinnig. – Du bist verrückt, sagt sie nicht unfreundlich, aber doch ärgerlich; laß mich jetzt, ich will pünktlich sein. – Dann geh ich mit, rufe ich. – Nein, das mag ich nicht, du sitzt dort nur herum und langweilst dich. – Ich habe was zu lesen in der Tasche, sage ich. Sie ist nun sichtlich verwirrt. Ich beginne von neuem: Geh nicht, laß das Kleid, zieh was andres an, wozu brauchst du für diese Silberne Hochzeit was Neues, dein Leben geht ja doch so weiter wie bisher, also wozu ein neues Kleid. – Himmel! ruft sie aus, Tobias, was sind das für Launen, du benimmst dich wie ein Dreijähriger. – Ja, sage ich, meinetwegen, ich wollte, ich wäre erst drei Jahre alt und begriffe noch nichts von deinem Leben. – So, sagt sie, jetzt machen wir Schluß mit dieser lächerlichen Szene; ich geh und du wartest... – Ich lasse sie nicht ausreden: Lächerliche Szene, sagst du, wenn du wüßtest... – Wenn ich was wüßte? – Jetzt müßte ich reden, jetzt, aber ich kann nicht. Also dann geh, sage ich, aber wenn du mich nicht im Opernrestaurant findest, dann mach dir nichts draus, dann iß allein, laß dirs schmecken. – Ich renne weg, mir ist jetzt gleichgültig, was sie denkt und tut, ich bin erschöpft, ich fühle mich voller Spinnweben und Kletten, ungewaschen fühle ich mich. Ich laufe und laufe. Als ob das etwas nützte. Irgendwo trinke ich etwas, eine Prärie-Auster, so etwas habe ich vorher nie getrunken, es schmeckt mir nicht, ich trinke noch einen und einen dritten; wie ich ins Freie komme, merke ich, daß ich betrunken bin, ein Bienenschwarm in meinem Kopf, ein Meeresrauschen in den Ohren, keine Knie mehr, an meinen Fersen Flügel, an meinen Armen Segel, viel zu viel Wind, und kein Steuer, wohin mit mir, wo je wieder landen, wo Anker werfen, wo Fuß fassen, aber wozu, warum nicht immer so fliegen, so dahinstürzen, warum nicht Säufer werden, warum nicht sich solcher Hilfen bedienen, warum nicht entlaufen, warum bestehen wollen, wozu warum Qualen ertragen, ist ja nicht nötig, ist ja wirklich und wahrhaftig nicht nötig. Aber irgendwo lande ich schließlich doch an diesem Tag, irgendwen treffe ich doch, der zu meiner sogenannten Wirklichkeit gehört: ich sehe Martin und Annette und noch einen von der Uni, kenne ihn vom Sehen, fiel mir oft auf, sieht jüdisch aus, aber so wie die Israelis heute aussehen, groß und ziemlich kräftig und selbstbewußt, weiß nicht, was er studiert, hab ihn in den verschiedensten Vorlesungen gesehen. Ich bin noch immer betrunken, aber dennoch fühle ich, daß diese drei, die mir da entgegenkommen, respektiert werden müssen, ich weiß nicht warum, vielleicht weil sie so ernst sind. Meinen trunkenen Augen erscheinen sie unter den Bäumen sonderbar dunkel, wie eherne Engel, Erzengel, eine Trinität von Schicksalsboten, die unter sich ein Geheimnis bespricht mitten im Stadtpark, im Blätterfall. Ich will ihnen ausweichen, es ist nicht gut solchen zu begegnen, aber da sieht mich von weitem Annette. Sie macht Martin ein Zeichen, er winkt, der Israeli blickt auf, aber schon begeben sie sich wieder in den geschlossenen Raum ihres Gesprächs. Da ich nicht gut umkehren kann und da kein Seitenweg abzweigt, bin ich gezwungen, ihnen entgegenzugehen. Dabei werde ich langsam nüchtern. Schon kann ich einzelne Worte hören wie Unglaube, heute, natürlich, existieren wir denn, niemals werden wir ihn los, der Atheismus läßt ihn nicht sterben. Wen, frage ich mich, von wem ist da die Rede? Da höre ich deutlich den Satz: Ihr seid keine Atheisten, ihr seid Ignoranten. Der Israeli sagt das. He, Tobias, ruft Annette; das ist mein Bruder, sagt sie zu dem Israeli. Er gibt mir die Hand. Er heißt Reuben Hamburger, ist in Israel geboren, hat deutsche Eltern. Wir gehen ein Eis essen, sagt Martin, geh mit. – Ja, aber ich störe euch mitten in einem Gespräch. – Quatsch, du störst nicht, komm, was wir reden, geht dich auch an. – So, sage ich; aber ihr habt doch, scheint mir, eine theologische Diskussion. – Unsinn, sagt der Israeli, das eben haben wir nicht, wir reden einfach vom Leben. – Ach? Mir war, als hörte ich etwas von Atheismus. – Na und? Ist das nicht: vom Leben sprechen? was nennst du denn sonst Leben als wissen, wofür und worin man lebt? – Ach so, ja, damit magst du recht haben. – ›Magst du recht haben‹, sagst du, sagst es von oben herab, in edler Toleranz, um mir nicht zu widersprechen; nein mein Lieber, so ist das nicht; ich rede vom Absoluten. – Bist du Theologe? – Nein, ich studiere Physik. – Aber ich hab dich doch schon in andern Vorlesungen gesehen? – Nun und? Aber lenke mich nicht ab; ich habe nicht recht wie einer, der auch unrecht haben könnte, ich habe schlechthin recht. – Und du bist also gläubig? – Gläubig, ja; nichts sonst als gläubig. Aber ich fürchte, du meinst thoragläubig oder wie dus nennen willst; das bin ich nicht. – Ja, aber, entschuldige, aber woran denn glaubst du? – Ans Leben. Verstehst du nicht? – Ist das eine Religion? – Ach, verwechsle doch nicht Religion und Glaube. – Ich dachte, das Wesen der Religion sei der Glaube. – Religion, das ist Sache des Gefühls für das, was naturgegeben ist: die Erfahrung des Menschen von einem Verhältnis zwischen ihm und dem, was man Gott nennt. Glaube, das ist etwas, was sich aufs Wort gründet. Frag dich doch einmal selbst: hast du nicht eine geheime Angst, wenn du Böses tust, sehnst du dich nicht nach dem Wohlwollen eines Gottes, nach der Geborgenheit in einem geordneten Kosmos? Ja? Dann bist du religiös. Das bedeutet fast nichts, heute. Glauben mußt du! Religiös bist du, wie du an der Mutterbrust liegst. Glauben hast du, wenn du im Exil bist, verlassen, wenn du eine absurde Botschaft hörst, wenn du keinen Boden mehr unter den Füßen hast, auch kein Kreuz, das du als Brücke benutzen kannst, nein, nichts mehr als das Wort. – Was für ein Wort? – Es ist unaussprechbar. – Also bist du ein gläubiger Jude? – Ich bin ein gläubiger Jude. Ich glaube an das Leben. – Aber eben sagtest du doch... – Ich rede immer vom selben. Aber ich will versuchen, es dir besser zu erklären. Ich bin Israeli, du weißt. Aber weißt du, was das heißt? Das heißt: glauben an eine Verheißung. – Daß ihr zurückgeführt würdet in das Land eurer Väter? – Ja, aber was ist damit gemeint: Land unsrer Väter? Der Küstenstreifen, den man uns, und wie ungern, schließlich überließ? Meinst du etwa, ich glaubte an den Bestand dieses unmöglichen politischen Gebildes? Meinst du, ich glaubte, das spirituellste aller Völker der Welt und aller Zeiten würde da unten seßhaft werden, sich etablieren in der Welt wie andre ordentliche Völker? Nein. Von uns ist etwas anderes gefordert, nämlich: der Glaube. Woran, fragst du? An das Wort. An welches? Ihr nennt es logos und meint Christus. Meint, was ihr wollt; wir meinen alle das gleiche. Und was meinen wir? Daß alles einen Sinn hat. Daß Leben Sinn ist. Ist! Nicht hat. Ist. Ist! Und der Sinn ist das Wort, das Wort ist der Sinn, und dies ist das Land unsrer Väter: glauben an den Sinn, an das Wort. Schau: politisch gesehen ist alles, was wir da unten tun, ganz blödsinnig. Wer schützt uns im Ernstfall? Amerika? Jetzt vielleicht noch. Wer weiß, was die USA sind in dreißig, fünfzig Jahren. Wer schützt uns dann? Rußland? China? Keiner. Wir sind gänzlich uninteressant. Ein räudiger verlaufener Hund unter den Füßen der Händler auf dem Weltmarkt. Laß die arabischen Staaten sich wirklich einigen, und ein paar Dutzend Maschinengewehre fegen ganz Israel weg. Was, meinst du, gibt uns die Kraft, alle Entbehrungen zu tragen, freudig, hörst du: freudig! Was denn? Unser Ideal von Gemeinschaft, von Volk? Wir haben einen gewissen Ehrgeiz, Volk zu sein wie andre Völker auch. Aber das ist es nicht, was uns trägt. Wir glauben, das ist es. Wir sind das einzige wahrhaft gläubige Volk der Welt. Wir leben den Glauben. Wir leben das Experiment des Glaubens an das Wort. Wir sind ungeheuer beschäftigt damit, gläubig zu leben. Wir haben keine Zeit für euern Nihilismus. Wir haben das Wort, das uns erfüllt. Wir haben die Verheißung des Wortes: Alles ist Sinn, alles ist Leben, Leben ist Sinn, alles, was uns geschieht, ist Offenbarung des Sinnes. Verstehst du? – Ich weiß nicht; ich würde aber sagen, das wovon du sprichst, ist, was du vorher Religion nanntest: das Geborgensein in einem Schoß; das Wort ist der Schoß, der euch birgt. – Aber nein, nein, wir sind nicht geborgen, nicht, nicht, wir sind der Ewige Jude, wir sind im immerwährenden Exil, wir leben wie unsre Väter in der Wüste: bauend auf das Wort. Als sie Zeichen verlangten statt des reinen Wortes, ging es bergab mit ihnen. Zeichen, Sicherheiten, Geborgenheiten, das ist Verrat am jüdischen Geist. – Aber versprach Jahwe euch nicht Sicherheit im Gelobten Land? – Hältst du es nicht für möglich, daß schon unsre Väter den Gott mißverstanden? Hat er gemeint ›Land‹, wenn er sagte ›Land‹? Haben sie nicht gerade so Christus mißverstanden, als er das Reich des Friedens versprach? Und versteht ihr Christen ihn nicht ebenso falsch, wenn ihr meint, der Fels, auf den er seine Kirche baute, bedeute und garantiere eine Machtposition auf Erden? Irrtum, alles Irrtum. – Ja, aber du studierst Physik um dann in Israel zu arbeiten, für dieses wirkliche politische Israel. Also glaubst du doch daran? – Ich arbeite für mein Volk, nicht für den Staat Israel. – Ist das nicht eine sehr theoretische Unterscheidung? – Oh nein, nein! Wenn zwei das gleiche tun, ists nicht das gleiche. Ich glaube an die Unsterblichkeit meines Volkes. – Und hoffst auf den Zusammenbruch des Staates Israel? – Nein. Ich glaube an den Sinn auch des politischen Experiments. – Und siehst den Zusammenbruch voraus? – Die Zukunft ist nicht meine Sache. Ich lebe heute. Meine Kraft gehört dem Israel von heute. Daß ihr immer an die Zukunft denkt! Ihr habt eine absurde Eschatologie. Sie richtet sich auf die nächsten zehn Jahre. Ihr denkt nicht in Aionen. – Mir scheint, daß ihr es seid, ihr Israeli, die nicht über den Tag hinausdenken. Wie ein Kind seine Sandburg am Meer, baut ihr einen Staat im Angesicht eurer Feinde; in der Nacht kommt die Flut, und weg ist die Burg. – Ach, du verstehst nicht: Israel währt ewig. – Ich sehe, du hast jenen Glauben, der Berge versetzt. Warum schaust du mich so an? – Weil du, ohne es zu wollen, voll Ironie und Trauer und Neid und Sehnsucht bist. Warum glaubst du nicht auch wie ich? – Woran? An die ewige Dauer des Christentums, der Kirche? Oder woran? – An das Leben. Wie ich. Aber Leben, das ist ein Wort, das ihr nicht versteht. Zweitausend Jahre haben euch blind und taub gemacht. Und dabei ist alles, was wir glauben, auch in euerm Neuen Testament. Euch ist das Leben etwa das gleiche wie Chaos. Leben muß man überwinden. Askese. Dem Leben mißtrauen. Und alles kommt von euerm falschen Gottesbild. Warum auch machet ihr euch ein Bild Gottes? Warum, denkst du, war es uns verboten, ein Bild zu machen von Jahwe? Weil er das Wort ist, kein Bild. Ihr aber habt einen Menschen aus ihm gemacht, nein, drei Menschen, einen Vater-Gott und einen Sohn-Gott und einen Geist-Gott, und wenn eure Theologen auch lehren, dies sei Eins, eben die Trinität, so ist euer Fußvolk doch ganz naiv häretisch der Ansicht, es gebe drei verschiedene Götter. Das kommt von euern blödsinnigen Bildern. Die Lehre von der Trinität ist doch höchstes mystisches Geheimnis, ist eure Offenbarung. Aber sie ist nur für die Eingeweihten. Gib doch zu, daß du selber die drei Personen nicht recht zusammenkriegst in eine! Drei Personen sind Ein Gott, so lehrt man euch. Aber welches Gehirn erfaßt das? Drei Personen sind eben drei Personen, sind drei Götter in euren Vorstellungen, über die ihr euch aus Faulheit keine Rechenschaft gebt, und so kommt ihr nie nie nie dazu, den Gott zu erfahren, der das Wort ist. Warum glaubt ihr denn nichts mehr, ihr jungen Leute aus christlichen Häusern in christlichen Ländern mit einer Flut christlichtheologischer Literatur? Weil ihr mit euerm naturwissenschaftlich geschulten Gehirn zu ahnen beginnt, daß Gott etwas andres ist als was eure Künstler seit fast zweitausend Jahren euch als Gott ausgeben. Ihr habt abstraktes Denken gelernt, und diesem Denken paßt sich eure alte Gottesvorstellung nicht an. Werft doch die Bilder ins Feuer! Glaubt abstrakt! Fällt euch ja viel leichter. Gott ist das Wort, das wirkt. Gott ist das Dynamische. Gott ist das Leben. Setzt d e n Gott über e u e r n Gott, und ihr vermögt wieder zu glauben. Und dann habt ihr die Einheit, nach der ihr ruft in eurer Verzweiflung: die Kirche über allen Kirchen, den Glauben über allen Religionen. Dann ist Christus, euer Christus, auch der unsre, dann ist er der Herr der Welt. Ihr versteht ihn ja nicht. ›Ich bin das Leben, Ich bin der Weg.‹ So hört doch auf ihn! Einheit will er. Leben ist Einheit. Aber ihr trennt, ihr trennt euch vom Wort, und habt es doch bekommen genau wie wir. Wenn eure Theologen den Mut hätten, dies zu denken und zu sagen, dann gäbe es keine Atheisten mehr und schon gar keine Nihilisten, denn dann fände niemand sich verstoßen aus dem Sinnverband; Kirche, Kirche, was ist euch das geworden: eine theologische Akademie, eine politische Partei, ein Verein leidlich tugendhafter kleiner Mucker. Und was ist Kirche wirklich? Der Leib des Wortes. Christus, inkarniert. Das fleischgewordene Wort. Ach, wie schrecklich liegt Christi Fluch auf euch und uns, daß wir nicht mehr verstehen. – Reuben, du weinst ja, sagte Annette. Reuben gibt keine Antwort, er wischt sich wie ein Schuljunge mit dem Handrücken die Tränen vom Gesicht, schämt sich nicht; dann stößt er mich mit der Faust in den Rücken, ziemlich hart: Sag was, du! ruft er. Ich schüttle den Kopf, aber ich stoße zurück. Du, sagt er, aber er setzt dem nichts hinzu. Ich verstehe. Dann deutet er mit dem Kopf auf Martin und Annette, die stumm neben uns hergehen, Hand in Hand: gläubig fromme Diener des Lebens. Reuben und ich lächeln uns zu. Dann sagt er noch einmal: Du! – Ja? frage ich. – Du solltest nach Israel gehen, sagt er, du sollst sehen, wie es ist, im Kibbuz leben, drei aus Deutschland gelieferte arabische Maschinengewehre im Rücken, den Antisemitismus aller Kontinente vor Augen, mit dem von den Eltern ererbten Mißtrauen im Herzen, der Stolz verwundet unheilbar, Hiob du und Hiob das ganze Volk, und dann tanzen und singen: Du bist mein Gott, das Ewige Wort. Das ist Israel, das ist Glaube. – Aber, wende ich ein, das ist nicht Israel, das bist du, das ist eine Elite. Und so eine haben wir Christen doch auch. Oder nicht? – Dafür seid ihr ja unsre legitimen Erben; natürlich gibt es unter euch solche, die das Wort anbeten statt des Bildes. – Und, hältst du es nicht für möglich, daß ... – Was? – Daß der unbegreifliche Wortgott beschlossen hat, von uns den Gehorsam des Nicht-Glaubens zu fordern? – Wie meinst du das? – Christus am Kreuz. Was hat er geschrien? Mein Gott, mein Gott, warum hast du mich verlassen? Das christliche Kreuz das Zeichen des Nicht-Glaubens im Auftrag Gottes? Entschuldige, das klingt verrückt. Ich verstehs ja selber nicht. Aber vielleicht meine ich es so: daß nach den Zeiten scheinbaren Glaubens die Zeit scheinbaren Unglaubens kommen muß, nenns dialektisch, nenns göttlichen Befehl, beides bedeutet genau das gleiche im Ablauf der Heilsgeschichte. Aber ich gebe zu, daß das reichlich unklar gesagt ist. Ich werde auch Philosophie belegen oder Theologie. – Wozu? fragt Reuben; wozu, damit du lernst in Klischees zu denken? Nein: denk selber nach, denk langsam, sei ganz scharf ehrlich, mach es dir unbequem. Am Ende deines Lebens wirst du dann wissen, daß du auf der Spirale nicht mehr als einen Millimeter oberhalb von Frau Mittermüller stehst. – Wer ist Frau Mittermüller? – Du kennst Frau Mittermüller nicht? Den Tabakladen in der Einsteinstraße? Nein? – Und was ist mit ihr? – Die ist dumm wie Bohnenstroh. Der ganze Unterschied zwischen dir und Frau Mittermüller ist, daß du weißt, daß du nichts weißt, während sie es nicht weiß; zugegeben, ein beachtlicher Unterschied. Kannst die Definition von Geist daraus gewinnen. – Reuben lacht. Er lacht erst leise, dann immer lauter; noch sind die Tränen der Bitterkeit und des Zorns auf seinen Jochbögen nicht ganz getrocknet, da kommen ihm Tränen des Gelächters. – Ach hör auf, sage ich, das ist nicht anzuhören; du lachst uns alle aus, du lachst wie ein Gott, der immer recht hat. – Er lacht weiter. Bin ich nicht ein Gott? ruft er: lies doch Paulus, euern-unsern Paulus, er hämmert es den blutigen Anfängern der neuen Lehre ein: Ihr seid Götter, wenn ihr glaubt. Soll ich nicht lachen, da ich ein Gott bin? So, und jetzt gehen wir Eis essen, ich bin ganz ausgebrannt von lauter Reden. Weißt du, wie heißt du eigentlich? Tobias? also: weißt du, Tobias, wir haben nämlich schon drei Stunden so geredet, aber da habe nicht immer ich geredet, da waren die zwei nicht so stumme Fische; deine kleine Schwester hat mir ganz schön Widerpart gehalten, die weiß mehr als sie zu wissen meint. – So? sage ich nicht recht überzeugt. – Esel, sagt Annette, und es ist völlig unklar, wen sie meint und warum sie das sagt. – Kommt, ruft Reuben, und legt einen Arm um meine Schulter, den andern so gut es geht um das Paar. So gehen wir in die Eisdiele. ›Jude‹, denke ich, und denke runde Rücken, gebogene Nasen, Beschneidung, traurige Augen, Viehhändler, Bankiers, Dichter, Gerissene, Gewitzte, Geschlagene; und ostjüdische Mystik, chassidische Legenden, Demut, Weisheit, und das Foto im Karton meiner Mutter; und ich schaue Reuben an. Jude? Was ist das. Die Griechen des fünften Jahrhunderts, wo sind sie? Wo die Ägypter der El-Amarna-Zeit? Aber die Juden. ›Volk Gottes‹, denke ich. ›Mein auserwähltes Volk.‹ – Reuben ißt sein Eis mit Hingabe, er strahlt. Wenn ich Annette wäre, ich würde ihn lieben. Aber ich bin kein Mädchen. Ich könnte ihn hassen. Tu ich es nicht schon? Ich bin froh, als er aufspringt: Muß gehen, höchste Zeit, muß einem katholischen Theologen Hebräisch beibringen, das nicht hineinwill in seinen Kopf. Lebt wohl! – Weg ist er. Weg ist die Störung, weg ist der frische Aufwind. Wir sitzen erschöpft da wie nach einem Examen. Wir haben es nicht bestanden. Das macht uns bedrückt, verdrossen, streitsüchtig. Also, weißt du, sagt Martin, ich bin gewiß nicht kirchlich gesinnt, aber entweder – oder. Es gibt vielleicht ein religionsloses Judentum, aber ein religionsloses Christentum, das gibt es nicht. – Nein? ruft Annette, nein, wieso nicht, es muß eben gefunden werden; ein weltliches Christentum, eins, das man versteht, das man leben kann so wie den Kommunismus, wo man weiß, wofür man lebt, und wo alles sich deckt, Leben und Lehre, der einzelne und die Gemeinschaft; aber bei uns, da fällt doch alles auseinander; die Kirche lehrt dies und das, einige halten sich dran, andre nicht, jeder lebt so vor sich hin und weiß nicht einmal, wie er leben soll, alles ist richtig, alles ist falsch, die Eltern wissen nichts, die Lehrer wissen nichts, die Philosophien sind alle relativistisch, und die Theologie tut als könnte sie alles noch retten, alles noch auffangen in ihrem Gumminetz. – Ach Annette, sagt

Martin, und legt seine Hand auf die ihre; sie entzieht sich ihm zornig. Laß mich doch reden, ruft sie. Aber ja, sagt er geduldig. Doch jetzt hat sie keine Lust mehr. Wir haben alle keine Lust mehr. Gehn wir was trinken, sage ich, gehn wir einen Cocktail trinken. – Einen was? fragt Annette. – Etwas zum Besaufen, sage ich; und im übrigen mußt du zum Friseur, ich war schon. – Was? Zum Friseur? Weshalb? Bin ich dir nicht schön genug? – Mir schon, aber den Herren Eltern nicht, dem Silberpaar nicht. – Guter Gott, ruft Annette, die Party. Die kann mich. – Mich auch, sage ich, aber wir müssen trotzdem hin. Selbst ich muß. – Ich will nicht. – Du Baby, sagt Martin, du eigensinniges; du mußt hin, es sind immerhin deine Eltern, man hat Höflichkeitspflichten. – Du kannst mich auch, sagt Annette, ich geh nicht hin. – Doch, sagt er, du gehst. – Sie schaut ihn schief an. Also, sagt sie, ich gehe zum Friseur, wasche mich, ziehe mich passend an, und wer garantiert dir und mir, daß ich keine Stinkbombe werfe mitten unter die ganze verlogene Gesellschaft? – Du sollst nicht so in Bausch und Bogen über Leute reden, sagt Martin, das ist unreif. – Gut, bin ich eben unreif. Ich bins leid, mit dir zu streiten. Ich geh zum Friseur. – Und weg ist sie. Martin und ich sitzen etwas verdutzt da. Gehn wir trinken, sage ich. Es stellt sich heraus, daß Reuben sein Eis schon bezahlt hat. Martin und ich gehen. Wir merken, daß wir uns nichts zu sagen haben, wir trinken eine Coca-Cola, keinen Cocktail, und trennen uns. Es ist drei Uhr. Was tun bis zum Abend? Diese verdammten Semesterferien in dieser verdammten Stadt. Wegen der blödsinnigen Silberhochzeit sind wir noch hier, und weil der Herr Rat dies Jahr erst im September Urlaub macht, und ich habe nicht den Mut einfach abzuhauen, statt drauf zu warten bis wir alle familientraut selbviert in die ›Sommerfrische‹ fahren, wie immer, Jahr für Jahr in dieses modrige Blockhaus an dem ebenso modrigen Moorsee, den wir samt umliegenden Moorwiesen und Moderblockhaus von irgendwem geerbt haben. Kostet nichts, diese Sommerfrische. Mutter kocht wie zu Hause, der Herr Rat fischt, Annette döst, ich döse, die Schnaken sirren und stechen. Oh herrliche Jugendzeit. Wahrlich, mein Los hast du mir beschert an lieblicher Stätte. Großer trauriger Ezra Pound. O God of the night, what great sorrow cometh unto us that thou thus repayest us before the time of its coming? Sonderbar, wie die Dichter mit dem Wort ›Gott‹ umgehen, sie kommen nicht aus ohne es, was meinen sie denn damit, wissen sie es oder ist es nur eben ein Wort, ist nicht alles was man nicht erleidet, nur eben ein Wort, darf man Gott sagen ohne ihn zu glauben, glauben diese Dichter, die atheistischen, die verzweifelten? Aber wer dichtet, der glaubt, sonst würde er sich ja gar nicht die Mühe machen ein Dichter zu sein, wofür die Mühe, wofür die Qual, doch für den Sinn, für das Wort, wie Reuben sagt. Ach, ich lebe ja, ich lebe, ich weiß daß ich lebe, warum wieso weiß ich es? Weil ich an Wörter glaube, die das Wort aussagen können. Moderhütte, Moorsee, der fischefangende Rat im Moderboot, die fischekochende Mutter in der Moderküche, wir Moderkinder, Moor und Moder, Modersohn, Modermutter, Modertochter... Ob wohl meine große Schwester, Stiefschwester, kommt? Hab sie jahrelang nicht gesehen. Brauchte sie überhaupt nie mehr zu sehen. Eigentlich schrecklich zu denken, daß andre nicht wissen, wie uns ihre Existenz schlechterdings nicht interessiert. Man möchte von allen bestätigt sein, bildet sich ein es zu sein, glaubt in aller andern Bewußtsein zu leben, und ist doch rein gar nicht da für sie. Das wissen wir dunkel, das fürchten wir, das ist schon Vorschuß aufs Todeslos, das ertragen wir nicht, darum denken wir uns einen Gott aus, der einen jeden von uns bei Namen nennt. Einen Gott, der für jeden von uns da ist, der, ja tatsächlich, der für jeden starb. So sehr haben wir Angst vor dem Ungekanntsein, daß wir als Gegengewicht den Tod eines Gottes brauchen, der uns bestätigt, daß wir von unendlichem Wert sind. Eigentlich hat die Theorie von Gott als der Projektion unsrer Sehnsüchte etwas Bestechendes. Aber: woher die Sehnsucht? Woher wissen wir, daß wir einen Gott brauchen? Ach verdammt, werde ich denn diese Gedanken nicht mehr los. Solltest Theologie studieren, armer Tobias. Theologie, wieso. Was hat Reuben gesagt, als er von Gott sprach? ›Wir sprechen nicht von Theologie, sondern vom Leben.‹ Ist denn dieser Gott mein Schicksal? Sollte Leben wirklich darin bestehen, sich mit Gott herumzuschlagen? Schluß jetzt, Schluß, Schluß, ich habe es satt, ich habe es satt bis oben, ich will dieses Wort nicht mehr denken, ich kanns nicht mehr hören, nicht mehr lesen. Und jetzt ist es immer noch erst drei Uhr. Zwei Minuten nach drei. Was tun. Ins Kino. Beschämend: Bankrott der Phantasie. Aber warum auch nicht? Wer bin ich, daß ich von mir erwarten könnte, ich sei anders und besser als andre? Ich bin wie alle. Also: ins Kino. Plakatsäule, Kinoanzeigen. Sexfilm. Ach zum Kotzen. Meinen, uns aufzuklären. Meinen, durch Alles-Sagen und Alles-Zeigen uns von Hemmungen zu befreien. Paroxysmus des Enthüllens. Und? Und? Ist Sündigen ohne schlechtes Gewissen besser? Frivol gesagt: macht das noch Spaß? Ist doch eine Methode, die schon passée ist. Die Eltern von vor vierzig Jahren haben was gehört vom Jahrhundert des Kindes und vom Wegräumen der Komplexe: Da, hier ist der Schlüssel zum Bücherschrank mit den pornographischen Werken, kannsts lesen. Gab solche Eltern. Dachten, Nicht-Verbotenes reizt nicht. Und? Die Kinder ließen das Pornographische ungelesen und trieben im Stadtwald ihr Spiel. Arme Eltern. Gutgemeint. Aufklärung, was ist das? Lehren, wie man achtgibt und was für Mittel man gebraucht?

Auch. Das wohl auch. Aber wichtiger: lehren, wie man wartet; lehren, wie man liebt. Die Amoralisten mit ihrem schlechten Geschmack, die laute Posaune: Seht, wie frei wir sind, Herren unsres Lebens. Na, und? Dem Teufel ins Garn gegangen: sexbesessen. Wo ist die Freiheit? Also: keinen Film. Bemerke, daß ich kein Geld mehr habe. Frage gelöst. Nach Hause gehen. Schlafen. Die Party verschlafen? Habe plötzlich Angst vor dem Schlafen. Oder vor dem Nichtschlafenkönnen? Nein, auch vor dem Schlaf. Wohin fällt man? Weshalb schlafen? Könnte der Mensch nicht ebenso gut schlaflos erschaffen sein? ›Erschaffen‹, sage ich. Kleinkinderbibelsprache. Macht nichts. Alles nur Chiffre. Evolution? Auch nur eine Chiffre. Wofür? Wissen wir nicht. Entsetzlich: wissen nichts. Nichts! Wissen alles von der Haut des Elefanten, aber nicht, was das ist in ihm, das ihn, leben macht. Wie ist mir denn? Hunde-elend. Wieso? Was gehts mich an, wieviel zu wissen ist, wieviel nicht? Abstrakte Leiden. Die Party heut abend bestehen: das ist reale Qual. Das Haus ist wie ausgeleckt. Im Salon surrt die Bohnermaschine. Habe plötzlich Hunger. In der Küche eine dicke fremde Person: eine Köchin hat man engagiert. Meinetwegen. Ich hab nichts zu Mittag gegessen. Steht allerlei herum, fertig und halbfertig und roh. Ich nehme mir mit der Hand ein Stück Fleisch, gebraten, noch warm, und weil die Person so indigniert schaut, nehme ich in die andre Hand eine Orange und beiße hinein ohne sie zu schälen, abwechselnd ein Bissen Fleisch ein Bissen Orange, Saft und Sauce tropfen auf den Boden. Ich fresse stumm und fixiere dabei die Dicke. Sie schaut schließlich weg. Auf dem Tisch liegen Eier. Ich sauge eines langsam aus, halte es wie ein Igel, schlürfe laut. Im Kühlschrank sind holländische Trauben, große blaue, höchst dekorativ. Ich nehme mir eine heraus. Jetzt wirds der Dicken zuviel: Aber die gehören doch für heute abend, ruft sie. Ich stelle mich taub. Mit der Traube in der Hand überm offenen Mund, Modell für Murillo, mit der andern Hand frech meine Hose hochziehend, gehe ich, die Dicke weiterhin fixierend, aus der Küche. Kindisch, ich weiß es, aber macht Spaß. Man müßte so leben: aufreizend; und alles tun, was man will. Leider: ich will nicht viel, was ich nicht soll. Ist so anstrengend, provokant zu leben. Ist ja maniriert. Snobismus ist dumm. Oder ich bin zu dumm dafür. Zu schwerfällig. Zu deutsch. Herrgott, dieser Reuben mit seinem saunüchternen Glaubenspathos; wie der das zusammenkriegt: Glauben und keine Illusionen haben. Die Treppe herunter kommt meine Mutter, erhitzt, eine Schürze vorgebunden. Ich bin versucht, die Traube hinter meinem Rücken zu verstecken. Kleinkinderschlechtesgewissen. Ich sage aber nur, die Traube schwenkend: Ich habe Hunger. Ich merke, daß es so klingt, als wollte ich sagen: Du läßt mich hungern. – Ist doch genug in der Küche, sagt sie. – Ja, aber, sage ich, dein Drachen bewacht es. – Sie lacht ein wenig. Kein Wort von der Szene vor dem Otterladen. Kein Wort darüber, daß ich nicht ins Opernrestaurant kam. Nur: Wo ist Annette? – Was weiß ich. Vielleicht beim Friseur. – Jetzt könnten wir eigentlich das Gespräch beenden, wir stehen auf gleicher Höhe, könnten ruhig aneinander vorübergehen, ich nach oben, sie nach unten. Warum muß sie jetzt nach meinem Ärmel greifen, mich festhalten, sie weiß doch, daß ich das um die Welt nicht leiden kann, berührt werden, festgehalten werden. Ich reiße mich los. Was ist? – Nichts, sagt sie verschüchtert, ich meine: nichts Besonderes. Ich wollte dich nur bitten ... Sie greift wieder nach meinem Arm, besinnt sich aber, zieht die Hand rasch zurück, das macht mich verlegen, beschämt mich, darum bin ich jetzt milde: Also, du willst mir sagen, daß heute abend die Party ist und daß ich mich anständig benehmen soll. – Sie nickt und schaut mich flehend an. –

Herrgott, sage ich, wieder schroff, gegen meinen Willen, warum müßt ihr auch diese blöde Party geben, wenn ihr fünfundzwanzig Jahre verheiratet seid, ich versteh so was nicht, in euerm Fall, meine ich. – In unserm? Wieso? Was meinst du damit? – Nichts. Höchstens, daß, ach was, lassen wirs. Damit springe ich die Treppe hinauf. Ach, wie ist doch dies alles verquer, trüb, staubig, und so voller Trauer. Oder bins nur ich, der alles so sieht? Wie würde Reuben... Ich komme mir plötzlich armselig vor und müde und uralt. Flucht in den Schlaf. Mit blödem Kopf aufwachen. Sechs Uhr vorbei. Das Haus totenstill. Windstille im Innern des Taifun. Da hocke ich und starre die Wasserwand an, den Wassertrichter, der sich dreht und dreht in rasender Eile. Was gehts mich an? Wenn man dieses Mich-gehts-nichts-an konsequent lebte? Sich nicht einlassen mit der Welt, mit Politik, mit Liebesgeschichten, mit Ehrgeiz, mit Gott. Ja, aber wie dann leben? Das ist ja Nicht-Leben. Das ist Leben im Hades. Schatten. Man muß sich einlassen. Leben ist: sich einlassen mit allem. Mit allem? Kann man doch nicht. Nein: die Auswahl trifft sich von selbst durch das, was man ist. Aber in diesem ausgewählten Raum alles ergreifen, alles erobern, alles annehmen, lieben. Ach, jetzt bin ich wieder bei Reuben. Aber irgend etwas in mir sträubt sich gegen seine Ansicht vom Glauben. Kann jetzt nicht weiter nachdenken. Muß leben... Muß diesen Abend irgendwie überstehen, bestehen. Werde den gentiluomo spielen. Kann ichs? Muß es können. Ich, der einzige, der weiß, daß diese Ehe gebrochen wurde, um meinetwillen sozusagen. Dieses Wissen gibt mir eine Machtstellung. Ich, der ich das Geheimnis kenne, ich, der mit einem Wort, in die Gesellschaft geschleudert, einen Sturm entfesseln könnte. Aber wer würde mir denn glauben? Keiner. Aber etwas tun, das die Eltern erbleichen machen würde. Hamlet, dem fiel etwas ein: das Spiel, das Vorführen der Parallelsituation, von Schauspielern dargestellt der Vatermord, dem schuldigen Paar vorgeführt inmitten des ganzen Hofstaats. Ein Stück schreiben, eine Szene nur, das genügte: Mann und Frau sitzen traulich spießig zufrieden beisammen auf einem Sofa unter ihrem Brautbild und den Fotos ihrer drei Kinder. Silberhochzeit. Erinnerungen. Haben etwas zu viel Sekt getrunken so ganz für sich allein. Er (sentimental, küßt sie): Du warst mir stets eine wunderbare Frau. – Sie (betrunken): Nein, nein, sag das nicht. – Er: Wessen klagst du dich denn an? – Sie: Schlecht gekocht, Knöpfe nicht angenäht, mürrisch gewesen, Beischlaf verweigert mehrmals. – Er: Ach du Schäfchen. Aber ich, ich! – Sie: Was, du? – Er (sich in die Brust werfend): Ich, ein Mann... Sie: Und was? – Er: Sieben Ehebrüche. – Sie lacht. – Er: Lach nicht, du! Nimmst du mich nicht ernst? – Sie (lacht weiter): Doch, doch. Also: sieben Ehebrüche. Großartig. Und mit wem? – Er (großspurig): Einen mit einer Tänzerin, kennst du nicht, einen mit einer aus unsrer Stadt, sag ich nicht, und fünf auf Reisen mit Unbekannten. – Sie (noch immer lachend): Aufschneider! Du warst mir treu. – Er: Zum Teufel, nein, ich war nicht treu. – Sie: Aber du bist doch viel zu faul, um was zu riskieren. Das Ehebett war dir sicherer. – Er (gekränkt): So? Wenn du meinst. Täusch dich nur nicht in mir. Fünfundzwanzig Jahre lang hast du gemeint, mit einem Tugendbold zu leben in aller Sicherheit. Aber ich, ich habe ein Doppelleben geführt: eine Geliebte hab ich... Sie (lacht wieder, aber etwas künstlich): Wen? Die Fürstin von Monaco? – Er schweigt. – Sie: Also sag schon: wer ists? – Er (zufrieden, daß sie zu glauben beginnt): Sag ich nicht. Sonst machst du Schwierigkeiten. – Sie (kalt): Und wie lang geht das schon? – Er: Zwanzig Jahre, mein Schatz, und du hast nichts gemerkt. – Sie (wütend): Du Heuchler, du... Aber ist ja gar nicht wahr. Du schneidest nur auf.

Aber ich, ich, wenn du wüßtest! – Er (mißtrauisch): Wenn ich was wüßte, was wüßte? – Sie zuckt kokett die Achseln. – Er: Du sagst es sofort. Sag es. Los! – Sie zündet sich eine Zigarette an, schweigt, bläst ihm den Rauch ins Gesicht. – Er: Seit wann rauchst du? Siehst aus wie eine, eine, na... – Sie: Wie eine was? Sag es, wenn du Mut hast! – Er: Also, was hast du mir zu sagen aus deinem Leben? – Sie (kalt lächelnd): Eins unsrer Kinder ist nicht von dir. – Er (springt auf): Was? Ist das wahr? – Sie lächelt. – Er: Und welches? – Sie lächelt. – Er: Sag es, sag es, sonst... – Sie: Sonst? – Er: Treib es nicht zu weit. Nicht wahr, du scherzest? – Sie: Ich? Nicht die Spur. Wozu auch? – Er: Eines nicht von mir... Und von wem? – Sie zuckt die Achseln. – Er: Weißt es nicht einmal? – Sie: Doch, aber ich sags nicht. – Er (außer sich): Ich bring dich um. – Sie: Dann erfährst du es ja nicht. – Er: Ich, ich... Sie: Was regst du dich auf: ein Ehebruch gegen sieben, was ist das schon? Wieviel Kinder hast du denn gezeugt außerhalb deines legalen Bettes? – Er: Keins. Aber du, du... Sie: Keins? Da hast du Glück gehabt. – Er: Und du, du... Und welches ist nicht meines? – Sie: Weiß nicht, könnte jedes sein. Wer kanns feststellen? – Er: Ich werde es feststellen, ich. (Stellt sich vor die Fotos.) Diese da, Erstgeborene, ist meins. Hat mein Gesicht. Unverkennbar. Und die Kleine da sieht meiner Großmutter ähnlich. – Sie lacht. – Er: Du lachst nicht mehr lang. – Sie (böse): Du auch nicht. – Er: Aber der da, der Bub, das ist ein Fremder, sieht nicht in meine Familie. – Sie (kalt und böse): Ah, weil er nicht in deine Familie sieht, ist er nicht von dir. So wäre also eins, das in meine Familie sieht, nicht dein Kind? Du, immer du, deine Familie, du und deine Familie, nur du, nichts als du, ich zähle nicht, hab nie gezählt... Das Mädchen ist auch nicht von dir, trotz der Ähnlichkeit mit deiner Großmutter. – Er schlägt sie. Sie nimmt die Schläge stumm entgegen, bricht zusammen. – So weit also die Szene. Und wie sie enden lassen? Die Frau stirbt, der Mann stößt sich das Messer ins Herz. Oder: Der Mann denkt, er habe sie getötet, läuft weg, stellt sich dem Gericht, die Frau wacht auf... Nein, das geht nicht. Anders: die Frau fällt in Ohnmacht, der Mann betrachtet sie fassungslos, sie kommt zu sich, weiß nichts mehr vom Vorgefallenen, er auch nicht, es war ein Alptraum, sie werden nüchtern, setzen sich wieder aufs Sofa, alles in Frieden, sie umarmen sich, da fällt das Foto des Buben von der Wand. Aus. Wie wäre es, wenn Annette und ich diese Szene spielten? Man würde uns für verrückt halten, man ließe sie uns ja gar nicht spielen. Oder doch? Das Ganze als eine Art Marionettentheater. Die Figuren bewegen sich ruckweise, wie an Drähten, sind vom Teufel geführt, wissen nicht, was sie tun, sprechen abgehackt, wissen nicht, was sie sagen, stehen da mit leerem Blick, sprechen nicht einander ins Gesicht sondern geradeaus, ohne Leidenschaft, wie eingelernt, nein, wie mechanisch, Roboter, und wenn der Mann die Frau schlägt, so tut er es im Takt, wie eine Maschine. Müßte in einem Glaskasten gespielt werden. – Viertel nach sechs. Oder ein andres Spiel: Zwölf Männer im Kreis, tanzen wie Ringelreihenkinder, ein Kind in der Mitte, die Augen schwarz verbunden, muß einen festhalten, Blindekuhspiel, muß sie abtasten, erraten, wer es ist. Ein Ballett. Niemandssohn sucht Vater. Dazu eine böse Musik. Kinderlieder elektronisch verzerrt, zerdehnt, oder auf Band das bald zu schnell abläuft bald zu langsam. Bins nicht, sagt jeder der Männer. Bins nicht. Das Kind sucht und sucht und tastet, läuft von einem zum andern, immer schneller und schneller, merkt nicht, wie die Männer den Kreis öffnen und davonschleichen, das Kind greift ins Leere, läuft hierhin dorthin, da ist nichts, nichts, es reißt sich die Binde von den Augen, bricht zusammen. Und dann? Dann kommt eine fremde Gestalt, die Zuschauer sehen sie nicht, nur das Kind sieht sie, die Zuschauer merken, daß es etwas sieht, daß es jemand seine Hand reicht, mit diesem Jemand fortgeht, glücklich zu ihm aufsieht; müssen raten, wer der Fremde ist: der Tod; oder ein Engel; oder das Nichts; oder... ja, oder, oder? Wunschtraum. Und wenn es so wäre? Ach zum Teufel, ich werde noch verrückt. Die Masern haben sich auf mein Gehirn geschlagen. Unheilbar verrückt. Jetzt bricht mir der Angstschweiß aus. Wird man so verrückt, beginnt es so: mit dem Ausgeliefertsein an die idée fixe? Eine Art Besessenheit. Müßte exorziert werden. Die Tür geht auf. Annette. Annette mit einem Kopf voller Löckchen, lackierter kleiner rötlich glänzender Löckchen. Wie siehst denn du aus. – Angepaßt, sagt sie. – Nein, so bleibst du nicht. Sieht ja verboten aus. – Soll es doch. Will ich ja. – Hats Mutter schon gesehen? – Nein. Spar ich mir für die Party auf. – Annette, hör zu: das ist sinnlos. Eine dumme Art von Provokation. Keiner merkt sie nämlich. Dein Gesicht straft diese Frisur Lügen. – Ich male mich an wie eine Hure, dann schicken sie mich sofort wieder hinaus, und ich bin erlöst. – Nein, Annette, wir werden etwas anderes tun: wir spielen artige Kinder, aber übertrieben, verstehst du? Wir zwei ganz allein für uns machen uns einen Spaß. Wir werden ganz dämlich sein, stottern vor Schüchternheit, verschlucken uns am Wein, sagen bitte-danke, du machst Knickschen, ich geh nicht von deinen Fersen. Was meinst du dazu? – Plötzlich fängt sie an zu weinen wie ein Kind. Was ist denn, was ist denn? – Nichts, nichts. – Weil du mit Martin gestritten hast? – Ach, das bedeutet nichts, wir streiten oft. – Bist du in Reuben verliebt? – Du bist verrückt. – Also was dann? – Weil wir nichts sind. – Wie? Ich versteh dich nicht. – Weil wir so durchschnittlich sind. – Wer: wir? – Ich. – Ich auch? – Weiß nicht. – Und Martin? – Sie schluchzt stärker.

Und Reuben? – Ach, hör auf mit dem. – Also, das ist es. – Sie fährt auf wie eine Schlange, sagt aber nichts, stürzt aus dem Zimmer. Dieser Reuben mit seinem Glauben. Dieses Ärgernis, das da in unser Leben kam. Wir werden ihn wieder vergessen müssen. Was für eine Unruhe plötzlich im Haus? Ach, die Party. Die Gäste. Und ich bin noch nicht umgezogen, noch nicht frisch rasiert. Mein schwarzer Anzug hat tatsächlich zu kurze Ärmel. Macht nichts. Ist ja nicht wirklich. Nichts ist wirklich. Diese Party wird nur ein Traum sein. Aber was denn: Träume sind ja wirklich. Nichts wirklicher als Träume. Verraten alles. Bringen alles an den Tag. Lügendetektor. Wenn ich krank spielte, Fieber spielte, dem Herrn Rat, der an meinem Bett säße, alles erzählte... Was erzählte? Weiß doch nichts. Blindekuhspiel. Wer lärmt denn da so im Treppenhaus? Gäste, Gäste. Wieviel kommen denn da noch. Ich bin fertig, dufte nach Rasierwasser und Seife und frischem Hemd. Annette hockt halbangekleidet in ihrem Zimmer in einer Ecke, die Beine angezogen, den Kopf auf den Knien. Weint sie noch oder schon wieder? Sie weint nicht. Sie hebt mir ein finsteres zerquältes Gesicht entgegen. Was ist denn? Ists wegen der Party? Ists, weil es gegen ihr sagen wir ästhetisches Gewissen geht, teilzunehmen an etwas, das ihr dumm, spießig, verlogen erscheint? Sie macht eine müde abwehrende Handbewegung. Also was dann? Setz dich, sagt sie. Ich tu es. Tobias, beginnt sie, du findest mich sicher lächerlich, aber ich habe bis heute immer noch ein Abendgebet gebetet, ein Kindergebet, warum, vielleicht aus magischer Angst bestraft zu werden für eine Unterlassung, kann sein, kann aber sehr wohl was andres sein, auch eine Angst, nämlich: die Hand ganz und gar loszulassen, die einen vielleicht doch hält, was weiß man denn. Und jetzt meine ich, daß ich diese Hand doch loslassen muß. – Wieso? Glaubst du nicht mehr an sie? – Doch, das ist es ja. Aber ich möchte nicht mehr glauben. Ich möchte den Nullpunkt finden. Den Gefrierpunkt. Ich möchte sehen, wie sichs lebt ganz ohne all das, was man so im Blut und im Kopf hat von früher. Ich möchte nicht atheistisch sein, das ist ja doch bloß ein spiegelverkehrter Glaube oder wie ich sagen soll. Ich möchte nichts mehr haben. Frei sein. – Schrei doch nicht so. – Ich flüstere ja, ich schrei doch nicht. – Mir schiens zu laut. Viel zu laut. – Du verspottest mich. – Nein. Aber das, was du möchtest, kann man doch nicht wollen. Wenn du Gott nicht mehr willst, darfst du nicht einmal frei sein wollen von ihm. Du mußt ihn einfach vergessen. Solang du dich damit beschäftigst ihn auszuschließen, sitzt er dir auf dem Hals. Wer an ihn denkt, der ruft ihn. – Sie schaut mich erstaunt an: Meinst du das wirklich? Und glaubst du denn? – Weder ja noch nein. Ich weiß nichts. Ich möchte eigentlich auch nichts wissen. In mir ist was, das ewig schlafen möchte. – Es klopft, die Tür geht auf. Die Mutter. Da sitzt ihr ja beide; kommt ihr? Es gibt viel Gutes zu essen, Selbstbedienung. – Weg ist sie. Annette und ich lachen lauthals. Komm, sage ich schließlich, nehmen wir die dargebotene Mutterbrust. Aber laß dir das Kleid zumachen. So. Kämm dich. Kämm die blöden Locken glatt. Na also. Siehst wirklich brav aus. Kommunionkind. – Und du mit deinen zu kurzen Ärmeln. Und dein Schleifchen sitzt schief. – Also los, gehen wir, brave Kinder eines Silberjubelpaares. – Du, Tobias, eigentlich hätten wir den beiden was schenken müssen. – Ja, zum Beispiel ein handgesticktes Kissen, Kreuzstich, und eine Laubsägearbeit, ein Kästchen für alte Fotos. – Warum sagst du das so gehässig? – Weil manche Leute ihre Fotos in einem Pappkarton aufbewahren. Ein Kästchen wäre besser. Eins zum Verschließen. – Was ist denn mit dir, Tobias? Du spielst auf irgendwas an. Was ists? – Eben das, was ich sage. – Ich versteh kein Wort. – Sei froh, Kleine. Und dich gehts ja auch rein gar nichts an. Deine Herkunft ist ohne Geheimnis. – Also hör mal, was soll denn das Gerede? Ich kanns nicht leiden, wenn man in Rätseln redet. – Komm, bedauern wir jene, die besser dran sind als wir. – Sag mal, bist du verrückt? – Nein. Ich zitiere meinen Leibdichter. – Wer ist das? – Schon was gehört von Ezra Pound? – Nein. Bedaure. – Das Bedauern ist auf meiner Seite. Aber reden wir von was anderem. Weißt du, was wir dem Jubelpaar schenken? Einen ruhigen Abend. Wir werden uns musterhaft verhalten. – Aber was ist das: musterhaft? Wenn wir allzu brav sind, werden sie nur mißtrauisch und unruhig, sie kennen uns ja. Sie werden meinen, es liege was im Hinterhalt. – Tut es ja auch, Kleine. Aber für diesen Abend ist Waffenruhe. Ich weiß freilich nicht, ob die Herren Eltern dieses generöse Geschenk zu würdigen wissen. – Wenn wir gemeint hätten, unser Auftritt im Salon bekäme Sonderapplaus, so sähen wir uns enttäuscht: niemand nimmt Notiz von uns, und das ist uns gerade recht. Das Fest ist bereits im Gange, das heißt, jeder steht oder sitzt oder lehnt irgendwo mit einem vollen oder halbvollen Teller und schlingt in sich hinein, als habe er tagelang eigens für diese Gelegenheit gehungert. Ich hab auch Hunger, sage ich. Wir häufen unsre Teller voll und ziehen uns in eine Ecke zurück, schlagen die Augen nieder in der Hoffnung, daß, wenn wir niemand sehen, auch uns niemand sähe, und essen. – Schau, sage ich, da hast du ein Bild unsrer Zeit: jeder frißt für sich, keine Tischgemeinschaft mehr; nimm, was du kriegen kannst, keiner gibt dir; erkämpf dir deinen Platz, niemand weist dir einen an; ein perverses Pessach-Mahl, im Stehen, gegürtet, reisebereit, fluchtbereit, jeder kann gehen wann er will, keiner gibt ihm das Zeichen zum Aufbruch, keiner hält ihn, und jeder ist froh wenns vorbei ist. – Wenigstens ehrlich, und praktisch auch, sagt Annette. –

Ich hole was zu trinken, schleiche vorsichtig hinter bekannten und unbekannten Rücken vorbei, aber vergeblich: eine Hand berührt meine Schulter, flüchtig aber deutlich, ein gerolltes spitzes Ohr wird sichtbar, ich höre die eilig raschelnde Stimme: Erstaunt, mich hier zu sehen? – Nein, weshalb sollte ich erstaunt sein, hier finden sich allerlei Leute ein. – Höflich sind Sie nicht, junger Mann. – Nein, alter Herr, zum Höflichsein bin ich zu jung. Man hat uns schlecht erzogen. Man gibt uns keinen Grund zum Höflichsein. – Gefallen Sie sich in dieser Rolle? – Ja, sehr. – Warum sind Sie denn so böse auf mich? – Ich bin nicht böse auf Sie, ich bin wie ich bin: chronisch schlecht gelaunt. Ich bin bei meiner Geburt am linken Fuß herausgezerrt worden. Sowas geht einem nach ein Leben lang. – Aha, Ihr Trauma. – Ja, mein Trauma. Wenigstens etwas, das mir gehört. – Na, mir scheint, dieses Haus da wird einst auch Ihnen gehören. – Das zu denken gehört zum Trauma meiner Geburt. Ich verzichte darauf. – Sagen Sie jetzt. Sie glauben gar nicht, wie besitzgierig man im Alter wird. – So schenke mir das Schicksal einen frühen Tod. Amen. – Sie gefallen mir. Es ist nicht nötig, daß Sie sagen, ich gefiele Ihnen um so weniger. Solche Leute wie mich werden Sie erst in zwanzig Jahren schätzen lernen, wenn der Ehrgeiz an Ihnen nagt wie an jedem Mann. – Ich hör was nagen. Es muß was an Ihnen sein. – Nein, hier irrt Goethe. Mein Ehrgeiz ist potentiell befriedigt. Meine Karriere ist gemacht. Was an mir nagt, ist Schwermut. – Sie nagt nicht sehr. Muß angenehm kitzeln. Soll manche geben, die sowas brauchen. – Soll andre geben, die sich immer angegriffen fühlen. Sie brauchen das als Stimulans. – Gut gegeben, alter Herr. Fast beginne ich Sie zu mögen. Nur bekomme ich einen Geruch nicht aus der Nase, einen Geruch, ich weiß nicht, weiß nicht, ja, einen Fuchs-Geruch. – Wenn Sie meiner Schlauheit damit ein Kompliment zu machen gedenken, so bedanke ich mich. Aber ich bin mehr als schlau. – Gerissen? – Mehr als gerissen. – Was? – Ich spiele das alles; ich spiele den Fuchs. – Und was oder wer sind Sie? – Da kommt Ihre Mutter. Gnädige Frau, was für einen charmanten jungen Mann habe ich da unter Ihren Gästen gefunden? Wollen Sie ihn mir vorstellen? – Das ist doch mein Sohn Tobias. – Ah, sehr erfreut. Ich gratuliere Ihnen. Ich habe selten ein Gespräch gehabt, das mich so erfrischte. – Meine Mutter schaut ängstlich. Keine Sorge, sage ich, dein Sohn hat sich ganz manierlich aufgeführt bis jetzt. – Sie lächelt gezwungen. Für junge Leute, sagt sie, ist so eine Party unter lauter Älteren langweilig, ich weiß. – Oh nein, Mama, gar nicht, für mich jedenfalls nicht, ich amüsiere mich. – Der Fuchs entblößt seine Zähne, das bedeutet: er lacht. Oh, sagt er, er amüsiert sich, hören Sie sich das an, er amüsiert sich über uns, wir sind Objekte seiner Beobachtung, er findet uns lächerlich, er verachtet uns. – Ich antworte nicht, ich schaue ihn nur an, während meine Mutter mich ansieht. In diesem Augenblick kommt jemand auf sie zu, ein älterer Herr, aufgemacht wie ein Amerikaner. Oh, ruft meine Mutter, eine Spur zu enthusiastisch, Sie kamen wirklich, wie ich mich freue. Ich vermute, sie freut sich im Augenblick vor allem darüber, dem Gespräch zwischen dem Fuchs und mir entrinnen zu können. Aber sie hat sich umsonst gefreut. Der Herr deutet auf mich: Ihr Sohn? Was frage ich: Ihnen aus dem Gesicht geschnitten. – Man erwartet von mir eine Verbeugung, ich mache sie korrekt, vermeide jede Ironie. Meine Mutter beobachtet mich ängstlich, sie versucht den Herrn von mir zu entfernen: Mein Mann ist dort drüben, wie wird er sich freuen... Aber der Herr, offensichtlich gewohnt, sich nicht beeinflussen zu lassen, ist entschlossen, mich in seinen Fängen zu halten, entzückt betrachtet er mich, als sei ich der

Apoll von Belvedere, ich unterdrücke meine Lust ihm die Zunge herauszustrecken, dafür starre ich ihn an, vermeide jeden Lidschlag, Annette und ich haben das als Kinder geübt. Den Herrn stört das alles nicht. Mit gekonnter Heiterkeit eröffnet er ein Verhör: wie alt ich sei, wo und was ich studiere und warum das und nichts anderes, und wie meine Zukunftsaussichten seien und so fort. Ich beantworte alle Fragen knapp und todernst, immer ihn anstarrend. Prächtige Jugend, ruft er aus, prächtig, weiß, was sie will, ist frei von Hemmungen, ehrlich, sachlich, unbestechlich, hat den Mut, überaltete Konventionen einfach zu zertrümmern, wird nicht in unsre Fehler fallen. – Jetzt ist aus meinem Anstarr-Spiel Ernst geworden, ich starre ihn wirklich fassungslos an. Er sieht mich ermunternd an. Gleich wird er mir mit seiner Pranke auf die Schulter hauen; was dann geschieht, weiß ich nicht. Aber er läßt es, mein finsteres Starren ist ihm nicht behaglich. Nein? fragt er, Sie sind nicht meiner Meinung? – Nein, ich bin nicht Ihrer Meinung. Was berechtigt Sie denn zu Ihrem Optimismus? Falls es der Anblick meiner Person sein sollte, so möchte ich mir erlauben zu bemerken, daß ich weder frei von Hemmungen noch ehrlich noch sachlich bin. – Er lacht. Prächtig, dieses understatement! – (Ich überhöre das.) Falls Sie meine ganze Generation meinen, so verweise ich auf die Statistiken und auf die Ergebnisse der Demoskopie, etwa auf den Kinsey-Report. – Tobias! – Wie bitte? Hast du etwas gesagt, Mama? – Sie schaut mich flehend an. Ich fahre fort: Meines Wissens werden in Deutschland jährlich ungefähr acht- bis zehntausend Sittlichkeitsdelikte von Jugendlichen unter einundzwanzig begangen, wobei auch Notzucht mit Todesfolge ... – Tobias! – In den Staaten hat ein Zehntel aller Mädchen unter achtzehn bereits abgetrieben und an die achthunderttausend Jugendliche meines Alters sind behördlich registriert wegen venerischer Krankheiten. – Tobias! Ich bitte dich. – Worum bittest du mich, Mama? – Das ist doch kein Gesprächsstoff für heut abend. – Nein, Mama, das ist überhaupt kein Gesprächsstoff, das ist ein Grund zum Verstummen. Aber dieser Herr hat mich gefragt, und ich habe geantwortet. Er hat an meiner Generation gerühmt, daß wir ehrlich und sachlich seien; du siehst, was herauskommt, wenn wir es sind: das Entsetzen unsrer Eltern; wenn sie könnten, würden sie uns das Wort entziehen und uns ohne Abendessen ins Bett schicken zur Strafe für unsre unerwünschte Ehrlichkeit. – Richtig, sagt der Herr, der nun einmal entschlossen ist, recht zu behalten; richtig, wir müssen die Jugend reden lassen; reden Sie. – Natürlich schweige ich jetzt, aber ich habe noch einiges bereit, was ich diesem Idioten ins Gesicht werfen werde. – Sehen Sie, jetzt haben wir ihn verschüchtert, sagt der Herr, immer machen wir Fehler; wir haben Angst vor der Wahrheit. Wir müssen der Jugend das Wort erteilen, damit wir erfahren, was sie will. Und sie weiß, was sie will. – So, sage ich, weiß sie, was sie will? Woher wollen Sie das wissen, da Sie doch nicht zu ihr gehören? Ich will Ihnen etwas sagen: wir wissen ganz und gar nicht, was wir wollen; wir wissen nur, was wir nicht wollen. – Aha, interessant. Und was wollen Sie nicht? – Wir wollen nicht: gegängelt werden, ungeführt bleiben, weltanschaulich festgelegt werden, ohne Maßstäbe leben, Ideale haben, keine Helden haben, lernen, nichts wissen, sich binden, einsam sein, lieben, sexuell besessen sein, aufgestört werden, ohne starke Erlebnisse sein ... – Moment! ruft der Herr, Sie sprechen so schnell, ich kann da nicht folgen; mir scheint, Sie widersprechen sich. – Der Fuchs lächelt mit entblößtem Zahn. Meine Mutter macht den Herrn vergeblich auf den Herrn Rat in der andern Ecke des Salons aufmerksam. Der Herr, der die Gabe hat sich rasch und heiter in jede Lage zu schicken, ruft: Ah, ich verstehe: Sie wollen damit sagen, daß Sie keine Schablone wollen, keine Klischees, keine Festlegungen, keine Einengungen. Sie wollen frei sein nach allen Seiten, offen für alles Neue. Da haben wir den neuen Menschentyp, die Avantgarde die experimentiert. Sie selber ist das große Experiment. – Wessen? frage ich. – Wie bitte? – Ich frage: wessen Experiment? – Nun, das ihrer selbst. Oder wenn Sie wollen: jener dynamischen Kraft, welche Geschichte macht, welche ... Jetzt weiß er nicht weiter, aber das macht ihm nichts aus. Kurz und gut, sagt er fröhlich, diese Jugend ist der frische Wind, der in unsre morsche Welt fährt. – Amen, sage ich, lieber Gott, laß uns so bleiben zum Entzücken unsrer Eltern Lehrer Jugendfürsorger Jugendkriminalisten Jugendrichter Gefängniswärter und Literaten. – Der Herr ist etwas betreten, will erwidern, ich lasse ihn nicht zu Worte kommen. Hören Sie, sage ich, woher Sie Ihre Ansichten beziehen, weiß ich nicht, aber von mir können Sie eine authentische Auskunft bekommen, nämlich diese: die prächtige Jugend langweilt sich. – Wie, ich verstehe nicht. – Das ist doch höchst einfach zu verstehen: wir langweilen uns. Ihr Erwachsenen habt alles schon erreicht was zu erreichen ist, potentiell jedenfalls, von der analytischen Psychologie bis zur Weltraumfahrt, von der Elektronenmusik bis zur abstrakten Kunst, vom Expressionismus bis zum Dadaismus, vom Düsenjäger bis zur Kybernetik, vom Nihilismus bis zur Atombombe will sagen bis zur Vernichtung der Menschheit. Was sollen wir uns noch einfallen lassen können? Also langweilen wir uns. Und aus Langeweile sind wir zynisch und homosexuell, überfallen alte Weiblein und begehen Lustmorde. Ist das klar? – Mein Gott, Tobias, sagt meine Mutter. – Na, Mama, ist das nicht eine plausible Erklärung? – Aber du selber, Tobias ... – Ach Mama, warts nur ab, wohin die Langeweile dein Söhnchen noch treibt. – Hören Sie ihm doch nicht mehr zu, sagt meine Mutter, er gefällt sich in seiner Kassandrarolle. – Und wie ich mir gefalle, Mama, es ist einfach wahnsinnig lustig, sich so zu sehen wie man ist. – Aber, sagt der Herr, der schlechthin unverbesserlich ist, aber dies ist doch einfach eine Krise. Ihre Generation ist im Stadium des Niederreißens und Suchens. Und wir, die ältere Generation, tragen die Schuld an dieser Krise. – Guter Gott, rufe ich, darauf habe ich gewartet: die Selbstbezichtigung der Alten zugunsten der Jungen. Seid ihr denn alle besessen vom Schuldwahn? Ihr habt gelebt, ihr habt weder besonders gut noch besonders schlecht gelebt, ihr seid Nazis gewesen aus Dummheit, ihr wollt keine Kummunisten werden aus Feigheit, ihr wollt nicht an Gott glauben aus Aufgeklärtheit, ihr wollt keine Nihilisten sein aus Lebensangst, kurzum: ihr seid eben, was ihr seid: der Durchschnittsmensch. Jede Generation wird schuldig an der nächsten, das geht so durch die Jahrtausende, wozu da ein großes Aufheben machen. Aber ihr, ihr gebraucht eure Schuld als Sensation, als Droge, als Stimulans, als Beweis dafür daß ihr lebt. Hättet ihr eure Schuld nicht, was bliebe euch dann, wovon lebtet ihr?! Aus lauter Schuldbesessenheit heraus glorifiziert ihr uns, die nächste Generation, die ach so unschuldigen Kindlein, die nur darum kriminell werden, weil sie zu wenig Nestwärme haben, weil die Eltern versagen, weil man sie zu wenig liebt, die armen Kleinen. Und außerdem seid ihr uns einfach neidisch. – Der Fuchs will einen Einwand machen, ich komme ihm zuvor: Ja, ich weiß schon, das scheint keinen Zusammenhang zu haben, aber es hat doch einen: ihr neidet uns unsre relative Unschuld und ihr neidet uns unsre Möglichkeit, sie zu bewahren oder zu verlieren, kurzum: ihr neidet uns unsre Potenz. Als ob wir die hätten. Als ob Potente sich beweisen müßten, daß sie es sind. Als ob Potente den Kick nötig hätten. – Den was bitte? fragt der Herr. – Den Kick: den Tiefschlag in den Unterbauch. – Es entsteht eine Pause, alle schauen mich ratlos an, keiner will zugeben, daß er nicht informiert, nicht up to date ist. In dieser Pause bemerke ich, daß wir nicht mehr zu viert sind, sondern daß einige andre Leute, auch Damen, mich umstehen. Ich habe die fatale Vorstellung, ich erwachte soeben nackt auf dem Marktplatz, wohin ich mich nachts schlafwandelnd begeben hatte. Aber wie jetzt entfliehen, wie den Rückzug finden? Die Sache mit dem Kick muß erklärt werden. Ach, sage ich leichthin, das ist eben auch so ein Modewort; der Kick, das bedeutet die Sensation, die direkt auf ... Ich stocke, ich sehe die flehenden Augen meiner Mutter vor mir, darum fahre ich fort: auf das Körpergefühl wirkt, also ohne Umweg über Verstand und, na, sagen wir: Herz. – Sie schauen mich verständnislos an. Der Fuchs lächelt amüsiert. Aha, sagt der Herr schließlich etwas zögernd, aber schon wieder fröhlich, Sie meinen das starke unreflektierte Erlebnis. – Fein ausgedrückt ja, sage ich. – Und unfein ausgedrückt? (Es ist der Fuchs, der so fragt.) – Ich pariere so gut es geht: Wer so fragt, weiß Bescheid. – Bravo, sagt der Unverbesserliche, diese Schlagfertigkeit. – Jetzt reicht es mir. Verzeihen Sie, sage ich plötzlich äußerst höflich, daß ich etwas unangenehm hier auffiel. – Der Fuchs hilft mir: Es ist nicht Ihre Schuld, Tobias; man hat Sie provoziert, Sie haben geantwortet, das ist alles. Kommen Sie, ich würde mich mit Ihnen gern weiter unterhalten. – Meine Mutter wirft ihm einen dankbaren Blick zu, mir schwindelt ein bißchen, ich folge dem Fuchs in eine Ecke; der Herr Rat, in einer andern Ecke in einer andern Gruppe stehend, hat nichts von meiner Szene bemerkt. Na, sagt der Fuchs, na und? Was versprechen Sie sich von solchen Auftritten? – Nichts. Kann ich nicht explodieren, auch wenn nichts dadurch bewirkt wird? – Geben Sie doch zu, Tobias, daß Ihnen hundeelend zumute ist. – Wieso? – Nun, Sie Prediger in der Wüste, denken Sie einmal nach über das, was ich Ihnen sagte: so ein trotziger Einzelner ist nichts, höchstens eine flüchtige Sensation. Die Gruppe braucht man, die Clique, die Partei. Was wollen Sie denn in Ihrer splendid isolation? Tragische Dichterexistenz, wie? – Damit läßt er mich einfach stehen, mischt sich unter die andern Gäste. Ich kehre ruhmlos in meine Ecke zu Annette zurück. Wo hast du mein Glas? fragt sie. – Ach, das hab ich vergessen, hab selber nichts getrunken. – Geh, bring uns doch was. Gibts Sekt? – Weiß ich nicht. – Wer war denn das, mit dem du so heftig diskutiert hast? – Kenne ich nicht. Ein Idiot. – Exakte Auskunft. Holst du uns jetzt was zu trinken? – Für dich, ja. Ich meinerseits, ich gehe. – Gehst? Aber wieso? Jetzt fängt die Sache doch erst an. – Du scheinst zu meinen, eine Party sei ein Stück in fünf Akten, mit Anfang, Höhepunkt, Ende. – Ja. Und Katastrophe nicht zu vergessen. – Mal den Teufel nicht an die Wand, du! – Warum nicht? So ein Abend schreit doch geradezu nach Katastrophe. Wie wärs, wenn ich dich erschießen würde? Oder mich aus dem Fenster stürzen? Oder auf den Flügel springen und eine Predigt halten: Ihr übertünchten Gräber, ihr Ehebrecher ... – Wieso Ehebrecher? Meinst du denn, das sind sie? – Ja, meine ich. Vater und Mutter ausgenommen. – Wieso die ausgenommen? Was für ein Tabu sie dir sind! – Tabu? Nein, nicht deshalb, sondern weil Vater zu phantasielos und pedantisch ist, um eine Passion zu haben, und Mutter, ach die tut sowas einfach nicht. – Wieso nicht? – Ich weiß nicht. Vielleicht weil sie Angst vor ihm hat. – Und treue Liebe oder liebende Treue, meinst du, sei kein Motiv für sie? – Ach, Liebe, Tobias ... Ob es sowas gibt, daß zwei sich tatsächlich ein Leben lang lieben? – Kommt drauf an, was man unter Liebe versteht. Was weiß denn ich. – Schön müßte das sein. Bloß: man kanns vermutlich nicht. Alles was schön wäre, kann man nicht. – In diesem Augenblick ereignet sich etwas im Salon, es kündigt sich an mit einer Art Windstoß, der die Flügeltüren aufsprengt, ein Mann wird auf die Schwelle geweht, ein kleiner dicker Mann, der leicht ist und federt, ein Gummiball im Smoking, ein zentnerschwerer Ariel, er bleibt auf der Schwelle stehen, genießt seinen Auftritt, hat Zeit zu warten, ist seines Erfolgs sicher. Der Windstoß, der ihn auf die Schwelle hob, scheint mit ihm dort zu verharren, plötzlich aber fährt er in die Gesellschaft, wirbelt die Figuren herum, dreht die Gesichter zur Flügeltür hin, entfacht einen Aufruhr, löst kleine Schreie aus, weht Arme in die Höhe, läßt Hände flattern, das Erscheinen eines Gottes wird gefeiert. Wer ist denn das? fragt Annette. Ich bin starr und stumm. Es ist der Faun. Der Faun aus dem Fotokarton meiner Mutter. Der Sänger. Der falsche Grieche. Der Sachse. Einer der möglichen Väter. Annette stößt mich: Sag doch, kennst du den? – Nein, sage ich, und das ist wahr auch nicht. Der Faun, der Waldgott, klein und rund und federnd, mit großem schwarzlockigem Kopf, verläßt die Schwelle, geht gelassen dem Volk entgegen, beide Arme grüßend winkend erhoben, seiner selbst sicher, ohne Anmaßung, ganz Freundlichkeit, ganz strahlende Wärme. Jetzt findet die Begegnung mit dem Volke statt, jetzt verschluckt ihn die Woge, er ist kleiner als alle andern, doch bezeichnen kleine Wirbel in seinem Kielwasser, wo er sich jeweils befindet. Plötzlich erstirbt das Gemurmel, und gleichzeitig entsteht so etwas wie eine kleine Insel, und auf ihr findet eine Begegnung statt: der Faun, meine Mutter, der Herr Rat. Was wird jetzt geschehen? Die Zuschauer bestehen aus überlangen Hälsen, Stielaugen und unmäßig weiten Ohrmuscheln. Aber es ereignet sich nichts, fast nichts. Der Faun küßt meiner Mutter altmodisch die Hand, der Herr Rat lächelt hölzern Triumph, er hat so etwas hinterhältig Generöses in seinem Gesicht, jedem muß klar sein, daß er der Initiator dieser Überraschung ist, und die Überraschte, das soll meine Mutter sein, aber ob sie es ist, bleibt Frage. Ich schiebe mich weiter nach vorne, pirsche mich an die Lichtung heran, äuge scharf, bin aber nicht sicher, ob mich meine bisweilen bösartige Phantasie nicht irreführt: meine Mutter scheint sehr blaß zu sein. Blaß geworden zu sein. Aber schon reicht sie dem Faun ein Glas Sekt, jemand andrer bietet ihm eine Platte mit Brötchen, er nimmt den Sekt, lehnt Eßbares ab, begibt sich kurzerhand zum Flügel, setzt sich, auch das Publikum sucht nach Stühlen soweit vorhanden, der Faun trinkt im Sitzen ein zweites Glas Sekt, neigt den großen schwarz- und graulockigen Kopf über die Tasten, wirft ihn zurück, und beginnt zu spielen, irgendwas, präludierend, dabei bewegt er seinen Mund, stumm, ein Fischmaul, er übt seine Lippenmuskeln, und unversehens singt er los, eine Explosion, die Gesellschaft schrickt zusammen, eine Fontäne springt hoch, was singt er, etwas ohne Worte, Annette hat sich neben mich geschlichen, stößt mich mit dem spitzen Ellbogen, ich weiß nicht ist sie fasziniert oder findet sie es komisch, ich selber weiß es auch nicht, ich mache mich bockig, damit es mir nicht gefällt, was ist das schon Besonderes, ein Opernsänger; wie wärs, wenn ich nebenan eine Platte auflegte, Gigli oder Caruso, fortissimo, aber ich tu es nicht, natürlich nicht. Jetzt singt er ein Lied. Guter Gott: Beethoven ›Ich liebe dich‹. Rührend ausgedacht für eine Silberhochzeitsparty: ›Noch war kein Tag, wo du und ich nicht teilten unsre Sorgen... Gott schütze dich, erhalt dich mir, schütz und erhalt uns beide...‹ Der Herr Rat, neben der Mutter sitzend, legt ihr seine Hand auf den Arm, sie zuckt zusammen, ich bilde mir das nicht ein, nun, sie kann auch einfach erschrocken sein, es braucht nichts zu bedeuten, aber ich sehe, wie sie ihr Taschentuch fallen läßt und sich rasch bückt um es aufzuheben mit genau der Hand, die zu dem Arm gehört, auf dem die Hand des Herrn Rat lag, der natürlich ebenfalls sich nach dem Tuch bückt. Er versucht es kein zweites Mal sie zu berühren, aber sein Gesicht drückt rein gar nichts aus, während meine Mutter unglaublich hochmütig aussieht, verletzt, unberührbar. Das Lied ist zu Ende, man klatscht, der Faun blickt nicht auf, mitten in den Applaus hinein beginnt er von neuem zu singen, etwas Italienisches, es kommt mir bekannt vor, könnte von Verdi sein, etwas Heftiges und Trauriges, aber ich bekomme nicht heraus, was es ist, könnte aus Othello sein. Annette pufft mich. Du, flüstert sie an meinem Ohr, wer bezahlt denn dem das? – Niemand, sage ich, er tuts gratis, hoffe ich. – Aber der kriegt doch sonst für so einen Abend zigtausend Mark. – Geh, Annette, sei nicht so banausig; der kann sichs leisten, ohne Gage zu singen. Und vielleicht hat er sie schon bekommen. – Was? – Still, du. – Schon bekommen? – Ja, sage ich, vor zwanzig Jahren. – Der Applaus deckt diesen Satz zu. Ist auch besser so. Ist ja alles Unsinn. Ist ja ein Alptraum. Alles das. Ich bin sehr müde. Es riecht nach Moder, nach Staubgespenstern, nach Lysol oder Karbol, ich weiß nicht, es ist unmöglich, daß es danach riecht, meine Phantasie ist krank, ich kann mir einbilden, es rieche nach Friedhof und Leichen, und schon rieche ichs wirklich, vielleicht will ich überhaupt nichts anderes riechen als Moder und Friedhof, vielleicht bin ichs, der danach riecht. Plötzlich pufft mich Annette und deutet mit dem Kopf rückwärts: Martine. Annette macht eine stark wölbende Bewegung über ihrem Bauch, zieht die Brauen hoch, verdreht die Augen und hebt Daumen, Zeige- und Mittelfinger hoch. In der Tat: drei Jahre ist sie verheiratet, und jetzt kommt schon das dritte Kind. Meinetwegen. Sie muß im achten Monat sein, schätze ich. Nur jemand der sie nicht kennt, könnte fragen: warum kommt sie nicht eine Stunde früher, warum platzt sie jetzt mitten ins Fest herein, warum trägt sie ein Kleid, das ihren Bauch derart zeigt. Martine bleibt an der Tür stehen in all ihrer Leibespracht, Bewunderung heischend, als sei es ein Verdienst immer wieder schwanger zu sein. Kunststück, einen Haufen Kinder zu haben, wenn man im Geld hockt wie die. Reich geheiratet, der Mann, was ist er, Textilkaufmann oder irgend sowas Einträgliches. Den hat sie wohl nicht mitgebracht. Mutter mag ihn nicht, das weiß ich. Martine ist die Tochter des Herrn Rat, so wie ich der Sohn meiner Mutter bin, bloß zeigen die beiden andern ihre Liebe ein bißchen zu laut, ein bißchen zu bieder. Niemand hat Martines Auftritt bemerkt, alle sind nur Ohr für den Faun, das ärgert Martine, sie räuspert sich, jedoch vergeblich; Annette macht mich darauf aufmerksam, daß man Martine im Wandspiegel sieht, wir brauchen uns also nicht nach ihr umzudrehen; nicht einmal die beiden, wird sie denken, kümmern sich um mich. Arme Martine. Schlimm, wenn man immer Mittelpunkt sein will. Nach einigen Minuten zieht sie sich nicht ganz geräuschlos zurück, aber selbst von ihrem Abgang nimmt niemand Notiz. Annette und ich sind nahe daran herauszuplatzen wie schadenfrohe Kinder. Und wir sind ja schadenfroh, und wie! Der Vorfall hat mich erheitert, aber die Erheiterung hält nicht an, ich stürze in meinen Bleisee zurück. Kopfweh habe ich auch. Das Singen des Fauns macht mir Kopfweh. Wie man nur so singen kann, so Herr seiner selbst, so Herr seines Atems, so Herr aller Schwierigkeiten, so ohne Zweifel, canto ergo sum, diese strahlende Sicherheit beleidigt meine Intelligenz, widerspricht meiner Erfahrung vom Leben, dieser Sänger da widerspricht jeder Realität, er will glauben machen es gebe diese Art Leben: geregelt, beherrscht, gelassen. Dieser Mensch da mit seinem Faunskopf ist mein Widersacher, der ist das Leben das es geben sollte, es hat mir Feindschaft angesagt, man müßte es zerstören, töten, in diesem Mann das ganze prahlende Leben töten, alle Sicherheit, alle Selbstverständlichkeit, alles, was da mit Natur protzt und Talent und Erfolg. Ich habe ein kleines Messer in der Hosentasche, ich klappe es auf, ohne es aus der Tasche zu ziehen, befühle seine Schneide, sie ist scharf, verdammt, jetzt habe ich mich geschnitten, ich lecke das Blut ab und begreife alle Mörder. Man mordet immer aus Neid. Lebensneid. Nein, nicht immer. Was für ein Film war das, ein französischer sicherlich, da ersticht der junge Mann sein Mädchen so: er hebt nur die Hand mit dem Küchenmesser, ganz ruhig, das Gesicht unbewegt, das Mädchen liegt da und schaut ihn an, ebenso unbewegt, er zielt aufs Herz, dann stößt er zu, ein einziges Mal, das Mädchen schaut ihn an, stirbt, er legt das Messer auf einen Tisch und geht; vor der Tür begegnet er einem andern; ich hab sie erstochen, sagt er; warum, fragt der andre; die Antwort: sie hat sichs gewünscht; aha, sagt der andre, und beiden ist alles ganz klar. Mir aber nicht. Ich bin altmodisch: ich möchte aus Wut morden. Diesen da, der da singt. Atemtechnik, Gesundheit, geordneter Tageslauf, wie ich das hasse. Warum? Weiß nicht. Auf dem Tisch neben mir steht ein fast noch volles Sektglas, ich trinke es hinter Annettes Rücken aus. Ich will fort jetzt, ich beginne unhörbar rückwärts zu gehen, will fliehen, wie ein Verbrecher schleiche ich, was habe ich denn gestohlen, wen hab ich denn ermordet, nur mein eigenes Fleisch hab ich verwundet an der Klinge meines Taschenmessers. Aber es wird mir nicht erlaubt, mich davonzubegeben. Annette dreht sich nach mir um, macht flehende Gebärden; ich winke mit gebogenem Zeigefinger, sie winkt mir, so stehen wir eine Weile im albernen

Gleichgewicht, dann gebe ich nach. Annette schaut mich dankbar an. Aber wäre ich doch gegangen. Die Szene verändert sich. Der Faun sitzt jetzt auf dem Stuhl rechts von meiner Mutter, der Herr Rat hat ihn dort hingewiesen, er selbst sitzt links von der Mutter, neben ihm der Fuchs, und die übrigen im Halbkreis dahinter, in drei Reihen, Annette und ich ziehen uns in die Fensternische zurück, der amerikanisch aufgemachte heitere Herr tritt vor das Publikum und beginnt eine Rede, eine heitere Rede von einem noch nicht Dreißigjährigen Krieg, jede Ehe sei eine Art Kleinkrieg, aber ein lustiger und angenehmer Krieg zwischen nur fiktiven Feinden, die sozusagen nur streiten aus purem Vergnügen, so wie man Schach spielt, ein Spiel die ganze Ehe, diese jedenfalls, ein Spiel zwischen ebenbürtigen Partnern, so daß das Spiel ein wenig unentschieden bleibe, das ideale Spiel, das ideale Paar ... Annette sagt halblaut: Ist ja zum Speien. – Ich sage nichts. – Wer ist der Kerl? fragt Annette. – Ich weiß es nicht. Mir ist schlecht. Die Rede ist lang, sie ist ein Meisterwerk an Dummheit, ein Meisterwerk an albernster Rhetorik. Ich höre fasziniert angewidert zu, unterdrücke mein Verlangen laut zu schreien. Annette hat sich auf den Boden gesetzt, sie ist eingeschlafen. Beim Applaus schreckt sie hoch, gerade rechtzeitig, um Zeugin einer erhebenden Szene zu sein: der Herr Rat greift in seine Tasche, zieht ein Kästchen heraus, öffnet es, entnimmt ihm etwas, steckt das Kästchen in die Tasche zurück, steht auf, beugt sich über meine Mutter, hebt ihre Hand hoch und steckt ihr einen Ring an. Applaus. Meine Mutter zieht ihre Hand rasch zurück; jetzt wäre ein Kuß fällig; sie steht auch wirklich auf, aber dann legt sie nur ihre Hand auf den Arm des Herrn Rat, ihr Gesicht sehe ich nicht, sie sagt etwas, ich nehme an, sie sagt ›danke, mein Lieber‹ oder etwas Ähnliches, der Faun blickt zuerst hoch, dann rasch weg, der

Herr Rat steht einen Augenblick erstaunt da, dann fällt er in sich zusammen, sieht armselig aus, fängt sich aber sofort und trägt wieder sein glattrasiertes Festtagsgesicht, aber nicht mehr ganz so generös triumphierend, sondern etwas angestrengt, er muß es festhalten, sonst fällt es ab. Ich sage es zu Annette, aber sie meint, ich bilde mir das nur ein, vielleicht sei er ein bißchen müde. So, sage ich, müde ist er, aha, und ich bilde mir nur ein, daß die Mutter nichts als danke gesagt hat und daß sie vorher ihm ihre Hand entzog. – Du kennst sie doch, sagt Annette, sie mag einfach in der Öffentlichkeit keine solchen Äußerungen, sie mag kein Theater. – Aha, sie mag kein Theater sagst du, also ist es Theater, was der Herr Rat da macht, gibst es ja selber zu. – Sei doch nicht so streitsüchtig, ich gebe es ja zu, daß er es liebt die Untadeligkeit seiner Ehe zur Schau zu stellen und daß sie das nicht mag. – Und warum nicht mag? Weil es verlogen ist. Weil die Ehe ja gar nicht gut ist. Weil... – Annette unterbricht mich: Jetzt hör schon auf, laß sie doch ihr Fest feiern, was gehts dich an. – Richtig, sage ich, was geht mich dieses Fest an. Ahnungsvoller Engel du, welche Wahrheit sagst du da. – Sie schaut mich schief an: Wie du redest, hast du zuviel Sekt getrunken? – Nein, zum Teufel, nur zweieinhalb Gläser, aber vielleicht habe ich zuviel von etwas anderem getrunken. – Von was? – Vom Wissen, mein Kind. – Jaja, vom Wissen; das Wissen drückt den Greis zu Boden. – Hör auf, ich vertrag heute keinen Spott. – Aha, der Herr sind schlecht gelaunt. – Verdammt, ja, ich bin schlecht gelaunt und habe allen Grund dazu, freu du dich nur dieses Festes, dich gehts ja auch was an, freu dich deiner Legalität. – Was soll jetzt das wieder heißen? – Nichts; ich verlasse jetzt dieses dein Fest. – Meinetwegen geh, wenn du nichts als streiten willst. – Sie ist böse, das tut mir leid, das ertrage ich schlecht, aber ich finde jetzt kein freundliches Wort, ich habe eher Lust sie zu schlagen, darum gehe ich, genau gesagt schleiche ich mich rückwärts gehend davon. Ich steige die Treppe hinauf. Ich höre jemand laut sprechen. Martine. Mit wem schimpft sie? Mit der fremden Köchin und mit unserm neuen Dienstmädchen: Niemand am Bahnhof, kein Auto, kein Zimmer gerichtet, wo denn schlafen. Schüchterne Antworten. Ich schließe die Tür meines Zimmers. Aufatmen. Ein Augenblick lang Friede. Nie mehr einen Menschen sehen. Glücklicher Ezra Pound in deiner Zelle im Irrenhaus. Glückliche Tote. Nein, das ist falsch: wissen ja nicht, daß sie glücklich sind, können es füglich nicht sein. Aber ich, hier, jetzt: allein und glücklich. Flüchtiges Glück. Dauert keine zehn Sekunden. Dauert kaum so lang, bis ich mich ausgekleidet habe. Jetzt stehe ich vor dem Bett und habe Angst mich hinzulegen, warum. Bin mißtrauisch wie ein römischer Kaiser: irgendwo ist etwas das auf mich zielt, etwas das mich würgen, etwas das die Decke über mir einstürzen lassen kann. Unsinn. Ich werfe mich ins Bett, ziehe die Decke über meinen Kopf. Kindische Regung. Kindisch? Man flieht vor dem Feind in die Höhle, vor dem Unwetter ins Haus. Im Speicher oben steht mein Kinderbett, Gitterbett, weiß gestrichenes Gitter, die Seitenteile aufklappbar, das war mein Schiff mit zwei Brücken. Die Brücken hoch, vom Land abstoßen, niemand mitnehmen, mit mir allein sein, und am Ufer wehklagend die Eltern, die Lehrer, Martine und andre Feinde. Ich winkte zurück, und alle fielen auf einen Schlag zu Boden. Tot. Das war eigentlich überflüssig, da ich doch aufs Meer hinausfuhr und ihnen ohnehin entronnen war. Aber vermutlich rechnete ich mit meiner Wiederkehr am Morgen, und da, für alle Fälle, sollten sie tot sein. Mein Bett jetzt hat kein Gitter, keine Brücke, stößt nicht vom Land ab, ist festgefahren im Sumpf, Schlingpflanzen stark wie Taue um die Ruder, unmöglich von Ort zu kommen, unmöglich freie Fahrt zu gewinnen. Es gäbe wohl einen Weg, es gäbe eine Hilfe. Onkel Philipp hat sicherlich Opiate oder derlei. Warum eigentlich ists verpönt, solches zu nehmen? Habe einmal gelesen, daß Leute im Mescalinrausch alle Dinge um sich herum verwandelt sehen, verklärt, in ungeheuer leuchtende Farben getaucht und ungeheuer wirklich; ja, aber: die Menschen, die werden dabei nicht mitverwandelt, die bleiben die gleichen, die bleiben das unausrottbar Störende, Häßliche, Banale, die entziehen sich bockig aller Verklärung. Wozu aber dann das Mescalin? Was gehen mich die Dinge und ihre Verwandlungen an. Die Menschen verwandelt sehen, welches Mittel hilft denn dazu? Im Einschlafen, oder vielleicht schlief ich schon lange, höre ich die Stimme meiner Mutter: Du bist schon im Bett, ist dir nicht gut, was hast du? – Nichts; warum suchst du mich? – Martine ist gekommen. – Ich weiß. – Habt ihr euch schon begrüßt? – Nein. Sie kam in den Salon, stand auf der Schwelle, räusperte sich mehrmals vergeblich und entschwand beleidigt, weil niemand Notiz von ihrer Leibesherrlichkeit nahm. – Die Mutter muß lachen, aber sie fühlt sich verpflichtet zu sagen: Daß du immer so boshaft sein mußt. – Boshaft? Ich gebe genauen Bericht, und du nennst mich boshaft. Aber warum kommst du mir erzählen, daß Martine da ist? – Weil alle Gästezimmer besetzt sind; sie hatte abtelegraphiert und ist doch gekommen. – Wie effektvoll. – Ach sei doch still: also, alle Gästezimmer besetzt, und nun dachte ich, ob du was dagegen hättest, für eine Nacht hier auf der Couch zu schlafen. – Nein, ich habe nichts dagegen, vorausgesetzt daß in meinem Bett ein schönes Mädchen schläft. – Ach sei doch vernünftig. – Wer soll denn in meinem Bett schlafen? – Vater, dachte ich. – Wer? – Vater. Ich schlafe bei Annette. – Nein! Du kannst zum Teufel auch andre Kombinationen erfinden, zum Beispiel Vater und du hier. – Und du? – Ich geh in die Stadt, da find ich schon ein Bett, und wenns in der Müllerstraße sein soll. – Müllerstraße? Wieso? – Ach du Unschuldslamm: das ist die Hurenstraße. – Tobias! – Aber ja: Tobias. Also: schlag mir was andres vor. – Ich versteh nicht, warum du nicht für eine Nacht mit Vater ... – Das brauchst du nicht zu verstehen. Meinetwegen tu irgendeinen Gast zu mir herein, mir ists egal. – Ich packe mein Bettzeug, werfe es auf die Couch und mich dazu, in den wirren Haufen von Kissen und Decken hinein, ziehe die Decke über mein Gesicht und drehe mich zur Wand. Aber Tobias, wie benimmst du dich denn, wie ein kleines Kind. – Ich stelle mich tot. Ich höre, wie sie hin und her und aus und ein läuft, ihr Seidenkleid raschelt, schließlich hat sie das Bett für den Gast gerichtet, für wen wohl, bin neugierig, sie bleibt vor meinem Lager stehen, ich bewege mich nicht. Tobias, sagt sie leise. Dann berührt sie sanft das Kissen, in das hinein ich mich gewühlt habe, versucht es glatt zu ziehen. Ich schnarche glaubwürdig. Sie bleibt immer noch. Ich ersticke fast unter Decke und Kissen. Endlich geht sie. Ganz langsam geht sie hinaus, und ganz leise schließt sie die Tür. Ich wage mich aus der Höhle hervor, witternd; sie ist wirklich fort. Arme Mutter. Warum nur benimmt sie sich immer so, daß es mich zum Widerstand reizt. Es ist fast automatisch: sie tut oder sagt etwas, es ärgert mich, ich schlage zurück. Weiß sie denn nicht, daß sie mich ärgert? Müßten Mütter einen nicht so kennen, daß sie vermeiden einen zu reizen? Denkt sie jetzt das gleiche, umgekehrt? Denkt sie überhaupt nach über unser Verhältnis? Bin ich ihr wichtig? Was weiß ich von ihr? Ob es wahr ist, was der Otter von ihr sagte? Ich glaube es nicht. Er will wohl allen jungen Männern alle Frauen verekeln. Begreiflich. Herrgott, wie mir meine Mutter doch immer noch ein Tabu ist; sie darf nicht sein wie andre Frauen; als hätte ich einen Anspruch auf eine Ausnahme-

Mutter. Wie Christus, der hatte ja auch eine Ausnahme-Mutter. Er. Aber ich? Wenn ich nun endlich meiner Mutter das Recht zugestände, einfach eine Frau zu sein wie alle, mit Affären, mit heimlichen Lastern, mit einem handfesten Ehebruch? Nein, ich will nicht. Ich will, daß sie besser ist. Auch mein Vater sollte besser sein als alle andern. Ach verdammt: diese Sehnsucht nach dem Vorbild, dem Halt. Als gäbe es das noch! Wo die Eltern selber nicht mehr wissen, was weiß und was schwarz ist. Und die, die es zu wissen meinen, die sind dumm, die haben einfach den Mut nicht, Fragen zu stellen und sie offen zu lassen. Aber was denn nun: was ist richtig, was ist falsch, was ist wahr? Das sagt sich leicht: alle Fragen offen lassen. Aber wie lebt man dann? Da muß doch irgend etwas sein, nach dem man sich richten kann. Muß doch sein, muß. Kann doch nicht sein, daß Wahrheit dies ist: nein sagen zu allem, das bisher galt. Kann einfach nicht sein. Nie und nirgends ist alles falsch. Wie ich mich plage, sachlich zu sein, gerecht, nüchtern. Aber dann immer die schwarze Brandmauer ohne Tür: da beginnt das, was wert wäre, es zu wissen, und da kann man nicht weiter. Könnte mir denken, daß einer wahnsinnig wird, buchstäblich klinisch wahnsinnig, bei der Erfahrung, daß man nichts sicher weiß, nichts. Einmal, als Kind, bin ich hingefallen aufs Pflaster im Schwimmbad; Gehirnerschütterung, Gleichgewichtsstörungen, das Bett drehte sich mit mir, war durch nichts festzuhalten. Aufhören, schrie ich, aber es hörte nicht auf. Bis man mir eine Spritze gab oder Tabletten, weiß nicht mehr. Aufhören, aufhören. Einmal bin ich dann doch eingeschlafen. Der heitere Herr würde sagen: Prächtige Jugend, hat ihre Probleme, schlägt sich wacker und schläft dann den herrlich gesunden Schlaf der Jugend. Ich erwache aus meinem gesunden Schlaf durch ein Licht, das ins Zimmer kommt. Jemand mit einer

Taschenlampe. Wie rücksichtsvoll. Der Jemand hält sogar noch die Hand vor den Lichtkegel, dämpft ihn ab. Unhörbare Schritte. Der Sänger, der Faun. Meinetwegen also der. Besser als der Herr Rat, viel besser, auch wenn ich einige Stunden vorher Lust hatte, diesen da zu ermorden, das ist jetzt vorbei, ich bin friedlich, bin schläfrig. Das Licht wird ausgemacht, sehr rasch, durch die Jalousien kommt ein wenig Helligkeit von der Straßenlampe, gerade eben genug, damit ich sehen kann, was nun geschieht: der Sänger, im Schlafanzug, macht einige lautlose Schritte in meine Richtung, will sich wohl überzeugen davon daß ich schlafe, ich gebe vor es zu tun, bin jetzt aber hellwach, dann kehrt er wieder an sein Bett zurück und kniet dort nieder. Ich habe nie etwas gesehen, was komischer gewesen wäre als dies: der dicke Mann im Schlafanzug auf den Knien, fehlte nur daß er die Hände faltete wie ein Kommunionkind; aber er schlingt sie ineinander, legt sein Gesicht darauf. Ich mache mehrere Anläufe, diesen Mann mit dem zu großen Kopf und dem breiten Hintern lächerlich zu finden. Das Komische überschlägt sich, das Groteske hebt sich auf. Ich bin fasziniert. Mich fasziniert alles Absonderliche, alles was an der Grenze sich begibt, dort, wo alles sich scharf begegnet: das Großartige und das Alberne, das Verrückte und das Einfachste, das Lasterhafte und das Numinose oder wie ichs nennen soll. Ich versuche zu analysieren, zu registrieren: also, da kniet ein Mann aus Sachsen, berühmter Sänger, gefühlsmäßig erregbar, durch Anlage und Beruf enthemmt, gewöhnt sich auszudrücken, jede Stimmung in Gesten zu übertragen, nicht sehr gescheit, aber mit Instinkt begabt, naiv wie die meisten Sänger, weiß sich mit seinem Talent, seiner Stimme, seiner Kraft zu betören, abhängig von etwas das nicht er ist, sucht sich diese Macht gnädig zu stimmen, ihrer Gunst sich zu versichern, treibt also Magie und nennts beten. Die Rechnung geht auf, so scheint es. Erhört ihn jene Macht? Bisher tat sie es offenbar. Wie, wenn sie es einmal nicht mehr tut? Wenn sie diesen Erfolgreichen da fallen läßt? Ihm beispielsweise Kehlkopfkrebs schickt? Wenn sie ein Loch in seine ordentliche Weltanschauung reißt? Wenn sie ihm die Scheinwerfer kaputtschlägt, an die er gewöhnt ist? Wenn sie ihn in der Versenkung verschwinden läßt, ihn zu den andern Vergessenen wirft? Wenn er sieht, was er sicher jetzt nicht sieht, nicht sehen will: daß die Welt scheußlich ist? Dann? Hält dann sowas vor, so ein Kinderabendgebet? Auf einmal überfällt es mich wieder wie vorhin: der Haß auf diese Art zu leben, der Haß auf die sich geborgen Wähnenden, der Haß auf die welche glauben. Ist doch Illusion, sage ich mir; ist doch Lüge, ist doch Dummheit Rückständigkeit Feigheit: will Kind sein, will brav sein, will geborgen sein unter Fittichen, will für alles eine Erklärung haben, will selbst bei Gott lieb Kind sein. Mir wird schwarz vor Augen. Aus Wut. Ich setze mich brüsk auf. Was erwarte ich? Daß der Mann da wie ein beim Stehlen ertappter Kater davonschlüpfe? Er wendet sich nach mir um. Oh, sagt er, habe ich Sie geweckt, entschuldigen Sie. Ganz ruhig steht er auf, steigt in sein-mein Bett, legt sich hin, sagt freundlich: Ich hoffe, Sie können gleich wieder einschlafen; ich dachte, Sie schliefen tief. – Ja, sage ich, den herrlich gesunden Schlaf der Jugend. Ich habe Sie beobachtet, die ganze Zeit. – So, sagt er ruhig. – Ja, sage ich, und Sie hätten sicher nicht getan, was Sie taten, wenn Sie gewußt hätten, daß ich Sie beobachte? – Nein, dann nicht. – Wie feige! – Ich möchte das nicht Feigheit nennen, lieber Tobias. Aber man darf niemand ärgern mit Gewohnheiten, von denen man annehmen muß, daß andre sie nicht teilen. – Aha. Ich bin so ein andrer. – Ich kenne Sie nicht. Aber wenn ich Sie geärgert haben sollte, so verzeihen Sie. Wollen wir jetzt schlafen? – Nein, zum

Teufel, ich will nicht, weil ich nicht kann. Warum beten Sie? – Weil ich... Fragen Sie aus Neugierde, oder liegt Ihnen wirklich etwas an meiner Antwort? – Das ist doch das gleiche, oder nicht? Ich bin neugierig, und darum will ich eine Antwort. – Also: ich bete, weil ich... oh, ich muß mich das erst selber fragen. Ich bin kein Mensch, der reflektiert; ich meine, ich bete wie ich atme. Verstehen Sie das? Ich lebe mit... mit Gott wie mit mir selber. Nein, das ist falsch ausgedrückt. Ich muß sagen: ich lebe mit mir selber in Gott. Aber man soll darüber nicht reden. – Doch, verdammt, man soll, wenn ein andrer danach fragt. Also, Sie leben im Bewußtsein der Nähe Gottes. – Ja, so kann man auch sagen. – Und wenn Sie beten, was tun Sie da? Bitten? – Auch. – Bitten, daß Gott Ihnen die Stimme erhalte und die Gesundheit und den Erfolg? – Auch. – Auch? Was sonst? – Nicht zuerst bitten. Zuerst danken. – Aha. Sie danken für Ihr Talent, für Ihren Erfolg, Ihr Geld. Die Maus im Fettnapf, der Hamster im Getreide, der Hund mit dem Knochen im Maul: sie singen das Danklied. Leuchtet mir ein. – Es ist sehr spät, Tobias, wollen wir nicht schlafen? – Warum? Weil Sie keine Antwort wissen? – Ich weiß schon eine, aber man soll darüber nicht reden. – Das haben Sie schon einmal gesagt. Geben Sie die Antwort, die Sie wissen. Ich... ich bitte Sie darum. – Es ist so schwer zu sagen. Also: ich danke Gott dafür, daß er da ist. Das klingt vielleicht töricht in Ihren Ohren. Aber ich kanns nicht besser sagen. – Sie danken Gott dafür, daß er ist. Gut. Aber wenn Sie bedenken, wie wenig Grund der Mensch hat, Gott zu danken? – Wie meinen Sie das? – Gibt es keine unheilbar Kranken, keine Krüppel, keine Irren, verhungern nicht Millionen, und die Kinder in Bombenkriegen, und Diktatoren und ihre Opfer, und die sogenannte Natur selbst, in der eins das andre frißt, und wenn ich nur ans Wetter denke: weshalb ists einmal zu kalt, einmal zu heiß, weshalb einmal Dürre und einmal Überschwemmung, weshalb nicht das bekömmliche Maß, weshalb, ja, ich weiß: der Sündenfall und die menschliche Freiheit und die dem Menschen überantwortete Welt, ja, das pfeift jeder theologische Spatz vom Dach, aber ist es deshalb wahr, und wenn es wahr ist: was hilfts uns? Bleibt immer die Frage: warum schuf Gott eine Welt, die, sich selber überlassen, verdarb? Und Sie knien da und danken Gott dafür, daß er eine Welt schuf, um sie verderben zu lassen? Ich bitte zu beachten, daß ich mich sehr gemäßigt ausdrücke. – Aber ich danke doch Gott nicht für das, was er tut oder zuläßt, sondern dafür, daß er ist. – Ist, wie er ist? – Wir wissen nicht, wie er ist. Wir sehen eben, was wir sehen. Wir wissen nicht das Ganze. Unsre Erfahrung, die dürfen wir nicht sehr in Betracht ziehen dabei. Wir verstehen doch Gott nicht. Was für ein Gott wäre das, den wir verstünden. – Ich beneide Sie um Ihre Ansichten. Fast wenigstens. Aber vielleicht ist es auch gar keine Kunst, Gott zu danken, wenn einer so wie Sie verwöhnt wird vom Leben. – Meinen Sie? – Ja, ich meine. Begabt, reich, berühmt, verehrt, heiter, ausgeglichen. Warum sagen Sie nichts mehr? Schlafen Sie? – Nein. Aber es käme mir ein wenig geschmacklos vor, wenn ich Ihnen sagte, was ich darauf sagen müßte. – Nämlich? – Fragen Sie Ihre Mutter. – Nein. Ich will es von Ihnen hören. – Ich habe Ihnen auf Ihre anderen Fragen geantwortet. Lassen Sie es damit genug sein. – Er sagt das so autoritativ, daß ich genötigt bin zu schweigen. Aber wie ich schon denke, er sei eingeschlafen, sagt er plötzlich: Sie müssen im Alten Testament lesen, das Buch Hiob, oder auch andre Stellen, und müssen das zusammenschauen. Da werden Sie sehen, wie sich das verträgt: das Übel sehen und erleiden, und den Herrn preisen. – Ich antworte nichts darauf, denn ich habe nichts zu sagen. Vielleicht meint er, ich sei schon eingeschlafen. Er selber schläft alsbald ein. Einen Faun hatte ich ihn genannt. Und jetzt dieses Nachtgespräch. Ich hätte ihn gerne nochmal geweckt, um ihn zu fragen, was denn sein Gebet bewirke, ob er überhaupt hofft, daß es etwas bewirke, ob Gott ihm etwa antworte. Sonderbar zu denken, daß dieser dicke Opernsänger aus Sachsen etwas weiß, das andre nicht wissen. Woher weiß er es? Warum er, nicht alle andern? Und sonderbar auch zu denken, daß er sich einen Gott vorstellt, dem es Freude macht, bedankt und gepriesen zu werden. Gott ruht doch in sich selber, braucht doch nicht den Weihrauch. Gott, der meine, muß ich sagen, vorsichtshalber, der ist ganz schweigende Ferne, falls er überhaupt etwas ist. Aber es muß schön sein sich einen Gott vorstellen zu können, mit dem man ein Gespräch haben kann. Wie, wenn das keine Vorstellung wäre, sondern das Wahre? Ach, wer weiß denn das. Auf einmal ist mir, als stürzte ich von einer Brücke, und die Brücke stürzte mit mir, ich habe eine wilde Freude darüber, daß sie stürzt und daß ich stürze, und ich wünsche, daß die ganze Welt einstürzt, Atombomben über uns, Feuer das alles sauber verzehrt, den ganzen Unrathaufen Erde samt allen Menschen, hinweg damit, nichts mehr übrig davon. Unbeschreiblich wohltuend, sich das Nichts zu denken, das Nichts-mehr, das Nichtmehrsein des Mißlungenen. Selbstmord der ganzen Menschheit. Wie heißen jene Wühlmäuse, die zu Tausenden ins Wasser laufen und dort sterben, nein: um dort zu sterben. Lemminge oder so ähnlich heißen sie. Die Atombombe: Massenselbstmordsehnsucht. Wie das anzieht: der Tod, das Nichts. Wie wir arbeiten an unserm gemeinschaftlichen Tod. Die Ratten, die nicht das Schiff verlassen, ehe es sinkt, nein: die das Schiff benagen, damit es sinkt, damit sie endlich ihren Tod haben. Und da, inmitten des Untergangs, kniet dieser Mann und dankt Gott. Wahnsinn. Wie geht denn das zusammen. Nichts geht zusammen in der Welt, nichts paßt zum andern. Eins widerspricht dem andern. Wirklich? Und wenn nun alles recht hätte? Wenn das Leben so viele Gestalten haben dürfte, müßte, damit es Leben ist? Mir schwindelt. Wieder diese Gleichgewichtsstörung. Das sich und mich drehende Bett. Der Mensch ist doch zu klein, um die Welt zu ertragen. Und dieser Sänger da, der kniet und betet und hofft und glaubt. Weiß der nun mehr als ich? Vielleicht weiß er alles was wißbar ist. Vielleicht ist der dort angekommen, wo alle Philosophie und Theologie anlangen möchte? Ich kann nicht einschlafen. Ich stehe leise auf, nehme meine Kleider und Schuhe und schleiche hinaus, ziehe mich draußen an, will ins Freie, will gehen, laufen, weit laufen in der Nacht. Aber: die Haustür verschlossen, der Schlüssel abgezogen, das Schlüsselbund nicht am Haken, die Hintertür zur Garage verschlossen, der Schlüssel abgezogen, nicht am Haken, verdammt, wer tut das, wer macht uns da alle zu Gefangenen, hat das jemand mit Absicht getan, sperrt der Herr Rat uns ein, hat er Angst, jemand könnte entfliehen, wer denn, seine Frau vielleicht, seine Frau mit dem Sänger, der da oben friedlich schläft nach seinem Nachtgebet, oder gibts da einen andern, mit dem sie... Plötzlich fällt mir ein, wie sonderbar das ist, daß sie in dieser Nacht nicht mit ihrem Mann in einem Zimmer schlafen wollte; wäre doch leicht möglich gewesen; was steckt dahinter, hat es einen Zusammenhang mit dem Absperren der Türen? Wo schläft sie überhaupt, und wo schläft er, der Herr Rat? Wie bekomme ich das heraus? Wenn ich jetzt schriee ›Feuer‹, so würden sich alle Türen öffnen. Soll ich schreien? Oder soll ich Feuer anlegen und nicht schreien? Einen Miniatur-Weltuntergang inszenieren? Aufräumen mit allem, was hier dunkel ist? Zusehen, wie sie alle verbrennen im tiefen Schlaf? Und ich? Meine Phantasie ist unheimlich stark. Schon höre ichs knistern, schon rieche ich Rauch, schon kriecht ein vager Schein aus den Winkeln. Und alle Türen verschlossen. Wie komme ich hinaus? Will ich hinaus? Ja zum Teufel, ich will hinaus, will nicht mitverbrennen, leide Todesangst, möchte schreien, schreie nicht, lausche auf das Knistern, aber es ist plötzlich nicht mehr zu hören, nichts ist zu hören als das Ticken der Standuhr. Wie das tickt und tickt, gleichmütig, unbeteiligt, fürchterlich sachlich. Auf einmal weiß ich, was ich zu tun habe: ich reiße der Uhr ihre Zunge aus, ich reiße das Pendel heraus, verbiege es über meinem Knie, werfe es in den Mülleimer in der Küche. So, das wäre geschehen. Ich habe mich gerächt. Ich bin zufrieden, ich bin erleichtert, ich habe einen Mord begangen, ein Kind geschändet, eine Orgie gefeiert. Jetzt ists gut. Ich kann in mein Zimmer zurückkehren, zu Bett gehen. Der Sänger schläft. Er schnarcht nicht. Er atmet still. Ich suche einen Anlaß ihn zu hassen, finde aber keinen, bin wohl zu müde. Ich schlafe ein, friedlich. Jemand weckt mich: Sieben Uhr. Eine angenehme Stimme. Sie wiederholt: Sieben Uhr. Ich schlage die Augen auf: er, schon fertig angezogen, rasiert, nach Tabac-Wasser duftend. Warum so früh, frage ich verschlafen. Um acht Uhr ist die Messe in der Sankt Bernhard-Kirche. – Was für eine Messe? – Aber das wissen Sie doch: zur Silberhochzeit Ihrer Eltern. – So? Eine Messe haben die? Na meinetwegen. Aber ohne mich. – Er schaut mich ruhig bekümmert an, das ärgert mich. Ja meinen die denn, ich ginge da mit? – Warum nicht, sagt er freundlich. – Warum, warum. Erstens gehe ich überhaupt nicht mehr in die Kirche und zweitens schon gar nicht zu diesem Anlaß. – Nicht? Aber es würde Ihren Eltern Freude machen. – Meinen Sie? Kann es Eltern Freude machen zu sehen, daß ihr Sohn sich zu etwas zwingt, was ihm sein Wesen verbietet? – Aber einfach hingehen, um ihnen keinen Schmerz zu bereiten, ist das unmöglich? – Ja. Wissen Sie warum? Wenn es sich darum handelte, mit in eine blöde Operette zu gehen, so würde mir das ekelhaft sein, aber ich könnte trotzdem hingehen. Aber nicht in die Messe. Verstehen Sie? – Ja, ich verstehe. Also dann: auf später. – Er geht. Wieso ›auf später‹? Ach so, er meint: später, nämlich beim Frühstück oder so, sehen wir uns wieder. Als ob ich ihn überhaupt wiedersehen möchte. Na, meinetwegen. Ich drehe mich zur Wand, will wieder einschlafen, kann aber nicht. Eine Messe. Zur Feier dieses Tages. Ist das üblich? Ich glaube nicht. Ist sicher dem Herrn Rat eingefallen, diesem Erzkonvertiten, diesem Superkatholiken, diesem Exhibitionisten seines Glaubens und seines mühsamen Eheglücks. Zum Kotzen. Die Decke übers Gesicht. Hilft auch nichts. Aber ich bins ja nicht, der sich zu schämen hat. Oder schäme ich mich doch? Für ihn? Für meine Mutter? Für die Redlichkeit des Denkens? Eine Messe. Eine Dankmesse vermutlich. Wofür danken? Daß man es ertrug, so lang nebeneinander her zu leben ohne sich totzuschlagen? Wie eigentlich erträgt es ein Mann zu wissen oder sagen wir: zu mutmaßen, eins seiner Kinder sei nicht von ihm? Vergißt er einfach? Möglich. Ob es wohl wahr ist? Wenn es nun nicht wahr wäre? Wenn dieser Mensch wirklich mich gezeugt hätte? Undenkbar. Ganz undenkbar. Wieso? Weil sonst nicht zu erklären wäre, wie dieser kleine häßliche unbedeutende Mann die Macht haben sollte, meine schöne und gescheite Mutter zu tyrannisieren. Sehr einfach. Völlig logisch: sie hat ein Schuldkonto bei ihm, eine Hypothek, untilgbar, und damit erpreßt er sie ein Leben lang. So wie wir es als Kinder machten: Ich weiß was von dir und ich sags den Eltern, wenn du mir das und das nicht gibst. Gemeine Form von Erpressung. Aber Mutter, warum läßt sie sich das gefallen? Ich verstehs nicht. Heutzutage trennt man sich doch, heutzutage läßt man sich scheiden. Warum nicht? Ein neues Leben in Sauberkeit aufbauen statt immerfort im Trüben zu fischen. Gibt sicher eine Art von Treue, die nur eigensinniges Beharren in einer gewohnten

Lebenslage ist. Meinetwegen. Aber der Schlaf ist weg. Ich stehe auf. Viertel nach sieben. Annette kommt herein, auch noch im Schlafanzug: Was tun wir, gehen wir hin, wenn wir nicht hingehen lassen sies uns büßen, diese beleidigten Gesichter wochenlang, die mag ich nicht, ich bin fürs Hingehen, was meinst du? – Warum lassen die sich auch immer wieder sowas einfallen. Könnten Eltern nicht auch Rücksicht auf ihre Kinder nehmen? Aber nein: sie haben immer recht, sie sind die großen Überlegenen, völlig ausgeschlossen daß die Kinder auch einmal recht haben könnten. – Aber du gehst doch mit? Bitte ja. – Bloß weil du Angst hast vor ihren beleidigten Gesichtern? – Und weil man ihnen die Freude lassen soll. Sie haben nicht grad viel davon. – So, meinst du? Wie nächstenliebend du bist. Wieso auf einmal? – Ich hab heut nacht mit Mutter in einem Zimmer geschlafen. Und gegen Morgen hab ich gehört, daß sie geweint hat. – Geweint? Gegen Morgen? War sie denn nicht bei ihm? – Bei Vater, meinst du? Ich hab mich auch gewundert. Vater schlief mit dem Idioten im Ehebett. Komisch. Na ja, sie konnten ja schließlich nicht den Idioten zu mir legen oder den Sänger. Es gab keine andre Möglichkeit. – Und wo schlief die Ceres? – Wer? – Na: Martine. – Die schlief im Dienstmädchenzimmer. – Und das Mädchen? – Auswärts. – Na ja. Scheint also eine Rechnung zu sein, die aufgeht. Lassen wir sie gelten. – Ja. Aber du gehst jetzt doch mit? – Wir kommen etwas zu spät; es wäre nicht nötig gewesen, aber Pünktlichkeit ließe auf Interesse schließen. Das Silberpaar kniet wie ein Brautpaar auf einem eigenen Bänkchen vor dem Altar. Mutter in einem neuen Kostüm, schick, es stammt vom Otter, natürlich. Sankt Bernhard ist eine ziemlich scheußliche Kirche mit vielen Heiligenstatuen, Pseudo-Gotik. Dem Herrn Rat kanns nicht katholisch genug zugehen. Der findet moderne Kirchen ketzerisch, ikonoklastisch. Meinetwegen. Soll er selig werden mit seinen Gipsherzjesu und seinen Lourdesmadonnen und was sonst noch da herumsteht. Wie man das nur erträgt: in einer einzigen Kirche sage und schreibe acht Madonnenbilder, alle verschieden: Maria Selbdritt auf dem rechten Seitenaltar, eine Riemenschneiderkopie vermutlich, in der Seitenkapelle die Dolorosa, sitzend, mit einem langen siebenschneidigen Schwert in der Brust und mit verdrehten Augen, eine andre Dolorosa unterm Missionskreuz stehend, mit angeschnitzten eiförmigen Tränen im Gesicht; ferner eine Madonna mit Kind in Öl, gerahmt, pseudomodern, scheußlich; in einer Nische eine gipserne Lourdesvirgo in Weißblau, eine blecherne vergoldete Rose zwischen der großen Zehe und der nächsten; auf einem der Glasfenster die schwangere Madonna bei Elisabeth, neogotisch; auf der soundsovielten Kreuzwegstation auch noch eine. Und die vielen Christusse mit Spitzbart und langem Haar und Mittelscheitel und femininem Mündchen und dem Lächeln eines Päderasten. Als wenn er so ausgesehen hätte, pfui Teufel. Reuben hat recht: kein Bild machen. Aber was gehts mich an. Unverbindliche Betrachtungen. So unverbindlich wie die Diskussionen auf den tausend Tagungen unsrer Zeit. Alles zerreden, alles zerdenken, allem seine magische Kraft nehmen, das Geheimnis in Salzsäure auflösen und nachher sagen, das Geheimnis sei Gift, nicht die Salzsäure. Annette und ich sitzen in der allerhintersten Bank. Zaungäste. Ungeladen. Unerwartet. Ohne hochzeitliches Gewand. Vor uns, ich zähle, fünfzehn Bänke, die beiden vordersten besetzt. Die silberhochzeitlich Geladenen: Martine im weiten Mantel, in Weiß; Onkel Siegmund mit der dicken Tante Lotte samt den drei Vetterchen mit rosa geschrubbten Hälsen; Cherubina und ihr Vater; der auf Amerikaner getrimmte heitere Herr samt ähnlicher Gattin, die nicht auf der Party war; der Juwelier mit seiner Italienerin; der Rest unbekannt oder nur vom Sehen bekannt, Leute aus des Herrn Rat Amt, einige Sekretärinnen auch. Onkel Philipp natürlich nicht, der Otter nicht, der Fuchs nicht, der Pastor nicht, den Sänger seh ich auch nicht. Wer ist der amtierende Priester? Den kenne ich nicht. Annette weiß: ein Verwandter von der Kelbeckseite, sehr entfernt, um zwölf Ecken herum, Jesuit, Holländer, sehr alt, knochig, gelbhäutig wie Malariakranke, eisgraue Haare, kann sich kaum bücken, aber immerhin familieneigen. Er predigt. Natürlich: geschwätzt muß werden. Ich mag nicht zuhören, irgendwelche Blumen duften, mir ist schläfrig zumute, bin zu früh aufgestanden, kann aber doch nicht einschlafen jetzt, so höre ich schließlich aus Langeweile doch hin. Was ich höre: nichts von heiterem Ehekrieg, nichts von christlicher Familie, dafür einiges von großer Mühsal, von permanenter Krise, von Bewährungsproben, vom Überdruß aneinander, von der Langeweile, von der Versuchung auszubrechen. Immerhin realistisch. Ob das Anspielungen sind? Solche Anspielungen die jeder hier in dieser Kirche versteht, verstehen soll? Oder redet er von Ehe schlechthin und könnte das Gleiche allen Ehepaaren sagen? Ich höre nun genau zu, ich warte auf das Auftauchen eines der geheiligten frommen Klischees, auf die Wendung ins Und-doch: Und doch ist alles gut, alles sinnvoll, alles gesegnet, amen. Aber nein, nichts dergleichen. Keine Apotheose, kein Schlußakkord mit vollem Orgelwerk. Die Predigt hört einfach auf. Der letzte Satz, ganz unbetont hingesagt: Schließlich kommt es darauf an, daß man sich ins Scheitern ergibt, und noch diese Ergebung ins Armselige entspringt einer großen Vision vom Leben. – Aus. Kein Amen. Das Wort Leben anstelle des Amen. Der Alte bleibt noch einen Augenblick stehen, zum Volk gewendet, als wolle er noch etwas sagen, aber dann dreht er sich doch um; kann mir denken, daß er sich sagt: Was rede ich da, wer versteht mich, lohnt es denn zu reden, ich rede jetzt mit dem Herrn. Geheimsprache. – Aber wie er sich wieder zu uns dreht zum Dominus vobiscum, ist sein Gesicht streng und traurig auf uns gerichtet und meint uns. Sonderbarer Alter. Seine Predigt, die keine war, nur das Konstatieren eines Befunds, grausam nüchtern: so ist es, nicht anders. Aber mir ist, als habe er die Luft gewaschen. Die Wahrheit sagen, das ist schon tröstlich, auch wenns eine trostlose Wahrheit ist. – Ich werde aus meinen Überlegungen aufgestört durch den wenn auch noch so leisen Eintritt eines Mannes: der Pastor. Er bleibt hinter einem Pfeiler stehen, er versteckt sich, aber ich sehe ihn doch wie er da steht mit hängenden Armen und gesenktem Kopf. Wie ein Büßer; einer über den der Kirchenbann verhängt ist und der widerrechtlich und schlechten Gewissens und voller Angst dennoch da ist, wo er nicht sein dürfte. Plötzlich beginnt ein Fauchen und Sausen von der Empore her: der Gebläsemotor der Orgel ist eingeschaltet worden, und jetzt beginnt jemand zu spielen und dann zu singen. Der Faun natürlich. Etwas von Bach oder früher, ich kenne es nicht, eine Mischung aus Choral und Volkslied. Diesen Menschen werde ich also nicht los, den habe ich in mir stecken wie der Fisch den Angelhaken, scheint mir, oder wie das Pferd den Zaum im Maul hat, so etwa. Wie der jetzt singt, ganz anders als gestern auf der Party. Der singt wie er gebetet hat: mühelos, anspruchslos. Er singt eben. Dem sein Singen ist etwas, das einfach da ist wie der Regen oder der Wind. Der hats gut. Dem bestätigt sich im Singen der Sinn seines Lebens. Solange der singt, glaubt er. Möchte wissen, was geschähe, wenn man den irremachen, ihm seine Sicherheit kaputtschlagen könnte, wenn der müde würde, so müde wie der Pastor hinter dem Pfeiler. Wer hat jetzt da recht: der alte Jesuit mit seinem nüchternen wahrscheinlich heroischen Realismus, oder der Pastor mit seiner großen Müdigkeit, oder der Sänger mit seinem Kinderglauben. Wer hat recht? Alle?

Denken kann ich das wohl, daß jeder recht hat, weil er eben ist wie er ist, aber ich weiß doch, mit meinem Fleisch und Blut und allen Nerven weiß ich, mit mir selber weiß ich es, daß die recht haben, die nicht glauben, nichts hoffen, auf nichts vertrauen, keine Ordnung sehen und keine wollen, die sich empören gegen alles Gerede von dieser Ordnung... halt: habe ich gesagt: nichts hoffen? Aber wer sich empört gegen etwas, der hofft doch auf etwas, nämlich darauf, daß seine Empörung etwas bewirkt, oder wenn sie nichts bewirkt, daß sie doch etwas i s t. Ja verdammt: kommt man denn nicht heraus aus dem Glauben und Hoffen? Gibt es das, daß einer wirklich nichts glaubt, radikal nichts, und radikal nichts erhofft? Jeder der lebt, lebt doch nur, weil er hofft und glaubt, gleich auf was, gleich an was. Wenn nun dieses Gleich-auf-was und Gleich-an-was im Grunde hieße: du kommst nicht weg von Gott? Aber es gibt doch Millionen Menschen, die sich den Dreck kümmern um Gott, die... Aber das ist es ja: sie erklären, Gott sei ihnen egal, aber sie leben, also spüren sie einen Sinn, und das ist doch... Wahnsinnig kann einer werden bei diesem Denken. Da ists schon besser, einfach sich zu ergeben wie dieser Sänger da. Aber das kann ich nicht. Das kann man doch heutzutage nicht mehr. Das ist doch ein Anachronismus, ein Rückfall, ein infantiles eigensinniges Nicht-sehen-Wollen. Ich, ich bin auf der Seite der scharfen Zweifler, der Pessimisten, der Heimatlosen, derer, die keine Antwort wollen. Keine w o l l e n. Weil es keine gibt. Denn w e r weiß denn etwas? Mystiker am ehesten. Aber denen trau wer wolle. Gibt doch Schwindler, gibt Hysteriker, gibt Halluzinationen, gibt leere Einbildungen. Nein. Den Theologen natürlich sowieso nicht, bei denen muß die Rechnung aufgehen, um jeden Preis, die biegen alles zum Amen hin. Also wem trauen? K e i n e m. Ganz allein denken. Aber wenn man k e i n e m traut, kann man sich selber auch nicht trauen. Also? Da vorn am Altar ist jetzt die Konsekration. Der Alte muß schwer Rheuma haben, er kann die Kniebeuge kaum machen und bringt die Arme nicht hoch. Uralt muß er sein, und krank. ›Das ist mein Fleisch.‹ Wie ein Mensch das sagen kann, wie er wagen kann, so etwas zu sagen. Entweder glaubt er nicht daran, dann spielt er ein abscheuliches Theater. Oder er glaubt daran: muß er da nicht einfach umgeworfen werden vor Schrecken? Aber freilich: alles wird Gewohnheit. Ja. Aber d a s doch nicht. Wo selbst mir jedesmal, wenn ichs höre, noch scharfe Aufmerksamkeit ins Gehirn fährt wie wenn ja wie denn, wie wenn plötzlich beim Autofahren ein Auto ohne Licht entgegenkommt und drei Meter vor mir die Scheinwerfer einschaltet, mir direkt ins Gesicht. Nein, noch anders: eine Stichflamme. Willst du nicht Priester werden, Tobias, hat Tante Bertha gefragt und mich übers Strickzeug hin angeschaut, flehentlich lauernd. Nein, ich bin nicht machtlüstern, bin nicht scharf darauf Medizinmann zu sein und geheime Kräfte zu haben, angeblich. Aber was rede ich da. Blödsinn. Annette neben mir sitzt nicht mehr, sie kniet. Wir Erzkatholiken. Wie man das im Blut hat. Warum eigentlich nicht? Wie, wenn ich jetzt dann aufstünde und zur Kommunion ginge? Ich mit meinen Sünden. Mit der im Bett verlorenen Unschuld? Gib es doch zu, Tobias: du bist eine Spur traurig jetzt. Verlorene Kindheit. Vision vom Taufgewand, von klarem Wasser. Warum kommt man nicht schuldlos durchs Leben? Aber angenommen, einer beginge keine Schuld: machte er sich da nicht aufs vielfache schuldig, wenn er solcherart sich heraushielte aus dem Leben? Die Exklusivität der Reinheit wollen, darf man das? Und wenn einer meint, rein zu sein: ist er dann noch schuldlos? Ob der Alte da vorn am Altar Sünden begangen hat? Welche? Solche im Fleisch? Die wohl nicht. Ärgere: die gegen den Heiligen Geist. Möglich. Woher sonst dieses Gesicht. Das ist wie ein Feld nach der Schlacht. Gräben und Trichter scharf aufgerissen. Kein liebliches Gras, kein lieblicher Bach. Die nackte Erde. Der hat alles Überflüssige abgeworfen, der hat das Leben hinter sich. Wie, was, das Leben, aber nein, das was er lebt ist eben doch auch Leben. Man sagt so hin: Leben, und meint, ja was meint man denn, man sieht Jugend, schöne Leiber, Umarmungen, Bäume, Früchte, Segelboote, Tanz, Maschinenhallen, Flugzeuge, Felder mit Traktoren, Automotoren, das Meer, man h ö r t das Leben, das rauscht und hämmert. Aber das andre, das Stille und Harte, die Einsamkeit selbstgewählt, der Verzicht, das ist doch auch Leben. Alles ist Leben. A l l e s. Das ist doch schön, das ist gut so, und so ists doch auch zu ertragen: dies a l l e s , d a s ist Leben, da fällt nichts heraus, da sagt nichts nein, da ist das Nein noch ein Ja. Leben. Ich lebe doch gerne. Wirklich? Ich weiß nicht. Das sind so Stimmungen. Aber Stimmungen sind doch nicht nichts. Die sagen doch auch etwas, das gilt. Wenn man nur was festhalten könnte in diesem Wirbel von Einfällen. Eine einzige Stimmung festhalten für immer, sie zur Wahrheit machen für immer. Aber es bleibt ja nichts. Was für ein Lärm da vorn. Ach so. Die gehen zur Kommunion. Wer denn? Das Silberpaar bleibt knien, zu denen kommt der Alte, mühsam steigt er die Stufen herunter. Am Kommuniontisch: Martine natürlich, stößt mit ihrem dicken Bauch ans Gitter; und der Juwelier mit italienischer Gattin, und Onkel Siegmund samt Tante Lotte und Kinderchen, alle drei; muß dem Herrn Rat einen Stich geben, das zu sehen: von seinen eigenen zwei beziehungsweise drei nur eine; was Mutter denkt, ahne ich nicht; ja, und weiter eine von den Sekretärinnen, vermutlich die Privatsekretärin des Herrn Rat, und ein Herr, den ich nicht kenne. Die andern nicht. Wie sonderbar der Alte die Hostien austeilt: er hebt sie jedem erst eine Weile vor die Augen: Da, schau dir das an, wofür hältst du es wohl, weißt du, was das ist, weißt du es wirklich? Wie streng er jeden ansieht. Der fürchtet, daß er Beihilfe leistet zu Sakrilegien. Ihn mag schon schaudern. Aber sein Gott ist doch barmherzig, weiß wie dumm die Menschen sind, zu dumm zu bewußt Bösem. Einmal, da war ich Erstkommunionkind. Fromm. Obgleich schon in allen Wassern sexueller Aufklärung gewaschen. Machte nichts. Blieb alles im Verstand hängen, erreichte nicht mein Herz, galt für andre aber nicht für mich. Tobias, Tobias, wenn mir recht ist, sehnst du dich nach jenen Jahren zurück. Zurück? Warum nicht vorwärts? Die Unschuld jener Jahre wiedererwerben, geht das? Man sagt es. Aber wie? Erst durch alles hindurchgehen, dann. Aber das Risiko: den Kompaß verlieren! Bin einer, der a l l e s möchte: das Risiko das Laster die Unschuld die Armut Erfolg Frauen Askese. Geht doch nicht. Armseliges Leben: nur auf e i n e Façon es leben zu können oder höchstens erst auf die eine dann auf die andre. Problem aller Probleme: wie das Gegensätzliche gleichzeitig leben, wie das a l l e s in den Griff bekommen. Ah, der Sänger kommt auch noch gegangen, spät kommt er, aber gerade noch rechtzeitig ehe der Alte wieder den Berg will sagen die Stufen hinaufsteigt. Bin geneigt dem Sänger zu glauben, daß er ahnt was er da ißt. Habe einmal etwas gelesen: einer, ein Priester, hat Versuche gemacht mit dem Siderischen Pendel. Hab das selber schon gesehen: über den Fotos oder den Handschriften Lebender bewegt sich das Pendel, über denen von Toten bleibts stehen. Bei jenem Priester: über der unkonsekrierten Hostie stand es, über der konsekrierten bewegte es sich. Kann doch nicht sein. D a r f nicht sein können. Ist doch Wahnsinn, Wahnsinn. Aber Schwindel doch auch wohl nicht. Was also? Und wenn, Tobias, wenn es wahr wäre, daß dieses Brot... Ach, laßt mich doch in Frieden mit diesen Fragen, was weiß denn ich, wer bin ich daß ich solches wissen wollen könnte. Annette stößt mich an: Du, verdrücken wir uns? Die gehen jetzt frühstücken im Hotel Victoria. Sind eingeladen. – Vom Fuchs? – Wie? – Vom Besitzer, meine ich. – Ja, hab sowas gehört von Martine. – So, du hast mit Martine gesprochen? – Sie mit mir. Kurz und herablassend über ihren Bauch hinweg. Die Würde der Mutterschaft in Person. Verstehst du eigentlich, daß das was Großes sein soll, Kinder zu gebären? Ich nicht. Könnte ich doch jederzeit haben und würde mir nicht einbilden was zu leisten. – Ja, du! – Weißt du, ich glaube, die hat kein Vergnügen beim Sichhinlegen, die gibt sich hin, verstehst du, das Lamm auf der Schlachtbank. Ach pfui Teufel, diese Verlogenheiten. – Wir haben so laut geflüstert, daß sich ein paar Gäste umwenden. Komm, sagt Annette und zerrt mich am Ärmel. Gleichzeitig mit uns hat sich der Pastor zum Gehen entschlossen. Wie er uns sieht, stutzt er und will sich wieder in den Schatten seines Pfeilers zurückziehen, aber zu spät, ich grüße ihn, er grüßt wieder, wie blaß er ist, schier weiß, ist ihm schlecht? Ich wäre geneigt ein paar Sätze mit ihm zu reden, aber er springt, ja: er springt in ein Taxi, das er offenbar hat warten lassen. Weg ist er. Annette schaut verblüfft. Der war da? – Warum nicht. – Naja. – Was: naja? – Heißt nur: meinetwegen. – So? Klang aber anders. – Wie? – Bedeutungsschwer. – Wir werden abgelenkt durch die Gäste, welche nun das Kirchenportal passieren. Man hat uns gesichtet. Mutter strahlt einen Augenblick lang auf. Der Herr Rat winkt jovial, mit einer Miene, als hätte ers ja von jeher gewußt, daß die verlorenen Schafe in den Pferch zurückkehren würden. Wie zerstöre ich ihm nur raschestens seine Illusion? Geduld. Die Gelegenheit wird kommen. Die beiden, sagt der Herr Rat, die können ja noch mit uns fahren. – Aber nein, sagt der Sänger, das wird zu eng, ich hab doch meinen Wagen leer, ich nehm sie mit, das heißt, wenn sie wollen. – Er hat einen englischen Sportwagen, den großen MG, natürlich; schon steige ich ein, charakterlos wie ich bin, auch Annette steigt ein, sie sitzt da als gehöre der Wagen ihr, wir brausen los. Aber, rufe ich, wohin denn, wir wollen doch gar nicht zu dem Frühstück. – Der Sänger hört nicht oder tut so, als höre er nicht. Annette stößt mich an: Doch, du, ich will, ich habe Hunger. – Ich beschließe, vor dem Hotel kehrtzumachen, weiß aber bereits, daß ich es nicht tun werde; ich bin schon im Sog dieses aberwitzigen Tags. Hunger habe ich allerdings auch. In der Halle warten wir auf die übrigen. Annette fühlt sich verpflichtet, Konversation zu machen. Schön haben Sie gesungen, aber die Kirche hat eine saumäßige Akustik, ich habe kein Wort verstanden von Ihrem Text, ich nehme an, es war ein Liebeslied, was Sie sangen, passenderweise. – Sie macht ein Gesicht wie eine Hilfsschülerin. Ich sehe, sie heckt etwas aus. Manchmal ist sie von einem kleinen Teufel besessen. Aber Gott sei Dank kommen in diesem Augenblick die übrigen Gäste, die weniger schnelle Autos und weniger kühne Fahrer haben. Wieder das Aufleuchten in den Augen meiner Mutter bei unserm Anblick. Und wieder der Triumph im Gesicht des Herrn Rat. Er setzt sogar an, sich die Hände zu reiben, hält aber inne, getroffen von meinem Blick. Cherubina am Arm ihres Vaters, ohne seine Frau, natürlich, mit der ist kein Staat zu machen. Daß dieser Mensch wagt zu kommen? Er muß doch damit rechnen, daß ich da bin. Hat er ein so schlechtes Gedächtnis oder zählt er darauf, daß meines schlecht ist, oder ist ihm alles egal wenns darum geht, bei der Crème der Gesellschaft unsrer Stadt zu sein? Immerhin hält er sich und Cherubina in ziemlichem Abstand von mir. Aber Cherubina strebt wie ein Hündchen an der Leine zu mir her, der Vater folgt notgedrungen. Ah, Tobias, Vater, ihr kennt euch ja. – Er räuspert sich, ist aber sonst halbwegs Herr der Lage: Sie, ah, freut mich, freut mich, was macht Ihre Arbeit? – Welche Arbeit? – Sie sind doch Zeitungsreporter, nicht wahr? – Das hört der Herr Rat: Was? Zeitungsreporter? Wie kommen Sie darauf? – Er hat sich bei mir dafür ausgegeben. – Der Herr Rat schaut verständnislos. Ich lasse mich von der Gruppe abdrängen und finde mich vor einem Ehepaar, das mit meiner Mutter spricht. Der Herr Regierungsdirektor mit Frau. Welche Ehre. Spielt denn der Herr Rat so eine Rolle in unsrer Stadt? Meinetwegen. Schon werde ich abgetrieben und finde mich unversehens wieder beim Herrn Rat, der mich dem Juwelier und seiner Frau vorstellt. Die Frau schaut mich aufmerksam an, dann schaut sie den Herrn Rat an, wieder mich, wieder ihn, dann blickt sie diskret beiseite. Was hat sie? Ich spüre große Lust ihr zu sagen: Signora, Sie haben einen Verdacht; sprechen Sie ihn ruhig aus. Natürlich sage ich das nicht. In diesem Augenblick erscheint oben auf der Treppe der Fuchs, winkt, kommt behende gleitend herunter, als stünde er auf einer Rolltreppe, nimmt uns alle sozusagen auf einen Schlag in Empfang, es gibt Handküsse, Verbeugungen, Händeschütteln, Manschetten rascheln, Schuhe scharren, Armbänder klirren, was für eine Bewegung, Wind im dürren Schilf, wofür, für nichts. Wie zufällig findet sich der Fuchs plötzlich neben mir ein, flüstert mir im Vorübergehen ins Ohr: Haltung, Tobias, Aufnahme, Film läuft. – Ich brauche einen Augenblick bis ich verstehe, der Fuchs ist schon drei Schritte weiter gegangen, da rufe ich: Wo ist Melanie, ich meine Ihre Tochter Melanie? – Der Fuchs dreht sich um: Meine Tochter Melanie ist verreist, sie ist zu ihrer Mutter gefahren. Jetzt wendet er sich zu den übrigen: Meine Frau ist seit einigen Tagen zur Kur fort, sie läßt Sie alle grüßen. Sie bedauert... – Und so weiter. Bilde ich mir das nur ein oder ist es so: meine Mutter wird um eine Spur blasser und wirft hochmütig den Kopf zurück. Kann wirklich Zufall sein. Oder meine blühende Phantasie. Der Fuchs beginnt allen voran die Treppe hinaufzusteigen. Annette und ich sind die letzten, sind das klägliche aber nichtsdestoweniger aufsässige Schwänzchen. Wenn ich nicht so Hunger hätte, murmelt Annette. – Du kleine Hure, sage ich, verkaufst deinen Stolz für ein Frühstück im Victoria. – Selber Hure, sagt sie und pufft mich. – Ich kam nicht des Frühstücks wegen, teure Schwester. – Weswegen dann? – Aus Neugierde. Ich verspreche mir Impressionen. – Na, was denn schon für welche. Das Volk da kennst du doch. – Nicht in dieser Situation und nicht in dieser Kombination. – So. Wenn das dich interessiert... Der einzige, der mich interessiert, ist nicht da. – Wer? – Der Alte, der gepredigt hat. – Kommt vielleicht noch. – Glaub ich nicht. Den kotzt das doch auch an, was meinst du. – Auf dem Vorplatz des kleinen Saals gibt es eine kurze Stockung, weil jeder jedem den Vortritt lassen möchte oder weiß Gott warum; plötzlich stehe ich neben meiner Mutter. Sie lächelt mir zu. Du, sage ich leise, was ist mit dem Sänger? – Was denn? – Er hat gesagt heut nacht... – Heut nacht? Ja habt ihr denn geredet? – Ja, lang. Und da hat er gesagt, ich soll dich fragen. – Was fragen? Sie schaut mich scheu und mißtrauisch an. – Dich fragen, ob er wirklich so glücklich ist, wie man meint. – Jetzt wird sie rot. Das sollst du m i c h fragen? – Ja, dich. – Nun ja. Er hat viel Unglück gehabt. Seine erste Frau ist jung gestorben samt dem Kind, bei der Geburt, und die zweite, man weiß nicht, vielleicht ist sie ihm fortgelaufen, er spricht nicht davon, und sein einziger Sohn ist im Meer ertrunken. – Na, hör auf, du erzählst ja einen Schauerroman. Und dabei hast du noch das Wichtigste vergessen: zu allem Überfluß hat er eine unglückliche Liebe. – Sie wird von neuem rot. Was für Zeug redest du da. – Zeug? Ist doch keine Schande, unglücklich zu lieben. Ist große

Mode in der Weltliteratur aller Zeiten. Romeo, Tristan, Werther... – Ach hör doch auf, du spinnst, Tobias. – Ich spinne, aber du hast mich dennoch verstanden. So, und jetzt iß schön dein Frühstück, hasts verdient bei meiner Aufzucht, arme Mama. – Bis zu dieser Sekunde ist alles leidlich erträglich abgelaufen. Aber jetzt tritt Martine auf, mit Verspätung, wie üblich, und sehr pompös im weiten weißseidenen Mantel, goldgelbseiden gefüttert. Erinnert an ein Tabernakel. Aber Annette, flüstert Martine, in d i e s e m Kleid... – Sie berührt Annettes Rock, als prüfte sie dessen Qualität. Annette entzieht sich ihr mit einem scharfen Ruck. Warum, wieso, was paßt dir nicht, das ist mein Morgen-Vormittags-Mittags-Tee-Abendkleid, ich bekomme meine Kleider billig von der Stange oder als Abfall von Mama, da weder Mama noch ich mit einem Textilgroßkaufmann verheiratet oder liiert sind. – Annette spricht laut und ungeniert. Einige Gäste lachen verlegen. Hättest mir ja was mitbringen können aus euerm Laden, fährt Annette fort. Martine ist dumm genug, darauf wütend zu antworten: Laden! Wir haben keinen Laden. – Nein? fragt Annette ganz sanft, nein? ich dachte, da machtet ihr euer vieles Geld; wo sonst macht ihr es denn? Laden ist Laden, auf die Größe kommts nicht an. – Martine faucht; wenn sie schimpft, wirkt sie ordinär: Du dummes Schulmädchen, mach du erst dein Abitur. – Was Besseres fällt dir nicht ein, du witzlose gefüllte Pute. – Das hätte sie nicht sagen sollen, nicht bei dieser Gelegenheit und nicht so laut. Jetzt schreitet der Herr Rat ein, diesmal Herr der Lage: Ach diese beiden! ruft er aus, so sind sie seit ihrer Kleinkinderzeit. – Er rauft sich die wenigen verbliebenen Haare, das soll komisch wirken. – Diese beiden, wiederholt er; na, was sich liebt, das neckt sich. – Wir lieben uns nicht, sagt Annette laut und klar; und wir necken uns nicht. – Komm, Martine, sagt der Herr Rat und zieht seinen dikken Liebling mit sich. Die Gäste folgen etwas betreten. Annette! sagt meine Mutter, mußte das sein? – Ja, zum Teufel, sagt Annette; wenn die mich provoziert, soll ich vielleicht das Lämmchen spielen? – Bitte, Annette, heute wenigstens... – Annette macht kehrt, läuft weg. – Tobias, sagt meine Mutter, bring sie zurück, b i t t e. – Ich eile ihr nach, und kraft meiner längeren Beine hole ich sie in der Halle ein. Unser Wettlauf erregt einiges Aufsehen unter den Portiers, Boys und Gästen. Ich versuche die Sache zu kaschieren. Warte, Mädchen, sage ich laut, du brauchst die Schlüssel nicht zu holen, wir haben sie gefunden. – Was für Schlüssel? – Ich rufe: Wolltest du nicht die Schlüssel holen? Ich flüstere: Mutter läßt dich bitten... – Sie kann mich. Alle können mich. – Still du. Und jetzt kommst du. Mir zuliebe, ja? Und denk, daß Mutter heut nacht geweint hat. – Sie wirft mir einen rätselhaften Blick zu, folgt mir aber dann gehorsam die Treppe hinauf und in den Saal. Wir setzen uns an die beiden freien Plätze am untersten Ende der Tafel. Offenbar waren diese Plätze uns ohnehin zugedacht. Meinetwegen. Ich habe sowieso nichts zu schaffen mit diesem Fest. Das Frühstück ist komfortabel. Annette, ich muß schon sagen: frißt; das tut sie aus Hunger, Wut und Angriffslust. Was für ein Kind sie noch ist. Ihr Nachbar ist der Pseudo-Amerikaner, ihr Gegenüber die Sekretärin des Herrn Rat. Der Herr unterhält sich mit seiner linken Nachbarin, der Frau Juwelier. Die Sekretärin fühlt sich verpflichtet mit uns zu parlieren. Sie ist mindestens vierzig und sieht aus wie die Vorsteherin eines Vereins zur Rettung gefallener Mädchen. Eine dieser strohtrockenen tugendhaften ewigen Tanten, die ›an das Gute im Menschen glauben‹ und durch keine noch so scheußliche Erfahrung von der Fragwürdigkeit ihres Glaubens zu überzeugen sind. Ich wollte Sie schon lange kennenlernen, sagt sie zu mir. – Warum das? – Ihr Herr Vater hat mir so viel von Ihnen erzählt. – Der Schlag soll mich rühren, Fräulein; was erzählt er denn? – Oh, von Ihrer Begabung. Sie sind nämlich die Hoffnung Ihres Herrn Vaters. – Schöne Hoffnung. – Ihr Herr Vater meint, Sie seien noch unvergorener Wein, aber das gebe sich schon noch und Sie berechtigen... – Zu berechtigten Hoffnungen, ja, ich weiß. Aber was, mit Verlaub, erhofft er sich? Eine Karriere als was? – Das das meint er nicht so sehr als vielmehr eine eine menschliche Entwicklung. – Ah, ja, freilich, die kann ich ihm schon gewährleisten. Bloß: was dabei herauskommt, that is the question. – Jetzt mischt Annette sich ins Gespräch: Mein Herr Bruder ist etwas überarbeitet, wissen Sie, er studiert Tag und Nacht, er studiert auf drei Fackelteten zugleich, Medizin und Jux und Terminologie. – Ja, sage ich, denn ich spezialisiere mich auf monophysitische hyperbolische Krankheiten, weil ich zu den Antarkten gehen will als Missionsarzt, wissen Sie. – Aber, fällt mir Annette ins Wort, wir bitten Sie, dies als streng hydraulisch gesagt zu betrachten, Fräulein, weil das eine Überraschung für den Herrn Vater von meinem Herrn Bruder sein soll. – Die Arme weiß nicht, wie sie sich nun verhalten soll. Meine Schwester, sage ich, übertreibt. Überdies, Annette, wie oft sagte ich dir schon, du sollst langsam sprechen, du denkst zu rasch, da verhaspelst du dich. Es ist, wissen Sie, Fräulein, eine Art Krankheit an ihr, Neurogaudia; sie ist hochgebildet, aber sie assoziiert oft falsch. – Oh, weil ich hydraulisch gesagt habe. Ja, weißt du, ich dachte natürlich an deine neueste Erfindung. – Still, darüber sprichst du nicht. Steht alles unter Patentschutz. – Oh, Sie erfinden? – Ja. Ich habe eine ockhamistische Perichorese erfunden zur Analyse der Syneidesis. – Jetzt starrt mich auch Annette an; sie kann nämlich kein Griechisch. Sehen Sie, sagt sie schließlich ehrfürchtig zu der Sekretärin. Diese nickt. Ich bin nicht ganz sicher, ob sie, wenn auch ebenfalls und ganz gewiß kein Griechisch verstehend, sich nicht dennoch auf den Arm genommen fühlt. Annette gibt mir unterm Tisch einen Tritt gegen das Schienbein. Oh, ruft sie plötzlich, schau, was für ein tiefes Degoulète Martine hat! – Ja, sage ich, wahrlich eine trichotomistische Übertreibung. – Meine Schwester, sagt Annette, ist nämlich schwanger mit dem dritten Kind im dritten Ehejahr. Das geht wie am Fließband. Tüchtig, wie? – Das Fräulein weiß darauf nichts zu erwidern. Tobias, sagt Annette, lieber Bruder, willst du mir der Hörnchen eines geben? – Ich hab noch keine. Frag mich in fünf Jahren etwa. – Ach, gib schon. – Von denen dort? – Ich deute in Richtung des Herrn Rat, aber natürlich bleibt der Genuß dieses Satzes durchaus auf mich beschränkt. – Die Zuckerhörnchen dort, du Schaf, sagt Annette. Das Fräulein blickt erstaunt auf. Liebes Kind, sage ich, deine Konkupiszenz in allen Ehren, aber du frißt zuviel. – Vielleicht für zwei? sagt Annette mit durchaus eindeutiger Geste auf ihren Bauch. Das Fräulein schlägt die Augen nieder. – Oh, sagt Annette, ich meine natürlich: ich esse präsumptiv, gewischermaßen auf Vorrat, für zwei. – Das Fräulein atmet auf, hält es aber doch für geraten, sich nun ihrem Nachbarn, einem mir Unbekannten aus des Herrn Rat Amt zuzuwenden. Annette sage ich, dein Messalianismus ist erschreckend. – Danke, sagt sie; dein Vergleich mit Messalina ehrt mich. – Mein Kind, du irrst, ich spreche nicht von Messalina, ich spreche von der altchristlichen Sekte der Messalianer, welche durch ein Höchstmaß an Askese ... – Hör auf, wir sind jetzt unter uns. – Aber das ist kein Ulk, Annette, das ist richtig. – Quatsch. – Nichts zu machen, sie glaubt mir nicht mehr. Oh über deine Unbildung! – Sie hat die zweite Hälfte ihres Hörnchens im Mund und sagt: Jetzt gehen wir, jetzt wirds höchste Zeit. – In der Tat: man serviert Sekt, also wird eine Rede gehalten werden. Aber den Sekt, Annette? – Jetzt, lieber Bruder, siegt mein moralischer Fluchtinstinkt über meinen... – Ich ergänze: Hedonismus. – Danke, das versteh ich Gott sei Dank. Also los. – Wir stehen einfach auf, weder geräuschvoll noch geräuschlos, und begeben uns zur Tür hinaus, als stünde das so im Programm. Niemand hält uns auf. Horch! sage ich, nachdem die Tür hinter uns sich schloß. – Was denn? – Hörst du den klagenden Laut des Windes im Schilfrohr? – Du willst sagen: ob ich ihr Aufatmen höre, weil sie uns los sind. – Genau dieses. Und jetzt? – Ich, ich geh zu Martin. Und du? – Ja, du gehst zu Martin, und ich? Wohin ich? – Plötzlich, schon draußen auf der Straße, schauen wir uns an, und dann platzen wir heraus, gleichzeitig, wir lachen wie verrückt, wie die bezahlte Claque in einem Kabarett, wir können nicht aufhören, wir sind geschüttelt, besessen, das Gelächter erwürgt uns schier. Aber wie es kam, so geht es: wir hören gleichzeitig auf, starren uns an wie Fremde, dann gehen wir rechtsum linksum stumm auseinander wie nach einem Streit. Ich bin müde, habe zu wenig geschlafen in der Nacht. Am besten nach Hause, schlafen. Wird still sein dort. Es ist nicht still. Man putzt. Unser Mädchen und zwei Putzfrauen. Sie tun, als sei das Haus von einer Büffelherde vermistet worden. Alle Teppiche aufgerollt, alle Stühle auf den Tischen, die Halle ein Magazin von Eimern, Besen, Bohnerwachsdosen, Staublappen, Schwämmen, Metallspänekugeln. Staubsauger und Bohnermaschine surren, die Putzweiber schreien als müßten sie die Meeresbrandung bei Windstärke zwölf überschreien. Ich mache kehrt, aber da fällt mir ein, daß ich mich umziehen muß. Mit diesem Firmlingsanzug kann ich nicht in der Stadt herumlaufen. Ich durchquere, einige Hindernisse übersteigend, das Durcheinander, angestarrt von den Putzweibern, die schließlich, von unserm Mädchen über meine Identität und mein legales Hiersein aufgeklärt, mich passieren lassen. Im oberen Stock geht jemand im

Korridor auf und ab: der Alte. Er liest in seinem Brevier, als sei er allein im stillsten Klostergang der Welt. Er hört nicht einmal mich kommen, so scheint es. Aber plötzlich blickt er auf und schaut mich an. Er kann mich nicht kennen. Aber er sagt: Das ist ein Kelbeckgesicht. Wer bist du? – Ich bin Tobias. – Aha. Mein Großneffe also. – Stört Sie der Lärm nicht? – Nein, ich höre nicht hin. Ist das Frühstück im Hotel zu Ende? – Nein. Ich bin gegangen. Entlaufen. – So. War es nicht nach deinem Geschmack? – Nein. Sie sind ja auch nicht hingegangen. – Ach ich, ich bin zu alt für derlei und ein schlechter Gesellschafter. – Ich auch. Ich nehme an, daß Sie ungestört sein wollen. – Störst du? – Ich meine schon. – Störe ich dich? – Sie mich? Aber wieso... Jedenfalls kann ich sagen, daß mir Ihre Predigt heute morgen Eindruck gemacht hat. – Oh, ich bin ein ganz schlechter Prediger. Ich kann das Predigen nicht leiden. – Ich auch nicht, ich meine: das Anhören von Predigten. Aber heute morgen, das gefiel mir. – Predigten, die gefallen, sind nicht gut. – Aber das kommt doch darauf an, wem und warum sie gefallen. Meinen Sie, es sei ein schlechtes Zeichen für Ihre Predigt, wenn sie mir gefiel? – Ich kenne dich nicht. – Ich mich auch nicht. – Wie alt bist du? – Zwanzig. – Vier mal zwanzig, das bin ich. – Warum haben Sie uns nie früher besucht? – Ich war zu weit weg. Indien. Vierzig Jahre. – Und kamen nie nach Europa? – Nein. – Pause. Er schaut mich an. Dann: Ich will dich nicht aufhalten. – Sie haben heute in der Predigt so nüchtern geredet wie ein Arzt, der die Diagnose stellt. – Und kein Rezept mitgibt. – Ja. – Bist du unzufrieden? – Im Gegenteil. – Du willst kein Rezept? – Ich glaube nicht, daß jemand ein Recht hat, andern ein Rezept zu geben. – Aber du möchtest eines? – Das weiß ich nicht. Vielleicht. Es wäre bequem. – Du willst es nicht bequem? – Doch. – Aber du willst kein Kopfwehpulver gegen Krebs verschrieben bekommen. – Genau das. – Recht hast du. – Aber ich versteh nicht: ist es nicht Ihre Pflicht, uns Rezepte oder vielmehr e i n Rezept zu geben?... Sie antworten nicht? – Ich denke nach. – Aber das kann doch keine Sache sein, die man durch Denken erst finden muß. Das ist doch eine einfache Tatsache: ein Priester ist dazu da, andern Menschen zu sagen, wie sie zu leben haben. – Meinst du? – Ja, wie denn nicht? – Brauchst du einen Priester, um zu wissen, wie du leben mußt? – Nein. – Nun also. – Aber das sind doch zwei verschiedene Dinge. – Wirklich? Angebot und Nachfrage hängen zusammen. – Und wenn niemand nachfragt, haben Priester keine Existenzberechtigung mehr? – Es gibt die offene und die geheime Nachfrage. – Damit können Sie sich immer trösten. – Ja, damit kann man sich trösten, wenn man Trost braucht. – Sie meinen, daß ich zu denen gehöre, die geheim nachfragen? – Du weißt die Antwort. – Darf ich Sie offen etwas fragen? – Ja. Aber stelle mir keine zu schwere Frage. – Eine einfache: sind Sie ein Pessimist? – Was ist das? – Nun, das ist doch klar: ein Mensch, der etwartet, daß immer das Schlimmste eintritt. – Dann bin ich keiner. – Sie glauben also an die Möglichkeit von guten Lösungen harter Probleme? – An die Möglichkeit: ja. – Aha; aber Sie sind eher geneigt, den schlimmen Ausgang anzunehmen? – Weder noch. – Aber Sie müssen doch hoffen! – Worauf? – Nun, sagen wir: daß das Gute unzerstörbar ist und daß sich die Menschheitsgeschichte als Heilsgeschichte mit glücklichem Ende erweisen wird. Das hoffen und glauben Sie doch? – Ich meine schon. – Und daß Gott die Geschichte lenkt? – Würde es dein Leben ändern, falls ich mit Nein antwortete? – Nein. – Was fragst du dann? – Man kann doch auch intellektuell interessiert sein. – Wenn du das bist, dann wende dich an einen Professor für Dogmatik. – Man kann aber doch auch fragen und die Antwort sozusagen als Vorrat, zu späterer Verwendung, aufbewahren. – Ich weiß aber keine Antwort. – Das ist unmöglich. – Ich sage nicht, daß ich keine Antwort habe oder geben kann, aber ich weiß nicht, ob ich eine Antwort bereit habe, die für dich oder an sich richtig ist. – Aber das ist doch der pure Relativismus. – Ich nenne das: Ehrlichkeit. – Sie sind nicht sicher, daß Ihr Glaube der richtige ist? – Oh doch. – Aber? – Ich weiß nicht, ob meine Glaubenserfahrung so ist, daß ich sie dir vermitteln kann. – Bin ich zu unreif? – Nein. Zu anspruchsvoll. – Ist das nicht das gleiche vielleicht? – Ich habe nur ganz simple Antworten; mir genügen sie, aber du wirst nicht zufrieden sein damit. Darum gebe ich schon lange keine Antworten mehr. – Scheinen Ihnen meine Fragen albern? – Oh nein, nein, im Gegenteil: sie sind so groß und schwer, daß nichts ausreichen würde, sie wirklich zu beantworten. Du hast nämlich recht, wenn du allen Antworten mißtraust. – Dann gibt es überhaupt keine Antworten, die gelten? – Die einzige adäquate Antwort auf die großen Fragen ist das Schweigen. – Ja, für Sie. Aber ich, ich brauche noch Worte: Erklärungen, Definitionen, Interpretationen. – Ja. Aber davon wirst du nicht satt. – Man muß nicht satt sein. – Richtig. – Also genügt es zu fragen? – Das Fragen ist schon Antwort. – Wie das? – Wenn du fragst, solche Fragen fragst, dann ist dein Fragen das Zeichen, daß du aufgerufen bist zu fragen. Ist das keine Antwort? – Halbwegs verstehe ich. Aber dann bleibt man ja immer im Dunkeln? – Nein. Das Fragen ist schon Licht. Das Fragenkönnen ist Gnade. – Ah, endlich! – Was? – Endlich ein Klischee. – Weil ich Gnade sagte? Ich glaube, daß in Zukunft Worte wie dieses zum Vokabular der Esoteriker gehören werden, und alles, was ihr bestenfalls als Folklore noch eine Weile gelten laßt, das wird neu verstanden werden von wenigen. – Was zum Beispiel? – Das Rosenkranzgebet oder die Herz-Jesu-Verehrung. Aber jetzt habe ich dich schwer enttäuscht. Siehst du, sagst du dir, so sind sie: erst reden sie modern, dann kehrtum ins finsterste Mittelalter. – Es gibt Sätze und Vorstellungen, die uns auf die Palme bringen. – Das versteh ich. Aber nimms doch intellektuell. – Wieso? – Hast du nicht gesagt, du seist intellektuell interessiert an der Meinung eines alten Mannes? ... Warum schweigst du jetzt? – Weil Sie mich verwirrt haben, ich weiß gar nicht wieso und wodurch. – Das war nicht meine Absicht. Ist es unangenehm, verwirrt zu sein? – Ja, verdammt unangenehm, besonders wenn man unaufhörlich von neuem verwirrt wird, so daß man gar nichts anderes mehr ist als eben verwirrt. – Ja, das Leben ist recht schwierig. – Haben Sie gern gelebt? – Haben? Ich lebe gern. – Ja? – Weißt du, was auf meinem Sterbebildchen stehen wird: »Jetzt soll ich fort von dem Fest? Ich gehe; ich sage dir lauter Dank, daß du mich würdigtest mit dir zu feiern, deine Werke zu sehen und deinem Walten zuzuschauen.« Das sagt ein Erzheide: Epiktet, der Stoiker. – Ja, aber Ihre Predigt ... – Was? – Sie sagten doch ganz unverhohlen, brutal sogar, daß alles ziemlich scheußlich sei. – So? Hab ich das gesagt? Ich meine, ich habe gesagt, daß alles schwierig sei. Aber das ist doch gut. Ich jedenfalls mag es, das Leben. – Ich nicht. – Sagst du so. Aber du liebst es, du bist verliebt in dein Leben, in alles Leben und in den Tod. – Ich? – Ja, du; du bist verliebt noch in deine Verzweiflung. Und das ist gut so. – Wie können Sie das sagen, Sie kennen mich doch nicht. – Nein? Ich will dir was sagen: Ihr heutigen Zwanzigjährigen meint, sowas wie euch hat es nie gegeben. Aber ihr täuscht euch. Und im übrigen: ein alter Kelbeck sollte doch einen jungen Kelbeck verstehen können, wie? – Eine Frage noch: was halten Sie von dem Mann meiner Mutter? – Weshalb fragst du das? – Offen gesagt: ich glaube, daß ich nicht sein Sohn bin. – So? Warum? – Ich habe Vermutungen. – Und? Gesetzt den Fall, sie entsprächen einer Tatsache: was dann? Würde sich dein Leben ändern? – So haben Sie schon einmal gefragt. – Es ist die einzige Frage, die zählt. Also? – Das eben weiß ich nicht. Vielleicht fiele eine Last von mir ab. – Und eine neue würde dir auferlegt. Laß doch. Brauchst du einen Vater? – Vielleicht. – Ich hatte auch keinen. Dein Urgroßvater starb, als ich zwei Jahre alt war. – Aber Sie wußten, wer er war. – Und? Was hatte ich davon? – Sie haben aber einen andern gesucht und gefunden. – Was meinst du damit? – Ihren Ordensobern, den Provinzial oder General oder wie man bei Ihnen sagt. Sie lachen? – Ja, ich lache. Keiner ist so vaterlos wie ein Jesuit. Du brauchst keinen Vater, Tobias. – Warum sagen Sie nicht, was Ihnen auf der Zunge liegt? – Was denn? – Wäre nicht eines Ihrer esoterischen Worte jetzt am Platz? – Wenn du es erwartest, wozu soll ich es sagen? – Schade, daß Sie keine andre Antwort haben. – Siehst du. Ich habe dich gewarnt. Ich weiß nur ganz einfache Antworten. – Sie verspotten mich. – Nein. Oh nein. Meine Antwort ist so einfach, daß sie nur dem genügt, der ganz arm geworden ist. – Ich verstehe Sie nicht. – Macht nichts. Wenn du willst, besuch mich einmal. Da, nimm die Karte. Du kannst jederzeit kommen. – Oh, das ... nein, ich glaube nicht, daß ... aber ich danke Ihnen. Ich bin jetzt wirklich ein bißchen durcheinander. Aber ich habe heut nacht sehr wenig geschlafen, und jetzt dieses Fest ... – Er lächelt ein bißchen, hebt grüßend die lange knochige rechte Hand, hebt die Linke mit dem Brevier hoch, schlägt dort auf, wo er den Daumen stecken hatte, und liest weiter. Ich habe keine Lust mehr auszugehen, verriegle mein Zimmer, werfe mich auf die Couch, und schon schlafe ich. ›Der gesunde Schlaf der Jugend‹ umfängt mich. Im Traum bin ich in einer Kirche mit schrecklich vielen Heiligenstatuen, gipsernen, häßlichen, meine Mutter teilt an irgend welche schwangeren Frauen an der Kommunionbank etwas aus, es sind Postkarten, Fotos von Männern, sie hält jede einzeln hoch. Sie werden groß wie auf einer Filmleinwand, werden dann plastisch, schrumpfen zusammen und sind eßbar. Auf einmal kommt der Alte, klatscht in die Hände, alle Leute fliegen davon wie Hühner, und von der Decke herunter regnen Zettel, die sich an die Heiligenstatuen heften, ich lese: ›Vater zu verkaufen.‹ Ich schreie: Ist ja nicht wahr, gibt ja keinen. Da sagt jemand: Wer sucht, der findet nicht. Ich schreie: Falsch zitiert: Wer sucht, findet. Da fängt jemand an zu lachen, ein Heiliger, und dann lachen alle, biegen sich vor Lachen, halten sich die Bäuche, deuten mit Fingern auf mich und mit ihren Marterwerkzeugen, lachen unflätig, ich will fliehen, alle Türen sind verschlossen, sind gar keine Türen mehr da, und keine Mauern und keine Heiligen, gar nichts mehr, nur das Gelächter, es dringt auf mich ein wie ein unsichtbares Heer, ich schreie, ich wache auf. Das Gelächter ist noch da: die Putzweiber im Garten unter meinem Fenster machen Pause, essen, schwatzen. Ich habe kaum zehn Minuten geschlafen. Ich bin naß vor Schweiß. Duschen, umziehen, fortgehen. Der Alte ist nicht mehr zu sehen. Es ist elf Uhr vormittags. Wohin jetzt? Nur keine neue Verwirrung mehr. Irgendwo friedlich sitzen, etwas trinken, nichts Scharfes, Milch vielleicht, ein paar nette harmlose Leute treffen. Die meisten Bekannten von der Uni sind in Ferien, aber in der Espressobar findet man immer jemand, mit dem man reden kann. Ein Student, Mediziner, und sein Mädchen, weiß nicht was sie ist, und ein Buchhändler. Sie sind mitten in einer Diskussion. Doch, man m u ß das lesen. – Nein, man m u ß nicht. – Doch. Wie wollt ihr euch ein Bild unsrer Zeit machen, wenn ihr sowas nicht lest? – Aber das ist doch nicht ›unsre Zeit‹, das ist bloß ein Ausschnitt. – Bist du sicher? – Wie viele Leute erwürgen denn ihre Frau und schlafen fünf

Minuten später auf allerperverseste Art mit dem Dienstmädchen, das ein Luder und eigentlich eine Spionin ist. – Die Leute, die so etwas nicht t u n , m ö c h t e n es aber tun. Der da im Roman, der tut es stellvertretend, und der Autor nimmt die Sünde a l l e r auf sich. – Das sagt der Buchhändler; der Student sagt: Meinst du wirklich, daß ein Literat sich so identifiziert mit dem, was er schreibt? N i e m a l s ! Er spuckt nur einen Teil aus sich hinaus, und nicht seinen besten. Er spuckt ihn aus um ihn loszuwerden, und spuckt ihn uns vor die Füße, und wir fressen den Dreck, und je dreckiger um so besser. Ist ja Mode. Wir wissen ja selber nicht mehr, was w i r wollen. Wir fressen wahllos, was uns aufgedrängt wird. Da wird geredet vom manipulierten Menschen der Zukunft. Ja schau doch u n s an: wir lesen was die Kritik zu lesen befiehlt, und wenn uns auch übel wird bei all der Pornographie. Ich sage w i r. Ich selber lese fast nie was. – Aber, sagt der Buchhändler (er deutet auf das Buch, das auf dem Tisch liegt ganz still und anständig), das ist keine Pornographie. – Nein? Also bitte (der Student wendet sich an mich) lesen Sie das. (Er blättert und gibt mir dann das Buch.) Ich lese. Es ist ziemlich stark. Perversitäten bei einem unheimlichen, wütenden Beischlaf. – Na? fragt der Student schließlich. – Nein, sage ich, das ist keine Pornographie. – Aber in Dreiteufelsnamen, wenn das keine ist... – Nein, das ist viel schlimmer. Pornographie ist was Menschliches, ist ekelhaft oder aufreizend oder dumm oder zu direkt gezielt, um zu wirken. Aber das da, das ist, ja das ist teuflisch. Da geht es nicht um den Sexus, da gehts um den Untergang. – Aber, sagt der Buchhändler, das ist doch die glatte Konsequenz. Alle sexuelle Lust ist Vorgeschmack der Wollust des Tötens und Getötetwerdens. – Guter Gott, sagt das Mädchen; das hat er aus diesem Buch. Man soll Kindern sowas nicht zu lesen geben. – Sie schlägt auf das Buch, das still und stumm da liegt: Ich jedenfalls lese das da n i c h t weiter. – Dein Fehler, sagt der Buchhändler; du bringst dich um eine Erfahrung. Auf Seite 317 steht, ausgesprochen von dem Mörder: ›Es gibt einen Gott‹; und am Schluß wird einem klar, daß man einem Kampf zwischen Gott und Teufel beigewohnt hat, und der Teufel hat gesiegt. – Wir schweigen eine Weile, denn ich kenne das Buch nicht und die beiden andern haben es nicht zu Ende gelesen. Möglich, sagt schließlich das Mädchen; mir scheint, daß die ganze moderne Literatur darauf aus ist zu zeigen, daß der Teufel siegt. Bloß kennen die meisten Schriftsteller d e n Teufel nicht, sie kennen nur kleine lasterhafte exhibitionistische Sexualteufelchen, die auf Stelzen gehen und fürchterlich mit den Augen rollen und Buh machen. – Oder, sagt der Student, sie h a b e n d e n Teufel, vielmehr der Teufel hat sie, und sie wissen es nicht: grenzenlose Langeweile, verlorener Geschmack am Leben, unheilbare Tristesse der Verdammten. – Der Buchhändler hat aus seiner Mappe ein kleines Buch gezogen, schlägt es rasch auf, findet sofort, was er sucht. Hört zu, ob euch das besser gefällt: ›Oh Gott, man kann nichts für sein Fleisch... Zwischen Verwerflichkeit und geheiligten Liebkosungen ist die Schranke ja nur winzig... Es gibt innere Erniedrigungen, die nicht täuschen: ein Gefühl des Gefallenseins, ein Ekel an sich selbst... Wenn ich nur nicht selbst Vergnügen daran fände!‹ – Der Buchhändler schaut uns erwartungsvoll an. Nun, fragt er, wovon, denkt ihr, ist da die Rede? Ihr werdet es nicht erraten: eine junge Ehefrau, Konvertitin, katholisch geworden, redet von ihrem zivilrechtlich und kirchlich sanktionierten Beischlaf. Gefällt euch das besser? – (Ich habe rasch Titel und Verfasser erspäht: La chair et le sang von Mauriac. Ich hätte gewettet, es stammt aus dem vorigen Jahrhundert.) Weiß nicht, sagt das Mädchen trotzig. – Das k a n n dir nicht gefallen. Dieser Gegensatz zwischen dem bösen Fleisch und dem reinen aber schwachen Geist, geh mir doch zu damit. – Also, ich gebe zu, sagt das Mädchen, daß es mir nicht gefällt. Mir gefällt weder das da noch dieses dort. Mir gefällt überhaupt nichts, was s o ist. – Wie? – Unmoralisch. B e i d e s ist unmoralisch. Was? Eine Ehefrau, die findet, sie besudle sich, wenn sie bei ihrem Mann liegt, na hört mal. – Ja, sage ich, das kommt von dem verfluchten Dualismus: hie Fleisch hie Geist. Gibt es doch gar nicht. Ist doch nicht immer das Fleisch, das anfängt. Kann auch der Geist sein, der sündigen will. Und immer tut der andre Teil mit, weil eben beides eins ist. – Wißt ihr, sagt das Mädchen zornig, was mir einfach absurd erscheint? Daß nicht die Moralischen das Sexuelle unmoralisch finden, sondern die Unmoralischen. Die haben ihre Unschuld verloren, und wenn sie sich nehmen, was ihnen gefällt, meinen sie, sie hätten den Teufel im Leib, und wenn sie einander beschlafen, so tun sie, als sei das ganz raffiniert höllisch, und w i e sie es tun ist es vielleicht auch höllisch, aber das liegt an ihnen, in ihrem Willen, nicht am Sexus. Aus dem Allereinfachsten machen sie was Verruchtes. Die b r a u c h e n ihre Folterkammern, die brauchen ihren schwarzen Sittenkodex, um sich als großartige Sünder fühlen zu können. – Ich weiß nicht, sage ich, ob das so einfach ist, wie Sie meinen. Auf dem Sexuellen l i e g t ein Fluch vom Sündenfall her, was immer das auch gewesen ist. – Glaub ich nicht. Wann ist das Hohe Lied gedichtet worden: im Paradies oder nach dem Sündenfall? Also. Und das knistert vor Sinnlichkeit. Da steht alles drin für den, ders lesen kann. Und warum steht so was in der Bibel? Warum hat es die Kirche kanonisiert und durch alle stinkpuritanischen Zeiten und Länder hindurch gerettet, eigensinnig und zielstrebig? – Warum? sagt der Buchhändler; d a r u m : weil es eine Allegorie ist und von der mystischen Liebe zwischen Gott und Mensch redet. – Quatsch. Das meint kein Exeget mehr heutzutage. Du brauchst nicht so skeptisch die Brauen hochzuziehen. Man weiß, das ist einfach ein großartiges Liebesgedicht und meint den Eros zwischen Mann und Frau. Basta. Und wenn es a u c h für die Beziehung zwischen Gott und Mensch paßt: um so besser. Gibt doch nur e i n e n Eros. – Ho, sagt der Buchhändler, woher beziehst du denn solche Ideen? – Sie achtet nicht auf ihn. Und warum, sagt sie, warum ist das kanonisiert worden? Und warum kann das auch zugleich für was Mystisches stehen? Und warum ists s c h ö n ? Weil da von L i e b e die Rede ist. Aber da (sie schlägt mit der Faust auf das so harmlos daliegende Buch), da ist vom H a ß die Rede. Beischlaf statt des Mordes, den man eigentlich meint. Oder wie der Anatom die Leiche aufschneidet: eiskalt, nur gespannt auf die Variante. Aber im Hohen Lied: die f r e u e n sich aneinander. – Aha, sagt der Buchhändler, das ist also dein Kriterium zur Unterscheidung von Moral und Unmoral. Interessant. – Das i s t ein Kriterium, du Idiot. Weil man nämlich sich nur dann freut, w e n n alles in Ordnung ist, w e n n man ein gutes Gewissen hat. H i e r. (Sie deutet auf ihre Stirn.) – Ich dächte doch: hier, sagt der Buchhändler und deutet auf sein Herz. – Nein, das Herz ist unzuverlässig, das ist ein Wirbel, das läßt sich täuschen. Aber der Kopf, der w e i ß. D e n k e n muß man, w i s s e n muß man, was man tut. Wenn man die Sache ganz bis zu Ende durchgedacht hat, und man kommt zu dem Entschluß, es sei r i c h t i g , dann i s t es richtig. – Interessante Ethik, sage ich; Sie halten also vor- und außerehelichen Beischlaf für erlaubt. – Habe ich das gesagt? Sie haben nicht zugehört. Ich habe nicht gesagt d e r oder j e d e r, sondern: w e n n d a n n. – Aber meinen Sie nicht, daß alle Liebespaare der Welt von sich behaupten... – Wer macht sich schon Gedanken? Das ist ja das Schreckliche, daß man nicht mehr

w e i ß , was man tut. Man versteht nichts mehr. Man ist eine Marionette... – Des Teufels, ergänze ich ironisch. – Ja, des Teufels, sagt sie ernsthaft. – Der Student sagt: Glaubt ihr, daß solche Bücher eigentlich wirklich ein Bild unsrer Zeit geben? Ich meine: bekommt man ein zutreffendes, ein ganz und gar wahres Bild unsrer Zeit aus der modernen Literatur? Ich lese wenig, ich hab keine Zeit, ich steh vor dem Staatsexamen; aber ich meine, daß ich ganz gut Bescheid weiß über unsre Zeit. – Er, sagt das Mädchen, er schaut das Leben nämlich d i r e k t an. – Wie machen Sie das? – Er geht überall hin, an die unmöglichsten Orte geht er, zum Beispiel in Irrenhäuser, er ist aber kein Psychiater, sondern Chirurg, er geht in Altersheime und Nachtbars und zu den Nutten und den Schwulen, einmal hat er einen solchen Buben heimgebracht, einen Minderjährigen, und mit ihm hat er geredet, tagelang, und er hockt in den Wartezimmern von Ärzten herum und auf den Sozialämtern und plaudert mit allen Leuten, und er hat Freunde und Freundinnen aller Art, ein paar Priester sind auch darunter, und in die Gefängnisse geht er, und was so auf seiner Bude manchmal sich ansammelt, er hat einen unersättlichen Appetit auf den Menschen, er ist ein Stethoskop, ein Lügendetektor, ein Geigerzähler, der ausschlägt, wo etwas zu erfahren ist, eine neue Nuance im Bösen oder im Guten. Der kennt die Menschen. Aber lesen tut er nicht. Er glaubt den Literaten n i c h t s . – Recht hat er, sage ich.
T o b i a s , Verräter!
Was denn? Wer redet da?
Ich. Die dich geschaffen hat: deine Autorin.
Meine was?
Komm doch zu dir. Hast du denn ganz vergessen, in welcher Situation du dich befindest?
Durchaus nicht. Ich sitze in der Espressobar an der Parkstraße, in Gesellschaft von zwei Männern und einem

streitbaren Mädchen leider mit Verlobungsring, wie ich eben sehe; ich schlürfe mit Hilfe eines künstlichen Strohhalms aus Plastikmasse ein süßes Milchmixgetränk, ich bin hierher gekommen, um für eine Stunde friedlich zu vegetieren, habe mich ohne großes Engagement an einer Diskussion beteiligt, und werde binnen kurzem aufbrechen. Ich habe kein Fieber, bin aber unfähig mich zu konzentrieren, meine Gedanken bewegen sich wie Blinde, wie im Nebel, in einem Wattenebel, jetzt zum Beispiel bin ich nicht mehr ganz sicher, daß ich n u r in der Espressobar bin, es kann durchaus sein, daß ich auch noch an andern Orten bin oder nirgendwo. Diese Stimme verwirrt mich. Es ist übrigens nicht nur e i n e Stimme, es sind mehrere. Eine sagt, ich sei tot, durch Selbstmord gestorben, eine andre sagt, ich lebe; was stimmt? Aber wer das ist, der ›Verräter‹ zu mir gesagt hat, bekomme ich nicht heraus. Und weshalb Verräter? Aber ich bin zu müde, um nachzudenken.
Ich will es dir sagen: ich nenne dich Verräter, weil du, wirklich geworden durch meinen Willen, vorgibst, nicht zu glauben, daß die Literatur Wirklichkeit ist, glaubhafte, glaubwürdige Wirklichkeit. Bist du wirklich oder nicht?
Es scheint so.
Es ist so. Seit ich mich mit dir eingelassen habe, bist du so wirklich in mir wie ich selber wirklich bin, verstehst du? Du bist so eigensinnig wirklich, daß du mich zwingst, mühsame quälende beschämende Erfahrungen gemeinsam mit dir zu machen, Erfahrungen, die an einem Ufer liegen, das ich längst verlassen habe.
Verlassen zu haben glaubte.
Ah, du geruhst also doch mit mir zu sprechen, dich meiner zu erinnern?
Ich spreche mit mir selbst. Ich habe geglaubt, bereits eine Menge Lebenserfahrung zu besitzen kraft meiner schar-

fen Beobachtungsgabe und meiner Fähigkeit, Leute zu Bekenntnissen anzuregen durch meine bloße Anwesenheit. *Aber ich bin ich! Ich bin vierundfünfzig Jahre alt. Ich interessiere mich nicht für fleischliche Abenteuer und nicht für simple Glaubenszweifel; ich teile nicht deinen Zorn über deinen Vater und nicht deine spirituell-sexuelle Neugierde; ich bin nicht besessen von der Idee, einen Vater zu suchen; ich will nicht ins Bordell; ich hasse nicht schwangere Frauen; ich habe Mitleid mit Homosexuellen; ich betrinke mich nicht; ich mag keine Diskussionen über religiöse Fragen und keine über erotische; ich bin an jenem Punkt angelangt, an dem man keine besondren Fragen mehr stellt, weil man sich selber als Antwort erkennt; kurzum: du hast dich in mich hineingedrängt in einem Vorgang, der einer umgekehrten Geburt gleicht: von außen nach innen; du warst ein Einfall, ein Gedanke, ein Bild, unverbindlich, und dann, als ich anfing, mich mit dir einzulassen, hast du dich eingenistet in mir wie eine Maus im Kopfkissen, und hast dort geheckt, dich selber ausgeheckt und meine Kraft dazu benutzt, mich anzunagen, zu verstören, mich in Frage zu stellen, meine Antworten auszuhöhlen, mich aus mir selber zu verscheuchen, die Sprache meiner Gedanken der deinen anzugleichen. So weit ist es gekommen mit mir, daß ich die Gesellschaft Erwachsener meide, daß ich zornig aufmucke, wo man mir fertige Ansichten serviert, daß ich jeden gewohnten Gedanken mit feindseligen Augen betrachte; daß ich unter meinen moralischen Urteilen Großreinemachen halte und meine Schubladen, voll von Sicherheiten, ausmiste; daß ich jeder runden schönen Idee unter die Röcke schnüffle; daß ich mein Haus verlasse, um auf der offenen Straße zu schlafen; daß ich selbst deinen rebellischen Reden, Tobias, mißtraue. Ikonoklastisch schaffe ich freien nackten Raum für dich und mich. Und du w e i ß t , daß ich leide dabei, daß ich mich riskiere; denn wer weiß, ob ich wieder*

*zurückkehren kann in meine eigene Mitte. Und weil du
w e i ß t , daß ich mich abquäle mit dir, d a r u m darfst
du nicht sagen, du glaubtest der Literatur nicht.*
Meine Manie, Selbstgespräche zu halten, wird mir unbehaglich. Allerdings: auf dem Seil der Irrealität tanzen zu können, ist Vorrecht der Dichter. Also bin ich ein Dichter. Ein tolles, aber unbequemes Los, Herberge zu sein für alles Gedankengesindel, das da hereindrängt. Wo wohnt man selbst, wenn die Gäste das Haus besetzt halten? Erkennt man sich selbst denn noch unter ihnen allen?
Mein Gott, Tobias, du tauschst ja die Rollen. Du, mein Geschöpf, machst mich zu deinem. Meine Wirklichkeit ist von der deinen verschlungen. Das Pferd regiert den Reiter. Wer verantwortet wen? Was führst du jetzt im Schild? Das will ich nicht. Das Böse will ich nicht. Laß das Mädchen in Ruhe.
Aber sie gefällt mir. Sieht aus wie ein Bauernmädchen, frisch gewaschen, die Haare mit dem feuchten Kamm zurückgekämmt, braune Haare, graue Augen, hellbraune Haut, auf der Nase einige Sommersprossen, riecht nach Schnee und Tannen, alles ist streng an ihr, nur der Mund ist süß, wie gerollte Rosenblätter sind die Lippen, und dieser Mund redet von Beischlaf und Haß und vom Hohen Lied und vom Wissen-müssen-was-man-tut, wenn man sich einen Liebhaber ins Bett nimmt. Ob sie noch jungfräulich ist? Möglich, sehr gut möglich. Ihr Verstand zehn Schritte ihrer Sinnlichkeit voraus. Die will ich haben. Ich will sie haben. Verlobt? In unserm Alter bedeutet das nicht viel: man sucht, glaubt gefunden zu haben, merkt den Irrtum, läßt das irrtümlich Gewählte fahren, sucht weiter, findet weiter, irrt sich aufs neue. Allerdings diese da, ich nenne sie Anna, so sieht sie aus nämlich, diese scheint fest überzeugt, den Richtigen gefunden zu haben; die wohnt in ihrer Liebe wie in einer Festung.

Da brauchts schon schwere Geschosse, um sie zu stürmen und zu schleifen. Oder eine ganz raffinierte Angriffstechnik. Flirt ausgeschlossen. In dieser Anna ist ein Wille wie ein Bolzen aus Eichenholz, scheint mir. Ja oder nein, etwas andres kennt die nicht. Alle meine Kräfte schießen in eine einzige scharfe Spitze: ich will dieses Mädchen. Wie bekomme ich sie? Entweder beim ersten tollen Anlauf, wenn sie vor Überraschung ihre Waffen fallen läßt. Oder aber: ich muß sie beschleichen, muß sie so verführen, daß sie gar nichts merkt von meiner Absicht, daß sie gar nicht für nötig hält, sich zu schützen. Wo ist ihre schwache Stelle? Was gefällt ihr an ihrem Freund am meisten? Sein nüchtern begeisterter Appetit auf Wissen. Was ist ihre eigene stärkste Begabung? Ihre Lust am D e n k e n . Was haben die beiden zusammen also n i c h t ? Phantasie. Ich muß Annas Traum werden. Ich muß ihr kommen wie das Geheimnis ihres eigenen Wesens: nie einzuholen. Sie denkt: so also bist du – und schon bin ich anders. Aber nicht allzu sprunghaft sein, sonst fühlt sie sich genasführt. Nur immer aufs neue mich der Einordnung entwinden. Mich nicht geheimnisvoll g e b e n , geheimnisvoll s e i n muß ich ihr. Dazu müssen wir uns oft sehen. Jedes Mal werde ich anders sein: einmal traurig, einmal albern übermütig, einmal flegelhaft, einmal behutsam, einmal zynisch, einmal nüchtern ernst, und so fort. Sie muß gezwungen sein, unablässig mit mir sich zu beschäftigen. Ihr D e n k e n muß von mir erobert werden. Ich muß die Besatzungsarmee sein, die den armen Freund unmerklich verdrängt. Er gibt ihr nicht zu denken, ihn durchschaut sie, er will nichts verbergen, er, verglichen mit mir, wird sie zu langweilen beginnen, seine ewig gleiche beharrliche Zuverlässigkeit wird sie ärgern. Er wird ihrem D e n k e n entgleiten. Ich werde es ausfüllen, ich werde ihr Gehirn bis in den kleinsten Nerv für mich arbeiten lassen. Niemals werde ich ein Wort von Liebe sagen, nie ihre Hand berühren, vielleicht sie glauben machen, Frauen ließen mich kalt, das wird sie reizen, sie wird durch D e n k e n herausbekommen wollen, ob es so ist und wenn: wie man einen s o l c h e n bekehrt. Sie wird, ohne zu wissen, was sie tut, um mich zu werben beginnen. Sie wird sich eine Verführungstaktik ausdenken, vorgebend aus sachlichem Interesse zu handeln. Ich werde unberührbar scheinen. Ich werde mit überzeugender Schwermut auszudrücken verstehen, daß ich vom Leben nichts erwarte und auf a l l e s verzichte. Und eines Tages wird es so weit sein: aus Verzweiflung darüber, daß ihr scharfes kleines Gehirn vor dem Problem Tobias versagte, wird sie sich in meine Arme werfen. Oder aber: sie wird mich zornig aufgeben, und dann, in diesem Augenblick, werde ich zuschnappen, denn i c h bin der Herr der nimmt und nicht genommen wird. Eines Tages ... Jetzt schaue ich sie an, wie sie mir gegenübersitzt in ihrer selbstherrlichen Jungfräulichkeit und von Dingen spricht, die nur ihr Kopf weiß, nicht ihr Schoß. Wie sie sich zusammenfaßt, wie sie fest in ihrem Fleische sitzt, frisch gebadet, gesund, mit wohlgeordneten Gedanken; die ganze Person eine sonntäglich geputzte Bauernstube im Gebirge. Wie sie prangt und protzt mit ihrer Unberührbarkeit. Wie sie zeigt, daß sie trotz Verlobung unbeschränkt Herr ihrer selbst ist. – Morgen, höre ich sie sagen, fahren wir (sie deutet auf ihren Freund, dann auf sich und wieder auf ihren Freund, ihr Finger beschreibt sanft aber bestimmt einen exklusiven Kreis), wir, sagt sie, fahren morgen früh weg, nach Griechenland für vier Wochen, mit Auto, Faltboot und Zelt. Und im Wintersemester studiere ich in Paris. – Ich spüre den Stich einer langen feinen Nadel, nicht auszumachen wo, er trifft alle Teile meines Wesens zugleich; dann fühle ich einen eisigen Sog in meinem Bauch und meinen Beinen, mein Kopf entleert sich, meine Hände gefrieren, und dann sitzt statt meiner eine schmerzlose Leere da; plötzlich aber springt etwas fürchterlich Rotes in mir auf, ich lasse ihm freien Lauf, ein langsam sich vorschiebender, kompakter, brutal zielender Strahl glühender Wut. So, sage ich mit äußerster Ruhe, so: mit Zelt, Sie beide, vier Wochen. − Alle drei schauen mich überrascht an. Ich wiederhole: Mit Zelt, aha. − In den Augen des Mädchens sehe ich Mißtrauen aufsteigen. Warum nicht? fragt sie; haben Sie noch nie gezeltet? − Nein, sage ich eisig sanft, ich ziehe das Bordell vor. − Sie versteht mich sofort, wird dunkelrot. Ihr Freund reagiert, wie es natürlich ist. Es scheint, sagt er beherrscht, daß Sie sich nicht vorstellen können ... − Ich schneide ihm das Wort ab: Nein, ich kann es mir nicht vorstellen, es sei denn, ich stellte mir vor, ein Teil sei Hundertfünfundsiebziger oder sonstwie körperbehindert. Ein normaler Mann und ein normales Mädchen ... − Ich bin Ihnen keine Rechenschaft schuldig, sagt er, noch immer beherrscht, aber dieses Mädchen hier ist meine Braut. − Na und? frage ich; Sie meinen, das Risiko falle weg. − Das Mädchen steht auf, sie ist nun weiß im Gesicht, die Sommersprossen wirken schwarz und verdunkeln ihre Stirn. Komm, sagt sie. Der Buchhändler schaut ironisch belustigt. Der Freund springt auf. Schwein, sagt er zu mir. Das hätte er besser nicht gesagt. Ich sage das Übliche: Nehmen Sie das zurück? − Zurücknehmen? sagt er; kann man die Wahrheit zurücknehmen? − Ich frage Sie, erwidere ich: wer ist hier das Schwein: der, der die Lage sieht, wie sie ist, oder der, der mit einem Mädchen zelten geht und vorgibt, das Mädchen nicht zu berühren? − Ja zum Teufel, schreit er jetzt, was geht denn das Sie überhaupt an, was geht Sie meine Braut an? − Oh, sage ich, vielleicht geht sie mich etwas an. − Was wollen Sie damit sagen? − Ich antworte nicht, ich schaue ihn nur kalt an. Ich beobachte, wie er einen Schatten blasser wird und wie er Anna ansieht; seine

Oberlippe zittert. Komm, sagt sie, laß den da. – ›Den da‹, hat sie gesagt, das werde ich ihr heimzahlen. Nun, sage ich, gehen Sie doch mit ›der da‹ zelten; viel Vergnügen. – Er geht wirklich und wahrhaftig. Feigling! rufe ich. Das ist ihm denn doch zuviel. Er dreht sich um. Anna hält ihn mit Gewalt fest. Er reißt sich los, stürzt auf mich zu. Ich erwarte ihn mit eisiger Ruhe, wehre seinen Schlag ab, er will mich in den Bauch treffen, im nächsten Augenblick wälzen wir uns auf dem Boden, ich fühle seine Schläge, schlage wieder, wir keuchen, Stühle fallen um, ich verspüre eine helle Freude, bin ein raufender Schulbub, möchte lachen vor Lust. Da reißt man uns auseinander. Der, dem die Bar gehört, zieht mich weg, der Kellner zieht den andern weg, wir stehen plötzlich auf den Beinen, mein Ärmel ist zerrissen, meine linke Hand blutet; der Student blutet aus der Nase, schmutzig sind wir beide. So ein Blödsinn, sagt der Barmann, der uns kennt; was ist denn in Sie gefahren? Wenn die Polizei gekommen wäre ... Der Student und ich schauen uns haßerfüllt an. Plötzlich geht in uns beiden etwas vor. Wir begreifen. Beide. Er kommt auf mich zu, flüstert: Haben Sie mit ihr etwas gehabt? – Nein, sage ich, aber vielleicht hätte ich gerne etwas gehabt, das, was Sie haben werden bis zum seligen Tod Ihrer Potenz. Leben Sie wohl, gute Reise, viel Vergnügen. – Anna blickt von weitem auf uns. Daß wir etwas flüstern zusammen, verwirrt sie; ihre Stirn hat eine senkrechte schwarze Furche. Sie steht da wie die beleidigte Artemis. Ihre Lippen sind in Verachtung aufgeworfen. Wen verachtet Sie? Der Empfang, den sie ihrem Freund gewährt, ist nicht allzu liebevoll. Sie gehen stumm davon. Der Buchhändler sitzt noch immer am Tisch. Er reicht mir ein frisches Taschentuch. Binden Sie ihre Hand ein, sagt er. Ich gehorche. Ich setze mich zu ihm, bestelle einen großen Cognac, trinke ihn auf einen Zug aus und spüre, wie mir die

Augen heiß und scharf werden. Der Cognac ist stark, sage ich. Der Buchhändler blickt diskret zur Seite, denn ich weine. Verrückt, sage ich und verbeiße mir die Tränen. Ich bestelle einen zweiten Cognac. Der Buchhändler sagt: Hören Sie auf, ist doch nicht der Mühe wert. – Ich schweige. – Na, sagt er, als ob ich nicht wüßte, was Sie toll gemacht hat. – Was denn? – Enttäuschung. – Halten Sie den Mund. – Sagen Sie; aber Sie wollen, daß ich weiterrede. Hören Sie: ich bin vielleicht zehn Jahre älter als Sie, und ich sage Ihnen, es lohnt sich nicht, sich d a r ü b e r aufzuregen. – Worüber? – Glauben Sie denn wirklich, Sie könnten was Jungfräuliches über siebzehn bekommen? – Ich schweige. – D a r a u f , sagt er, kommts doch nicht an. Sie probierens halt alle, weil es die andern auch schon tun, wer will rückständig sein, wer will für tugendhaft und unberührt gelten. Also: weg mit der Jungfernschaft. Neugierde und Angeberei, weiter nichts, Sinnlichkeit zehn Prozent; haben ja noch keinen Geschmack daran, diese Kinder. Wenn dann eines Tages der Richtige kommt, der sie an die Kandare nimmt, dann besagt das, was vorher war, gar nichts. – Ich sage noch immer nichts. – Sind Sie denn so wild darauf? fragt er. – Aber das ist es doch nicht, sage ich wütend. – Also dann sind Sie ein Moralist? – Verdammt, nein, ich bin keiner. – Ja dann versteh ich Sie aber nicht. – Nein, Sie verstehen mich nicht, und es ist auch nicht nötig, daß Sie das tun. – Eine Frage, sagt er ungerührt: wenn Sie nun diese da bekommen hätten, angenommen sie sei virgo intacta, hätten Sie sie so gelassen? ... Sie schweigen. Also gut. So ist das nun einmal: You can't have the cake and eat it. Das Leben ist schon blödsinnig schwer und verworren. – Und Sie? frage ich. – Was? – Ist bei Ihnen alles in Ordnung? – Ich bin verheiratet, habe zwei Kinder. Eines Tages bin ich eben gesprungen. Habs gewagt. Und er sah, daß es gut war. – Inwiefern? – Schwer zu sagen.

Vielleicht weil die Verantwortung, die man sich auflädt, standfest macht, begrenzt, konzentriert. – Aber wozu das? – Wozu, wozu, ich weiß es nicht. Da können Sie mich eben so gut fragen, was der Sinn des Lebens ist. – Wissen Sie den nicht? – Sie vielleicht? – Nein. Sie auch nicht. Und niemand. Da hocken wir also und wissen n i c h t s. – Aber, sagt er, wir wissen nur dann nichts, wenn wir etwas wissen wollen. Wenn wir leben ohne etwas wissen zu wollen, wissen wir a l l e s. – Was: alles? – Den Sinn. Den Lebenssinn w i s s e n wollen bedeutet: ihn nicht erfahren. – Hört sich bestechend an, ist aber nicht wirklich wahr. Man kann auch durch Denken den Sinn erfahren. – Dann ist das Denken aber nur Beigabe, und man war, als man anfing zu denken, schon sicher, zu finden. Aber aus dem Nichts heraus denken, aus der absoluten Unsicherheit oder Hoffnungslosigkeit, nein, das führt doch nicht zum Wissen. – Ach, Wissen, was heißt das schon. Wissen, das bedeutet doch nur: mutmaßen, oder wollen daß etwas so sei, oder hoffen es sei so oder so, weil man sonst nicht leben kann, wenn es anders wäre. Wissen, wenn ichs recht bedenke, ist doch nur ein anderes Wort für Glauben. Und wenn einer nichts glaubt, weiß er auch nichts. Aber ob man glaubt oder nicht, das eben liegt nicht bei einem selbst. – Das sage ich ja: man muß glauben, nicht denken, wenns um den Lebenssinn geht. – Sind Sie ein Christ? – Wieso fragen Sie das? – Sie reden so viel von Glauben, und vorher einmal sprachen Sie vom Kampf zwischen Gott und Teufel. – Ach, das sagt man so. – Warum schämen Sie sich Ihres Glaubens? Wenn i c h ein gläubiger Christ wäre, ich würde es offen zeigen so wie ein gescheiter Bettler seine Armut zeigt ohne Scham: seht so bin ich, und ich bin, was ich bin, nichts anderes; oder wie einer aus meiner Klasse, der sagte, nach seinen Eltern befragt: Meine Mutter ist Kellnerin, mein Vater ein unbekannter Besatzungssoldat. Er sagte das so, daß wir alle Respekt vor ihm hatten; ich wünschte mir damals, auch eine solche Herkunft aufweisen zu können. Also, weshalb schämen Sie sich? – Weil ich nicht sicher bin zu wissen, was das ist, das ich bin. Ich lebe in der Tradition und habe sie nie wirklich überprüft und neu gewonnen. Mir genügt es, standfest zu sein inmitten einer schwankenden Welt. – Ist das Ihr Lieblingswort: standfest? – Vielleicht. – Wenn ich nur wüßte, wie man das macht: sich ganz und gar der Unsicherheit ausliefern, weil sie sich nun einmal als tiefste Erfahrung erweist, u n d standfest sein. Wer standfest bleibt, kann nicht zugleich entwurzelt werden. – Es gibt ja auch ein Nacheinander. – Daß das Entwurzelte wieder einwurzelt? Kennen Sie diese Erfahrung? – Möglich. Ich weiß nicht. Ich kenne nur mein Leben von heute. – Genießen Sie Ihr geordnetes Leben von heute? – Ich bin dankbar dafür. – Und wie ist das dann, wenn Sie solche Bücher lesen wie das da? Sagen Sie nach der Lektüre: Gott, ich danke dir, daß ich nicht so bin wie jene? Oder beneiden Sie jene andern? – Was für Fragen Sie stellen. Nein, ich beneide diese da nicht. Aber jetzt muß ich gehen, ich bin schon zu lange hier, ich wollte nur mit den beiden rasch mich treffen, ehe sie verreisen. – Er geht. Er läßt mich allein. Andre Leute kommen, setzen sich, bestellen, trinken, zahlen, gehen, werfen einen flüchtigen Blick auf meinen zerrissenen Ärmel und den Notverband um meine Hand, durch den das Blut gesickert ist. Ich stelle fest, daß es mir Vergnügen macht, heruntergekommen und verdächtig auszusehen. Man müßte den Mut haben, Außenseiter zu sein, ein Leben ohne Garantie zu führen, auf die Meinung aller zu pfeifen, sich selber nicht und keinen andern zu lieben. Das wäre Freiheit. Alle Leiden kommen davon, daß man sich an Menschen bindet und ihre Meinung über einen selbst ernst nimmt. Brauche ich andre, brauche ich irgendeinen Menschen? Bin ich nicht glücklich, wenn ich allein bin wie jetzt und hier? Alleingelassen, kann ich ins Grenzenlose denken, nach oben und nach innen. Alleingelassen und nur dann werde ich jener Ideen habhaft, die in mir auftauchen, sprachlose Fische, mein Gehirn glitzernd durchfahren, wieder untertauchen, zarte und unauslöschliche Spuren in einem Element hinterlassend, das nicht fähig scheint, ein Gedächtnis zu haben. Nicht daß ich Widerstand und Widerspruch andrer fürchte; ich kann mir schärfer widersprechen, mich rücksichtsloser ad absurdum führen als andre das vermögen, denn ich liefere mich mir restlos aus, ich gestatte mir keine Tarnung, ich kenne meine Schleichwege, Hintertreppen, Hasenhaken, und wenn ich will, kann ich sogar sehen, daß meine Gedanken bisweilen, nicht immer (bilde ich mir ein), wie der fade faulig rosa schimmernde blasige Schaum sind, der bei hohem Wellengang am Seeufer zwischen Schilf und angeschwemmtem Holz sich sammelt. Ich bin ehrlich zu mir, wenn ich allein bin. Andern gegenüber fühle ich mich immer in der Defensive, also muß ich mich verteidigen, muß angreifen, auftrumpfen. Alleingelassen, bekenne ich meine Armut. Aber nicht immer. Alleingelassen, kann ich auch meinen wirklichen Wert sehen. Er ist nicht hoch, aber er ist da. Es gibt Augenblicke, wie jetzt, wo ich mich sehe wie ich vermutlich bin: ein unreifer Jugendlicher, voll von unterdrücktem Feuer, voll von echtem Verlangen nach dem Vollkommenen, für das mich zu opfern ich bereit bin. Käme jetzt einer, ein M e i s t e r , der mich zum Jünger nähme: ich würde ihm folgen, er könnte etwas Großes aus mir machen. Christus, der den Petrus ansah, und der folgte ihm und wurde der Fels. Geschichte oder Mythos, gleichviel: s o war es, so i s t es, vielmehr: so sollte es sein. Aber es kommt kein Meister. Man läßt uns allein. Es gibt vielleicht gar keine Meister mehr. Keine Meister und keine Väter. Nur im Wald alleingelassene Kinder, ausgesetzt, und der Kompaß ist noch nicht erfunden, und Sonne ist keine da um sich nach ihr zu richten. Hänsel, von der Hexe eingesperrt; aber Gretel, listenreich, befreit ihn und findet den Weg nach Hause. Da wären wir wieder bei diesem Thema. Anna, die Jungfrau, die zelten geht mit ihrem Freund. Wie das in mir sitzt und bohrt. Wie Zahnweh, das den Nerv erreicht hat. Ich bin beleidigt, weil das, was ich vollkommen will, nicht vollkommen ist. Der Mensch, ein Leben lang den Beleidigungen von seiten der schlechtesten aller Welten ausgeliefert. Jetzt nicht an s o l c h e Dinge denken. Führt doch zu nichts, macht nur verbittert und verdrossen. Lieber nach Hause gehen, Jod auf die Hand pinseln, mich umziehen. Oder endlich schlafen. Den vergifteten Tag verschlafen. Nur niemand begegnen im Haus. Die Hintertreppe hinaufschleichen. Das Haus riecht nach Braten und Gurkensalat. Es ist Mittag. Zeit zum Essen. Ich habe Hunger. Warum nicht essen gehen? Die andern einfach ignorieren. Sauber gewaschen, die Hand mit einem Pflaster beklebt, erscheine ich bei Tisch. Kleine Tafelrunde. Man ist beinahe ganz unter sich: der Herr Rat und sein Liebling Martine, Mutter, Annette und der alte Jesuit, dem gegenüber ich sitze; wir schauen uns an, und es bleibt mir kein Zweifel: wir mögen uns. Daß dieser Großonkel ausgerechnet Jesuit ist, stört mich nicht, im Gegenteil, es legitimiert ihn vor mir als Mann der Vernunft und militärischen Disziplin, als Skeptiker und Realisten, u n d als einen, der mit geheimen Mächten in Verbindung steht, wie jeder, der asketisch lebt, gleich welcher Religion er angehört. Er hat Mühe beim Essen, sein Gebiß sitzt nicht mehr ganz fest, also spricht er nicht, kaut schweigend, ganz und gar hingegeben dieser anstrengenden Beschäftigung. Wahrscheinlich tut er alles, was immer es auch ist das er tun muß, mit genau der gleichen ausschließlichen Gründlichkeit. In Gesprächspausen höre ich das leise Klappern seines Gebisses. Ich bemerke, daß auch Annette ihn beobachtet; sie tut es, ohne belustigt zu sein, eher mit Scheu. Ein an ihr befremdlicher Ausdruck. Als wäre dieser Großonkel der Komtur aus dem Don Giovanni. Ein Komtur, der ißt, wenn auch mit Mühe, mit steinernem Gebiß. Wenn meine Mutter das Wort an ihn richtet (Noch ein paar Kartöffelchen? Noch ein Glas Wein?), antwortet er mit einem leichten Nicken oder einem kleinen Heben der Hand, welches, eine sanfte aber entschiedene Abwehr, das Nein ausdrückt. Das Wort bei Tische führt Martine; sie hat es an sich gerissen und läßt es nicht mehr aus den Klauen. Sie erzählt, kauend, vom neuen Haus, beschreibt es in allen Details, zeichnet mit dem rosa lackierten langen spitzen Fingernagel den Plan ins Tischtuch, markiert mit Brotkügelchen dies und das, spricht von Kubikmetern umbauten Raums, Heizungssystemen und Holzarten, und von den Preisen, von diesen vor allem. Der Herr Rat, neben dem sie, natürlich, sitzt, hört ihr verzückt zu, und wenn einmal Aussicht besteht, daß sie zum Kauen eines Fleischbrockens eine halbe Minute benötigen und eben so lange nicht sprechen könnte, so benutzt der Herr Rat die Pause, um seinerseits von Preisen und Holzarten zu reden. Die beiden sind ein Paar, ihnen gehört der Tisch, das Fleisch, der Tag, die Welt. Meine Mutter schweigt. Bisweilen hebt sie die rechte Augenbraue und gleichzeitig die rechte Hälfte der Oberlippe, winzige Bewegungen, gleichwohl nicht zu übersehen und überaus hochmütig. Annette, ein Block finsterer Abwehr, schlingt in sich hinein, ohne auch nur ein einziges Wort zu sprechen. Auch ich sage nichts. Ich bin beschäftigt damit, zu hassen. Lieber Gott, sage ich wortlos, laß dieser Martine den Bissen im Hals stecken bleiben, damit sie endlich schweigt, oder laß sie ein krankes Kaninchen zur Welt bringen, damit sie erfährt, daß ihr Glück aus Staub gebaut ist. Ich habe stärkere Verwünschungen in mir bereit, aber ich zwinge mich zu äußerster Mäßigung, doch nur deshalb, weil ich nicht sicher bin, ob Verwünschungen nicht ein Bumerang sind und zu mir zurückkehren. Und Gott scheint mein Gebet zu erhören, wenn auch auf seine, nicht meine Weise: beim Nachtisch greift Martine plötzlich mit einem Schrei nach der unteren Partie ihres Rückens und wird blaß. Wir starren sie an. Der Herr Rat ist entsetzt, wie es sich gehört. Martine will etwas sagen, aber schon krümmt sie sich mit einem neuen Schrei nach vorn. Jetzt ist alles klar. Man springt auf, die Mutter umfaßt sie, aber der Herr Rat schiebt sie beiseite und zieht Martine hoch, als ob damit geholfen wäre. Im Nu ist die Szene verändert. Mutter eilt zum Telephon, der Herr Rat führt die stöhnende Martine hinaus; Annette, der Jesuit und ich bleiben allein. Ich muß gestehen, daß wir das beinahe Unerwartete tun: wir essen seelenruhig weiter mit großem Appetit, ich jedenfalls mit größerem als zuvor, mit Wollust löffle ich Nußcrème mit Schlagrahm, und plötzlich bemerke ich Annettes Blick, ihre Augen sind ganz klein geworden, gleich wird sie lachen, und in der Tat, schon lacht sie los, entreißt mir eine Art Aufschluchzen, nun lache auch ich, wir lachen wie Irre, es ist die aus dem Kerker guter Sitte ausgebrochene Wut, die, Gelächter geworden, unsre Mordabsichten in wilde Heiterkeit umsetzt. Der Jesuit scheint nicht überrascht zu sein; vielleicht hat er Lust mitzulachen; in einer Atempause aber bemerke ich an ihm das leise Heben der rechten Augenbraue und des rechten Mundwinkels, das so kelbeckisch ist, und schon ärgere ich mich über mich selbst und über Annette: wir haben uns benommen wie rachsüchtige aber ohnmächtige Kinder. Ich fühle mich zu einer entschuldigenden Erklärung gedrängt. Eine Feindschaft, sage ich, derer man nicht Herr werden kann, weil sie zu tief sitzt, zu alt ist und von der Gegenseite her stets neu geschürt wird. Der Alte nickt. Er wird jeder weiteren Antwort enthoben durch die Summe eiliger aufregender Geräusche im Haus: jemand rast, zwei oder drei Stufen nehmend, die Treppe hinauf, einige Türen werden aufgerissen und zugeschlagen, in der Pause hört man Martines tierisches Stöhnen, jemand fliegt die Treppe hinunter, die Küchentür schlägt zu, wird wieder aufgemacht, jemand steigt keuchend, offenbar etwas tragend, die Treppe hinauf, andre Füße folgen, es ist ein unsichtbares Kommen und Gehen wie in einem Traum, der sich nur ans Ohr des Schläfers wendet. Wir drei, die diesen Traum träumen, essen weiter, Marionetten, denen man keine andre Bewegung gestattet. Aber schließlich ist die Szene unwiderruflich abgespielt, die Crème ist aufgegessen, es bleibt nichts mehr zu tun. Annette, in der durch nichts bewiesenen Annahme, sehr alte Leute seien allesamt taub, flüstert mir zu: Die ist imstand, das Junge mit Gewalt vier Wochen zu früh zu werfen, bloß damit sie Aufsehen erregt, die blöde eingebildete Kuh. – Der Alte hebt Braue und Lippe, er goutiert unsre Art, den Fall zu kommentieren, nicht. Ich geniere mich, empfinde meine Scham aber als Verrat an Annette. Da meine Freundschaft zu ihr weit älteren Datums ist als jene zu dem Alten, fühle ich mich zur Treue verpflichtet. Ja, sage ich laut, sie ist eine Schmierenkomödiantin: Effekt um jeden Preis. – Unter dem nüchternen geraden trockenen Blick des Alten setze ich hinzu: Sie ist ordinär. Der Alte schaut mich weiterhin an und hat jetzt den verdammten aufmerksamen Ärzteblick, mit dem meine Mutter mich immer dann anschaut, wenn sie bei einer meiner heftigen oder absurden Reaktionen zum wirklichen Kern, zum verborgenen Anlaß vordringen will. Jetzt sagt er trocken: Ich habe lange gebraucht, bis ich verstand, daß ich andre nicht mit meinem, sondern mit ihrem eigenen Maß messen muß. – Na ja, sage ich; aber wie soll man denn so eine lieben. – Lieben, antwortet er, lieben, was heißt denn das. Hast du schon einmal bedacht, daß du auf andre vielleicht genau so wirkst wie deine Schwester auf dich? – Da ich schweige, sagt er: siehst du; also sei barmherzig. – Und dann fügt er noch hinzu: Es ist nicht jedermann gegeben, sich mehr abzufordern als ihm eben natürlicherweise liegt. – Er hat das ganz sachlich gesagt, ohne Spitze gegen mich, das weiß ich; warum also trifft es mich? Ich hasse Belehrungen solcher Art, ich hasse Widerspruch und Überlegenheit, ich sperre mich dagegen, ich kann mich gegen die sogenannten gutgemeinten Ratschläge, in Sentenzen gekleidet, stocksteif machen wie ein Kataleptiker, so daß ich nicht zu treffen bin. Jetzt aber stelle ich bestürzt und zornig fest, daß dieser Alte ganz beiläufig die Stelle fand, an der das Lindenblatt lag. Hier ist mein ganz geheimer Ehrgeiz zu treffen. Was denn nämlich ist es, das dieser Alte mir abspricht? Die Fähigkeit, das Nur-Natürliche zu übersteigen. Also die Fähigkeit zur Größe. Ein Indianer, der feige hinter den Busch kriecht; ein Martyrer, der beim Anblick des glühenden Rostes den fremden Göttern opfert; der Prinz von Homburg, der kneift, und jener Jude namens Löwe, der das Ehrenduell ablehnt, vom Gegner Hund genannt wird und erklärt, lieber ein lebendiger Hund als ein toter Löwe zu sein – ein Teil meines Wesens, sehr zentral gelegen, empört sich gegen Nicht-Helden, Kompromisse und Rückzüge, gegen jegliche Trägheit, die sich als kluge Mäßigkeit tarnt. Der Alte da stellt fest, daß man mir nichts Besonderes abfordern könne, und daß man mich folglich bei jenen einreihen müsse, die einfältig ihrer Natur gehorchen. Er läßt mich, enttäuscht, fallen. Das trifft mich, das wurmt mich, und ich merke, daß mir noch an niemands Schätzung so gelegen war wie an der dieses Alten, der mein Großonkel ist. In diesem Augenblick hat sich im Hause etwas ereignet. Nach

all dem Gerenne und Gelaufe ist eine plötzliche Stille
eingetreten, die lauter ist als der Lärm von vorhin. Mir
tun die Haare am Nackenansatz weh, ein sonderbares
Gefühl, ich glaube sie sträuben sich, und es wird mir kalt
am Rücken. Dann setzt das Lärmen draußen von neuem
ein, eiliger noch als vorher huscht jemand hierhin und
jemand dorthin, dann wird, ohne Zweifel, jemand, der
nur Martine sein kann, die Treppe hinuntergetragen,
sie schreit nicht mehr, niemand spricht, und kurz darauf
fährt ein Auto ab. Jetzt wage ich mich in den Flur: niemand mehr da. Doch: an der offenen Haustür steht
unser neues Mädchen und zerknüllt vor Aufregung ihre
Schürze zwischen den beiden roten dicken Händen. Was
ist denn passiert? frage ich. Sie zittert. Frühgeburt, sagt
sie und fügt hinzu, zögernd, weil sie zu einem Gleich-
altrigen, zu einem männlichen Wesen spricht: Sturzge-
burt. Und ganz leise, noch stärker zitternd: Das Kind-
chen ist tot. Ich fühle flüchtig aber eindringlich, daß
sie jetzt Martine ist. Wahrscheinlich ist auch meine Mutter jetzt Martine, und Martine ist: a l l e F r a u e n,
exklusiv. – Und meine Schwester? frage ich. Das Mädchen
zuckt die Achseln, schaut mich scheu und ängstlich an
(aus was für einer dunklen Ahnung heraus, aus welchem
Instinkt?) und eilt in die Küche. Sie schnupft mehrmals
auf, also weint sie, während sie weiter Geschirr spült:
den Teller, aus dem Martine gegessen, das Glas, aus
dem sie getrunken, das Messer, mit dem sie geschnitten
hat. Und plötzlich w e i ß ich: Martine wird sterben.
Was begibt sich dabei in mir? Beinahe nichts. Ich w e i ß
es; das ist alles. Eine Gleichung geht glatt auf. Keine
Spur von Schadenfreude, von Triumph des Überleben-
den, den sein Überleben entschädigt für die Unbill, die
er von der Toten erfuhr, als sie lebte; auch keine Spur
vom Gefühl des Befreitseins. Nichts als die trockene
Befriedigung über eine saubere Lösung. Die Treppe her-

unter kommen jetzt Annette und der Alte. Sie haben offenbar die Lage bereits erfaßt. Der Alte fragt: Wohin hat man sie gebracht? – Ich weiß es nicht, auch das Mädchen weiß es nicht. Der Alte gibt mir Order, alle Krankenhäuser und Kliniken anzurufen. Endlich: Ja, sie ist hier eingeliefert worden, aber Auskunft kann noch keine gegeben werden, der Arzt ist bei ihr. Der Alte schickt sich an, zu Fuß dorthin zu gehen, aber ich rufe ein Taxi, unser Wagen ist nicht in der Garage. Ich will mitfahren, aber er lehnt es ab, wortlos, er hebt nur die knochige Hand, ein strenges ›Zurück‹ im Blick. Das ist ein Urteil, eine Verurteilung. Wer haßt, bleibe dem Tode fern. Er fährt davon. Ich drehe mich um. Annette ist da. Sie ist blaß. Ich hatte vergessen: sie ist jetzt auch Martine. Aber sie ist es nicht nur. Na so was, sagt sie; mehr ist jetzt nicht zu sagen zwischen uns, wir verstehen uns unter dieser Chiffre. Langsam gehen wir die Treppe hinauf. Ich will in mein Zimmer, aber Annette sagt: Komm zu mir. Sie legt eine Platte auf, einen Israeli-Song, und hockt sich auf den Boden; ich werfe mich auf die Couch. Wir rauchen stumm. Ich versuche zu denken. Ich will durch Denken herausbekommen, ob meine Verwünschung die Ursache am Unglück Martines trägt. Ein krankes Kaninchen statt eines gesunden Kindes. Das habe ich ihr mit aller Intensität gewünscht. Natürlich ist es nicht dieser Satz, diese Abfolge von Worten, was magische Kraft besitzt und erwies. Aber der Haß, der mir diesen Satz erpreßte, ein Haß zwanzig Jahre lang in mir angestaut, verdrängt, wieder erweckt, unterdrückt, aufs äußerste komprimiert: der Druck war sicher gewaltig; der dünne kaum sichtbare Strahl, der diesem Druckspeicher entwich, besaß tödliche Kraft. Und hatte ich etwa nicht allen Grund, Martine zu hassen? Sie hat meine Kindheit vergiftet. Ist das zu pathetisch gesagt? Bitte: wäre sie nicht gewesen, so wäre ich der Erstgeborene.

Die Eltern hätten nicht Zeit gehabt, ihre Liebe jemandem zu geben, der vor mir da war und den sie zum Maß der Nachfolgenden machten. Sehr zu Unrecht, daran ist nicht zu zweifeln, oder doch? Martine war leicht lenkbar, Annette und ich waren es nicht. S i e war hübsch und ordentlich und gefällig, w i r nicht; ich vor allem, ich war häßlich und unordentlich und hielt nichts auf mein Äußeres. S i e konnte dem Vater schmeicheln, w i r nicht. S i e verstand es, ihn um den Finger zu wickeln, i c h fühlte mich von ihm unablässig auf Pistolen gefordert. S i e hielt sich gern in seiner Nähe auf, w i r mieden sie. Kurzum: sie war das Maß meines Wertes, und mit diesem Maß gemessen war ich, was Tugend anlangt, beinahe wertlos. Zudem besaß s i e hohen Nutzwert, i c h keinen, Annette nur geringen. Martine half in der Küche, jätete Unkraut, räumte ihr Zimmer selbst auf, ging ihres Vaters Zeitung holen, spitzte seine Bleistifte und polierte seine Schuhe mit Spucke. Ich hingegen, vier Jahre jünger und acht Jahre ungeschickter, verursachte (angeblich) nur Arbeit und Schaden, und wenn ich einmal im Haushalt half, so tat ichs insgeheim. Bis heute weiß niemand, wer die Spalierrosen aufband, lockere Nägel einschlug und die Wespennester im Speicher herunterschlug, weil das damalige Mädchen sich weigerte, den Speicher zum Wäschetrocknen zu betreten, solang es dort Wespen gab. Martine tat nichts ohne Zeugen, ohne applaudierendes Publikum. Sie forderte geradezu, das man Aufheben machte von jeder noch so kleinen Leistung. Ich, aus Mißtrauen und Haß zum scharfen Beobachter geworden, durchschaute ihre Finten. Eines Tages reinigte sie den Teppich im Eßzimmer mit einer Bürste statt mit dem Staubsauger, vermutlich weil auf den Knien zu rutschen auffälliger war. Aber niemand nahm Notiz, so weit sie auch die Türen geöffnet hielt und so geräuschvoll sie auch hustete. Plötzlich schleuderte sie wütend die Bürste in eine Ecke und warf sich zu Boden, hielt sich den Bauch und jammerte laut, bis die ganze Familie herbeilief und das Schlimmste mutmaßte: Blinddarmentzündung. Jemand flüsterte etwas von ›sofort operieren‹. Da ging es ihr zusehends besser. Schwach aber lieblich lächelnd stand sie auf und erklärte, sie habe sich wohl beim Teppichbürsten überanstrengt, aber das mache nichts aus. Das ist Martine. Aber so kannte sie außer mir (und Annette) niemand. Für die andern war sie das gefällige, leicht erziehbare, liebenswürdige Kind. Das Idealkind. Habe ich eigentlich ein Recht mich zu wundern, daß s i e geliebt war, ich aber nicht und Annette nur bedingt? Auch Eltern ziehen das mühelos zu Handhabende dem Sperrigen vor. Ich sage: Eltern. Aber liebte Mutter sie denn? K o n n t e sie sie lieben, dieses hausbackene amusische Ding? Ohne Zweifel: mich liebte sie mehr, damals, als ich klein war, und das ist leicht begreiflich im Hinblick auf die Umstände, die, vermutlich, mich das diffuse Licht dieser Welt erblicken machten. Aber angenommen, der Herr Rat hielt mich für seinen leiblichen Sohn: warum liebte er mich nicht? Weil Martine, die zuerst Angekommene, den Platz einnahm, der mir zustand. Wieso mir? Weil ich der Sohn war? Sonderbares Festhalten an patriarchalischen Vorstellungen. Aber wie dem auch sei: diese zuerst Angekommene hatte das Erbe der Liebe an sich gerissen, hatte mir die Quelle verstopft, den Bach abgegraben, das Lebensnotwendige für sich allein beansprucht, und sie fühlte sich sauwohl dabei. Aber war es denn ihre Schuld? War es nicht die ihres (und meines) Vaters? Hätte er mich geliebt, wäre ich liebenswerter gewesen? Konnte man von ihm fordern, ein unliebenswürdiges Kind zu lieben? Zuviel verlangt: die Natur übersteigen. Wem also kann ich füglich Vorwürfe machen? Bleibt nur jene Macht, die namenlos dahinter steht, unfaßbar, allen Anklagen sich entziehend. Lassen wir die Frage offen. Für den Augenblick genügt, zu wissen, daß ich Martine haßte, für etwas, wofür sie nichts konnte: ihr Dasein und ihre mir nicht gefällige Art sich zu verhalten, die ihr jedoch die Liebe andrer eintrug. Ich bin also an dem Punkt angelangt, an dem ich klar sehe, daß ich unrecht habe, daß ich böse war, daß ich böse b i n. Soweit mein Denken. Mein Kopf weiß jetzt vieles. Aber das bedeutet nichts. Von diesem Kopf zu mir selber führt keine Brücke. Ich habe das Problem abstrakt behandelt. Auf diese Weise ist das Ergebnis unverbindlich. Wäre es anders, müßte ich jetzt erregt sein, beschämt betroffen gequält. Ich bin aber nichts als befriedigt darüber, den Mut zu besitzen, einer unerbittlichen Selbstanalyse standhalten zu können. Ich-selbst aber, was ist mit m i r? Ich hasse getreulich weiter. In einer finsteren Höhle meines Wesens, im Zentrum, haust der feurige Drache: ich wünsche Martine den Tod. Jetzt wage ich es mir zu gestehen. Nicht das kranke Kaninchen statt des Kindes soll sie haben; n i c h t s mehr soll sie haben, sie soll nicht mehr s e i n. Vergeblich mir zu sagen, daß dies eine allzu primitive Art ist, sich unlösbarer Probleme zu entledigen. Plötzlich, mit der überhellen Schärfe eines senkrecht zustoßenden Blitzes, weiß ich die Wahrheit: ich hasse nicht Martine, ich hasse ihren Vater, der vielleicht der meine ist; für dieses Vielleicht hasse ich ihn, und dieses Vielleicht macht mir meine eigene dubiose Existenz hassenswert. Ich hasse mich selbst. Das ist es. Da haben wir es. Ich wünsche nicht Martine den Tod, ich wünsche a l l e m den Tod was mir mein Leben vergällt, und da ich selbst mir Hauptursache meiner Verbitterung bin, gilt der Todeswunsch folgerichtig mir selbst. Die Logik ist scharf, sie befriedigt mich, aber sie freut mich nicht, sie macht mich zittern. Dann: wenn ich selbst mir Feind bin, was hilft dann der Tod andrer? Zum erstenmal sehe ich die Notwendigkeit meines eigenen Sterbens. – Was hast du denn? fragt Annette, ist dir schlecht? – Wieso? – Du bist ganz weiß geworden. – Nein, mir ist ganz gut, mich friert nur ein wenig. – Frieren? Es hat mindestens zwanzig Grad hier drinnen. Was ist mit dir? – Nichts. Wirf mir eine Zigarette her. – Sie steht auf, bringt mir eine, zündet sie mir an. Ich bin meinem Tode voraus: ich sehe, wie sie die Kerzen an meinem Sterbebett anzündet, ich fühle, wie sich die Todeskälte in meinen Gliedern ausbreitet, vom Mark her dringt sie nach außen, bis sie die Haut erreicht. Es ist keine leichte Sache, zu sterben. Vor Angst komme ich nahe an eine Ohnmacht, aber ein Rest männlichen Stolzes und männlicher Schamhaftigkeit bewahrt mich davor, wirklich bewußtlos umzusinken. Zuviel gegessen oder zuviel geraucht, murmele ich und kämpfe gegen die Nebelschwaden von kleinen Fliegen, die über meine Augen ziehen und in mein Gehirn einzudringen suchen. Eine Hand hält mir ein Glas unter die Nase, dann an den Mund, ich trinke: Cognac. Ist dir jetzt besser? Die Hand gehört zu einer Stimme. Gott sei Dank: es ist nur Annette, die mich in meiner Schwäche gesehen hat. Verdammter Mist, sage ich. Sie geht nicht darauf ein, legt eine neue Platte auf. Nein, sage ich, jetzt gehe ich; mir scheint, ich brauche Luft. – Es ist eine von Annettes Qualitäten, nie zu fragen wohin ich gehe, und nie beleidigt zu sein wenn ich einen meiner Entschlüsse nicht erkläre; sie beherrscht die Kunst, einen frei zu lassen. Wohin gehe ich denn jetzt? Beneidenswerte Leute, die immer wissen, wohin sie zu gehen haben, und die Appetit auf ein Ziel fühlen. Ich gehe, um die Zeit totzuschlagen. Mein Kopf weiß, daß ich jetzt meterweise Lebensstoff verschwende, den zu besitzen ich eines Tages glühend oder verzweifelt wünschen werde. Aber was hilft mir dieses Wissen? Ich verhocke einen langen Nachmittag im Kino. Mit mir zugleich tun es hundert andre. Ich kam zum ersten Programm zu spät, nun sehe ich die Wochenschau am Schluß: ich sehe die brasilianischen Slums, den auf Arbeiter wartenden Negev, die überfüllten Krankenhäuser ohne Personal, die Toten von Vietnam, die vom Hochwasser verwüsteten Gebiete Kanadas. Was ist es, das ich fühle bei diesem Anblick? Beinahe nichts. Eine leise Stimme versucht mich zu überreden zu etwas, das ich für praktisch ausgeschlossen halte. Diese leise Stimme ruft eine andre zu Hilfe, eine vertraute, sie weiß mich besser zu nehmen, sie appelliert an die heroische Abenteuerlust des Knaben in mir; sie verspricht mir Befriedigung. Und beide Stimmen zusammen versprechen: den Sinn des Lebens. Ich höre sie mit leichtem Herzklopfen an, weise sie ab, bin siebzig Jahre alt, ein müde gewordener Realist. Aber was zum Teufel ist denn heut mit mir los: wieder spüre ich diese befremdliche Übelkeit. Ich winde mich an fremden Knien entlang in den Mittelgang und gewinne schließlich das Freie. Es geht gegen Abend. Schon stehen die Schönen der Nacht an den Ecken. Eine spricht mich an. Sie hat traurige Augen, aber ihr Parfum ist ekelhaft süß. Sie läßt die allzu junge, wenig versprechende Beute gleichgültig fahren. Hätte sie ein wenig gedrängt, ich wäre mit ihr gegangen. An diesem Abend wäre es möglich, und sie wäre der einzige Mensch, der mich trösten könnte, wir wären Gefährten gewesen, zwei von den Eltern verstoßene Kinder im Wald, Fallengelassene, zu denen niemand sich bekennt und die keinen andern Halt mehr haben als die gemeinsame Traurigkeit, das gemeinsame Ganz-unten-Angekommensein. Ich bin weitergegangen auf der Straße, aber an der Ecke drehe ich mich noch einmal um. Da geht sie weg mit einem andern, steigt in dessen Auto ein, ich höre sie lachen, einige Augenblicke später fährt sie an mir vorbei, erkennt mich nicht, schert sich den Teufel um mich. Und das Schlimmste: ich hätte sie haben können zu einem angemessenen Preis. Ich selbst bin der Totschläger meiner erfüllbaren Wünsche. Ich versteh nicht zu leben, und ich mißtraue allen die es verstehen, die sich häuslich einrichten auf diesem furchterregenden tückischen Planeten, der auf unsre Vernichtung sinnt, indem er uns alle Mittel zu unsrer Vernichtung in die Hand spielt. Gibt es denn eine Möglichkeit, glücklich zu werden? Wer von allen die ich kenne, ist glücklich? Onkel Philipp unter seinen stinkenden Syphilitikern, in seiner selbstgewählten mönchischen Einsamkeit, mit seinem vollautomatischen Haushalt, seiner gottlosen Askese, seinem auf keinen Dank kein Geld keinen Ruhm bedachten Dienst am Nächsten. Er vielleicht? Oder Reuben, ja, Reuben, der sich in strenger Diszipliniertheit gesetzt hat, unverbrüchlich zu glauben daß alles Leben sinnvoll sei wenn man es lebe. Und wer noch? Such-Spiel: eine Stadt, labyrinthisch, ineinandergeschachtelt, der Turm von Babel, irgendwo ist ›Der glückliche Mensch‹ verborgen, aber wo, und wie zu erkennen, trägt er ein Abzeichen, ich taste mich durch die Straßen und Winkel, beschnuppere die Spuren im Asphalt im Sand auf dem Parkett auf den Perserteppichen auf den Pflastern der Kirchen: ich finde ihn nicht, den glücklichen Menschen. Wieso bin ich darüber nicht verzweifelt sondern befriedigt? Weil dann auch ich nicht glücklich zu sein brauche. Weil dann mein Unglück gar keines mehr ist, da es ›das Normale‹ ist, der uns angemessene Zustand. Fast macht es mich glücklich, daß ich unglücklich bin. Einer von Milliarden, die alle leiden. Leben, reduziert auf Tapferkeit. Durchhalten: der Sinn. Im Überstehen erfahren, warum und wozu man übersteht. Gemeinschaftlich leiden, das verspricht eine gewisse Süßigkeit. Ich lege die Arme um meine Hoffnung, die kleine Hure, und liebe sie. In ihr liebe ich a l l e s. In ihr liebe ich m i c h. Das ist schon etwas, das ist ein Zauberspruch, mit dem sich die Pforten der Hölle einen Spalt weit öffnen lassen, genug um einen Hauch kühler, nach Herbstregen riechender Luft einzulassen. Wieso Herbstregen? Es regnet noch nicht, aber der Abendhimmel ist bedeckt mit grauem schuppigem Schorf, und selbst Glücklichere und Dümmere als ich müssen spüren, daß zwischen Asphalt und Wolken vieles umgeht, lautlos, das uns übel will und das den Würgegriff kennt, mit dem man einen Menschen zum Gespenst macht. Wenn ich w i l l, kann ich Gespenster s e h e n ; es ist ganz leicht, den Leuten Kleider und Fleisch vom Leib wegzudenken; der Rest zerfällt in ein Wölkchen Staub, das sich schwänzelnd davonmacht. Ich kann solcherart die ganze Parkstraße entvölkern. Nur ich selbst widerstehe dem Zauberkunststück, ich bleibe kompakt, ein schwarzer Stein, aus einer Brandmauer gefallen. Dummes Bild: ein Stein läuft nicht durch die Straße. Lange habe ich kein Gedicht mehr gemacht. Wozu auch. Dieser Abend, dieses Jetzt-und-hier i s t ein Gedicht: die lange Straße, schnurgerade, verspricht mit ruhiger Überzeugung ein Ziel; die Pappelreihen, streng wie Parteidogmen, überwachen die Passanten, verbieten den Ausbruch; und ich, auf dieser Straße, ein Illegaler, ein Anarchist, asozial und vogelfrei, verschmähe das Ziel und trauere einer Hure nach, die ich hätte haben können. Dies alles ist ein Ganzes, und dieses Ganze in seiner eigensinnigen Gegensätzlichkeit tut mir weh, aber der Schmerz ist mir angepaßt, es ist m e i n Schmerz ganz allein. Diesen Augenblick festhalten: jetzt bin ich mit mir selber zur Deckung gebracht. Jetzt b i n ich. Das ist evident. Ich b i n. Das schließt ein: Ich w a r, ich w e r d e s e i n. Wer sagt das, wer beweist es? I c h. Denn ich w e i ß es. Tolle Freude. Zickzackblitze der Freude. Das ist der gefundene S i n n. Das S e i n ist der S i n n. Die Straße wird mir zur via triumphalis. Ich g l a u b e. Wem und woran? So nicht fragen. Unwichtig. Es genügt dies: ich g l a u b e. Gewohnt mir und allem zu mißtrauen, warte ich auf das Aufhören des Glücksgefühls, aber es hält an, es überdauert das Fallen der ersten Regentropfen, das Erschauern der Pappeln, die ersten großflächigen stummen Blitze. Ich bin sicher: führe jetzt ein Blitzstrahl nieder, er böge über meinem Kopf aus, änderte seine Richtung, denn ich bin blitz- und kugelsicher. Bis das Gewitter losbricht mit einem Wolkenbruch, der mich, schon durchnäßt, in ein Taxi treibt, das mir zum Glück begegnet. Vor unserm Gartentor stutzt der Fahrer. Komisch, sagt er, so ein Zufall: vor einer kleinen halben Stunde hab ich auch da gehalten; einen älteren Herrn und eine Dame hab ich gefahren von der Gynäkologischen bis hierher, und der Herr, der hat die ganze Fahrt lang geweint. – So, sage ich, und höre den Beginn eines Holztrommelwirbels in meinen Ohren, der in meinem Kopf und in meiner Brust widerhallt; beinahe vergesse ich zu bezahlen. ›Der König hat geweint.‹ Martine ist tot. Der Wolf ist tot, der böse Wolf ist tot. Ich springe die Treppe hinauf, drei Stufen auf einmal nehmend. Ich stoße einen Blumentopf vom Tischchen, Annette erscheint in der Tür, legt den Finger auf ihren Mund, bedeutet mir zu folgen, schließt lautlos die Tür hinter uns. Ist sie tot? frage ich. – Nein, sie ist nicht tot. – Ja warum weint er dann? – Weint er? Woher weißt du, daß er weint? – Ich bin zu ungeduldig, um die Geschichte vom Taxifahrer zu erzählen. Also, was ist denn? frage ich. – Man hat sie operiert. Totaloperation. Jetzt kann sie keine Kinder mehr kriegen. – Na, und deshalb weint e r ? Er ist doch nicht ihr Ehemann. – Nein, aber eben der ist gekommen und hat ihn vor die Tür gesetzt in der Klinik. – Woher weißt du denn das? – Aus Mutters Andeutungen. Ich bin ja nicht dumm. Da muß sich allerhand abgespielt haben. E r wollte die Operation verhindern, sprach von unverantwortlicher Übereilung, von Sünde gegen das Sakrament der Ehe will sagen die Pflicht Kinder zu gebären selbst um den Preis der Gefährdung der Mutter und was eben solche Sprüche sind. – Und dann? – Dann kam telephonisch gerufen der Ehemann, es gab einen lautstarken Streit, in dessen Verlauf, nach Mutters diskret spärlicher aber hinreichender Auskunft, e r aus dem Zimmer flog. – Aha, deshalb die Tränen. Und Martine? – Die hat sich, geschwächt wie sie war und aus Todesfurcht, auf die Seite ihres Mannes geschlagen. – Verrat, Verrat. Und wie geht es ihr? – Sie hat die Operation lebend überstanden, mehr weiß bis dato niemand. Warum schaust du mich so an, Tobias? – Weil du von alledem redest wie vom Schlachten eines Suppenhuhnes. – Soll ich denn weinen, ich? Ich kann mir denken, wie unangenehm eine solche Operation ist, das ist alles. Daß sie hernach keine Kinder mehr bekommt, macht doch nichts aus, wenn man schon zweie hat. Vielleicht wird sie die Vorteile noch begrüßen. Wenn ich ganz schamlos ehrlich bin, dann wage ich mir einzugestehen, daß ich dieses Unglück als zu Recht über sie gekommen betrachte. Wieso? Weil sie mit ihrem Glück geprotzt hat. So was rächt sich immer. Was lachst du? – Weil du mich an unsre Köchin erinnerst, weißt du, die, als wir noch in der Bertramstraße wohnten. Weißt du noch, wie die eines Ostersonntags... – Ach ja, die Geschichte mit dem Schreiner, der neben der Kirche am Karfreitag die Kreissäge laufen ließ und den der Pfarrer bat aufzuhören und der nicht aufhörte und dem dann an der Kreissäge was kaputt ging und der sich drüberbeugte um nachzuschauen, und wie dann plötzlich das Ding von allein zu sägen anfing und ihm glatt und sauber den Kopf absägte. Aber wieso erinnere ich dich daran? – Du hast die Pointe vergessen. Was hat die Alte gesagt als düsteren Kommentar? Weißt dus nicht mehr? Sie hat gesagt: ›So gehts meistens.‹ Und wir haben gelacht. Und jetzt hast du gesagt: ›So was rächt sich meistens.‹ Glaubst du das wirklich? – Nein. Ich möchte aber, daß es so sei, und bei Martine jetzt i s t es so und es freut mich, daß es so ist, es ist logisch, es ist gerecht. Seit ich denken kann, hat diese Person uns drangsaliert mit ihrer Vorbildlichkeit, ihrem niedlichen Bravsein; der lebendige Beweis war sie für die scheißbürgerliche Maxime, daß man nur tugendhaft sein müsse, damit einem alles zum Guten gerät. Einmal, weißt du noch, bist du mit deinem Rad ins Schleudern gekommen und hast dir ein Loch in den Kopf geschlagen, und was hat man dir gesagt, e r hats gesagt: Das kommt davon, wenn man ohne zu fragen fortfährt. Und dabei warst du schon siebzehn. Das Loch im Kopf als Strafe für den Ungehorsam. Jedes Unglück im Leben als Strafe für Sünden. Der Tod vielleicht auch noch als Strafe für die Summe aller Laster. Sch... – Hast du schon gesagt. – Kann man nicht oft genug sagen. I s t doch so. Und jetzt Martines Unglück: Strafe w o f ü r ? Das sollte dem alten Herrn zu denken geben. W e n n Unglück Strafe ist, dann muß er doch schließlich zu finden suchen, w o f ü r sein Liebling gestraft wird. – Weißt d u es? – In aller modestia gesagt: ja; erstens für ... – Halt, Kleine: ich überführe dich jetzt mühelos der Unlogik. Fandest du nicht vorher die Maxime, Unrecht räche sich, scheißbürgerlich, also falsch? Und freust du dich nicht im gleichen Atemzug darüber, daß es einmal zutrifft? – Ach meinetwegen. Es gibt auch eine andre Logik. – Aha. – Also sag doch: freust du dich denn nicht auch? – Ich h a b e mich gefreut. Jetzt, wenn ich dich so reden höre, scheint mir, daß wir recht schäbig sind, wir zwei. – Schäbig? Es ist doch n a t ü r l i c h , daß wir so denken. – Ja, eben: N a t ü r l i c h. Nichts weiter. Nicht mehr. Nicht h ö h e r. – Also du erwägst gewissermaßen, Martine zu bedauern? Rein theoretisch? Wie das Gesetz es befiehlt? – Annette, ich bin ein zwiespältiger Mensch, das weißt du. Manchmal möchte ich g u t sein. – Gut? Das hört sich so an, als wolltest du das verdammte Erbe Martines antreten. – Nein. Gut war die ja wohl nicht. Die war höchstens a n g e p a ß t. Man sollte g u t sein. – Was ist das? – U n a n g e p a ß t. – Was? Wie? – Ach, ich weiß doch selber nicht genau. Das N a t ü r l i c h e übersteigen. So etwa. – Du meinst also, daß das natürliche Verhalten nie gut ist? Du Kantianer du. – Du verstehst mich nicht. – Der unverstandene Mann... – Hör auf. Ich bin durcheinander. Dieser verdammte Tag hat mich ganz blödsinnig über den Haufen geworfen. Wo ist eigentlich der Alte abgeblieben? – Welcher Alte? – Großonkel Es punkt Jot punkt. – Ach so. Der ist in der Klinik geblieben, übernimmt die Nachtwache, hat Mutter gesagt. – So? Die Axt im Haus erspart den Zimmermann. Für alle Fälle der Priester am Bett. Der familieneigene Seelsorger. – Warum redest du denn so wütend plötzlich? – Ich geh jetzt ins Bett. Gute Nacht. – Ich bin unfähig, Annette in Worten zu erklären, daß mich der ganze Haß auf Martine in diesem Augenblick, zu äußerster Dichte komprimiert, mit wüster Gewalt erneut überfallen hat. ›Jetzt nimmt sie mir auch noch den Alten weg‹, das ist die Formel für meine Wut. Allen Ernstes überlege ich, ob ich nicht einen Herzanfall simulieren könnte, um den Alten an m e i n Sterbebett zu locken. Schon beginne ich heftige Beschwerden zu fühlen, Atemnot, ein krampfartiges Ziehen in den Herzkranzgefäßen, Übelkeit, ich wanke ins Bad, und in der Tat, ich muß mich erbrechen, lang und schmerzhaft. Und niemand hört mich. Niemand kommt. Allein würden sie mich krepieren lassen. Soll ich schreien? Ein Rest männlichen Stolzes hält mich im Zaum. Ich wasche mich und gehe leise in mein Zimmer zurück. Aber auch ohne Zeugen ist mir übel genug. Haß bekommt mir offenbar nicht. Das Ganze endet in Scham. Unmöglich habe ich mich benommen. Die Attitüde eines erpresserischen egoistischen Kindes. Ich schwöre mir, es soll das letzte Mal sein. Von nun an würde ich ein Mann sein, der schweigsam und in stolzem Ernst seine Leiden erträgt. Ich sehe mich als Steuermann eines kleinen Schulschiffs auf hoher See: der eisige Sturm peitscht mein hageres Gesicht, meine Hände sind wund, mein Rücken schmerzt, ich habe Hunger, bin ohne Hoffnung, Land zu erreichen, aber ich halte durch, Vorbild der Mannschaft, dem Tod ins Auge blickend, während sich die andern noch in Sicherheit wähnen dank meiner heroischen Selbstdisziplin. Tobias, Tobias, du Held aus Knabenbüchern. Und doch: es lebt sich gut mit Vorbildern, und ohne sie – was hat man, woran man sich orientieren kann? Zwölf Jahre vor meiner Geburt hat man versucht, der Jugend in unserm Land ein Ideal zu geben: den jungen SS-Mann, die Elite, gefolgschaftstreu, sauber, streng in Zucht, asketisch, fast monastisch (ja d a m a l s , am A n f a n g !), und die Idee ü b e r das eigene Leben stellend. Das w a r etwas. Leider: das Ideal war nur als Köder für präsumptive Mörder ausgeworfen. Aber an Stelle dessen, was kam dann, was kam für u n s ? Das staatliche allerhöchste Gebot, das elterliche Vorbild: Geld verdienen, Häuser bauen, Körper pflegen, Freizeit gestalten, den Tod leugnen. Fortgehen sollte man aus diesem Land. Pionier sein irgendwo. Wo? Wie? Frag nicht, Tobias, du weißt hundert Möglichkeiten, aber du drückst dich von allen. Scham, Scham. Ohnmacht. Mir wird zum zweitenmal übel, ich muß wieder ins Bad, ausgehöhlt krieche ich ins Bett. Der letzte Gedanke vor dem Einschlafen: s o kanns nicht weitergehen mit mir. Aber nur der Tod bietet sich mir als Lösung an. Ich wache sehr früh auf, es regnet inständig, aber ich fühle eine Art von Entschlossenheit, deren Herkunft und Ziel mir gleicherweise verborgen sind; aber zweifellos: ich bin zu etwas entschlossen, ich habe etwas vor. Es dauert eine Weile bis ich mich erinnere: ich habe im Traum ein Kartenspiel gesehen in irgendeiner Hand, ich habe nur die grünkarierten Rückseiten gesehen, es waren schmierige Karten, nur eine war neu, ich griff danach, denn das war mir angeboten, ich zog, und es war ein Foto, das Foto des Physikers aus der Sammlung meiner Mutter; aber es war nicht eindeutig, es wechselte, einmal war es der Physiker, einmal der Großonkel, einmal war es ich selbst; ein Dreischichten-Palimpsest: jedes Bild sozusagen übermalt mit zwei andern, und je nach Beleuchtung trat das eine oder das andre hervor. Und was hat das mit meiner blinden Entschlossenheit zu tun? Das frage ich mich, obgleich ich die Antwort schon weiß. Wie und wo aber finde ich ihn? Er ist berühmt, also muß seine Spur deutlich sein. In der Universitätsbuchhandlung fragen. So ungeduldig habe ich seit langem den Tag nicht erwartet. Um acht Uhr schon bin ich in der Buchhandlung. Man weiß die Antwort nicht. Fragen Sie doch im Physikalischen Institut; doch, da arbeitet man auch in den Ferien. Also ins Institut. Der dritte Befragte weiß es: Professor Y war zehn Jahre in Kanada, dann kam er krank zurück. – Krank? – Er deutet mit dem Finger auf die Stirn. – Was: geisteskrank? – Er nickt. – Und wo ist er jetzt? – Mit einigen präzisen Auskünften befrachtet finde ich mich auf der Straße. Geisteskrank, geisteskrank... Ezra Pound in der Irrenanstalt. Professor Y in der Irrenanstalt. Irren-Anstalt. Irren. Irrtum, Irrtum. Beide irrtümlich eingesperrt. Oder vielmehr: eingesperrt damit sie geschützt sind, Ezra Pound vor der Staatspolizei, Professor Y vor ... ja, wovor wohl? Ein sozusagen normaler Wahnsinn: ausgeschlossen. Das Opfer einer politischen Intrige. Was sonst? Feinde, Neider. Oder: er hat etwas erfunden, was schlimmer ist als die Atombombe, als die Wasserstoffbombe. Man begräbt sein Geheimnis in der Irrenanstalt. Tobias, e n d l i c h eine Aufgabe: den Mann befreien. Hört sich ganz albern an. Wie aus einer Indianergeschichte. Oder aus einem Ritterroman. Don Tobias Quijote, das Tor der Irrenanstalt mit der Spitze eines Füllhalters einrennend. Nein: ganz legal sich Zutritt verschaffen, das Gebäude systematisch erkunden, den besten Fluchtweg suchen, die Flucht bis ins

Kleinste vorbereiten. Aber warum nicht ganz einfach: die Freilassung bewirken? Die Presse alarmieren. Der allmächtige allwitternde Fuchs könnte helfen. Eine galoppierende Freude treibt mich zu ihm, aber schon ehe ich das Victoria erreiche, stoppe ich meinen Lauf. Ihn nicht einweihen. Niemand einweihen. Ohne Mitwisser arbeiten.
T o b i a s !
Ja, schon gut: ich weiß, daß ich dabei bin, etwas Romantisches zu tun. Aber warum nicht?
Du sollst dich nicht selber belügen!
Belügen? Na schön, ich gebe zu, daß es mir nicht um das Abenteuer der Gefangenen-Befreiung geht.
Sondern?
Ich weiß nicht. Einmal habe ich mir Herrn Y zum Vater gewünscht. Jetzt frage ich mich, ob ich überhaupt noch nach meinem Vater suche.
Was willst du dann in der Irrenanstalt finden?
W e n, nicht w a s.
Nein: W a s. Präzise Frage.
Muß man denn w i s s e n, was man finden will? Was bedeuten Worte. Ich könnte sagen: Kongruenz. Oder: Integration. Das sind Worte für etwas, worunter man sich etwas vorstellen kann, wenn man will. Aber ich suche etwas, auf das kein mir bekanntes Wort paßt. Sage ich: ich suche es? Nein: es sucht mich. Etwas sagt mir, daß ich dorthin gehen m ü s s e. Daß ich dort das letzte Glied einer Kette finde.
Einer Kette? D u sprichst von Kette, du, der du Freiheit willst um jeden Preis?
Will ich sie? Kann man wollen, was man nicht kennt? Aber ich meinte das doch nicht. Ich gebrauchte eine übliche Redensart für die logische Abfolge von Ereignissen oder von Denkinhalten; Ursache, Wirkung, Kausalzusammenhang. Das meinte der Ausdruck.
Ja eben, davon spreche ich. Von Ursache und Wirkung

und Zusammenhang. Ein furchterregender Gedanke: Glied einer Kette zu sein.
Aber das ist nun doch wieder etwas anderes.
Nichts ist ganz Etwas-anderes. Alles gehört zusammen.
Vor langer Zeit habe ich einmal reflektiert über das Wort Kette. Wie war das? Kette und Einschlag. Weberschiffchen. Das geworfene Schiffchen. Geworfensein. Ich, geworfen in die vorhandene (seit wie lang vorhandene?) Kette eines (wie lang schon?) entworfenen Webteppichs. Habe ich damals rebelliert dagegen, verwoben zu werden in ein vorgegebenes Muster? Oder habe ich nur mich selber als Entwurf gesehen? Was ist vorgegangen in mir seither, daß ich ein Ganzes fühle, zu dem ich gehöre?
Tobias, werde mir nicht zu rasch erwachsen. Überspringe nichts. Verfalle nicht in den Fehler der meisten: die Erfahrung eines Lebensaugenblicks für d i e Erfahrung zu halten. Langsam, langsam. Sag noch nicht ja. Das Nein ist wichtig, Tobias. Alte Häuser abreißen, Schutt wegfahren, Platz machen. Eine pietätlose Zeit? Nicht durchgängig: das Überholte stellt man ins Museum; es behält seinen Wert, auch wenns keinen Nutzwert mehr hat. Aber das ist nicht Sache der Jugend. Die hat dazu keine Zeit. Die muß erst sich mit Nein Nein und wieder Nein bis auf den Grund durchfragen.
Und was findet sie auf dem Grund? Findet sie etwas, ja oder nein?
Wie du fragst. Als gebe es nur ein Ja oder ein Nein, und tertium non datur.
Als tertium das Vielleicht?
Es gibt das Dunkel, das beides enthält.
Also den permanenten Zweifel?
Das permanente Ja zum Dunkel.
Ach, das Denken macht mich müde. D i e s e s Denken, das ich b i n. Ich habe jetzt keine Zeit dazu. Ich habe eine A u f g a b e. Sie heißt: Herrn Y finden. Die Frage

ist jetzt: wie komme ich ungeschoren, unbefragt von zu Hause weg. Ich brauche zwei Tage mindestens für diese Exkursion. Was sage ich, wohin ich gehe? Sie verlangen genaue Angaben, das gehört immer noch zum Sittenkodex einer bürgerlichen Familie von heute. Andre meines Alters haben ihre Eltern darin einfach überfahren: sie scheren sich den Kuckuck um Vorschriften, sie hauen einfach ab. Annette und ich, zähneknirschend, wahren die Form. Ist blödsinnig, wenn Eltern wissen wollen, wohin man geht. Als ob das wo schon etwas sagte über das wie. Ich kann dem Herrn Rat bei Tisch gegenüber sitzen und mit dem, was wirklich i c h ist, auf der Straße bei einer kleinen Hure stehen oder das Messer schleifen für einen Mord, sogar für den seinen. Wenn ich Kinder hätte, würde ich sie nach nichts fragen, damit sie nicht lügen müssen. Ich werde jetzt nicht lügen. Diese Reise muß in jedem ihrer Teile und an jedem Punkt sauber sein. Ich werde sagen: Ich fahre weg für zwei drei Tage. Ich werde es so sagen, daß sie nicht wagen mich zu fragen, denn sie werden merken, daß es um etwas Ernstes geht, das ein Mann ganz allein tun muß. Ich komme zum Mittagessen nach Hause. Der Tisch ist nur für zweie gedeckt. Nur meine und Annettes Serviette liegen da. Wo sind die Eltern? In der Klinik. Das Mädchen weiß es. Auch der ›Herr Pater‹ ist dort, er hat Martine ›versehen‹, mit den Sterbesakramenten nämlich. Das Mädchen schaut mißbilligend zu, daß wir mit Appetit essen. Wir wissen, was sie denkt, aber sie weiß nicht, was wir denken: wir sollten jetzt so traurig sein, daß uns der Bissen im Hals stecken bliebe, aber wir sind nicht traurig, wir sind bedrückt darüber daß wir nicht traurig sein können, und wir werden uns für dieses wenn auch schuldlose Versagen unsrer geschwisterlichen Gefühle bestrafen, indem wir nach Tisch in die Klinik fahren; mehr ist von uns nicht zu erwarten; man muß den Mut haben zu sehen, daß man brutal ist.

Fahren wir nachher hin? fragt Annette. Das Ergebnis unsres stummen Gesprächs. Wir kommen nicht dazu, den einem kantischen Pflichtbewußtsein entsprungenen Entschluß auszuführen: die Eltern kehren heim, und zwar ohne den ›Herrn Pater‹, was mich scharf enttäuscht. Es geht Martine besser, die akute Gefahr ist für diesmal vorüber. Der Herr Rat ist über Nacht ein alter Mann geworden. Er vergißt, daß er sein Leben lang darauf bedacht war, seine knapp einhundertsiebzig Zentimeter durch eine äußerst aufrechte Haltung auf einhunderteinundsiebzig zu strecken, er läßt seine breiten Schultern nach vorne hängen, die Jacke ist ihm zu groß, er ist schlecht rasiert, die Hängebacken sind gelb, aus dem linken Nasenloch stechen zwei steife graue Haare, und ein Hosenknopf steht merklich offen. Ein wenig Nachlässigkeit genügt, ihn häßlich zu machen. Aber in seiner Häßlichkeit gelingt es ihm, was er vorher nie vermochte: Sympathie zu erwecken. Die meine. Er leidet. Er leidet w i r k l i c h. Worüber und weswegen er leidet, ist ohne Interesse für mich. D a ß er leidet, gibt ihm Würde und Wert. Neue Erfahrung: das Leiden b r a u c h e n. Das Leiden nicht als Minderung, sondern als Erhöhung. Kann ich diesem Mann in diesem Augenblick sagen, daß ich verreisen will? Ich muß es sagen. Mein Auftrag verlangt es. Jaja, sagt er milde, fahr nur; nach all dem Trubel hier... Kanns verstehen. – Keine Frage. Kein Wenn und Aber. Keine Ermahnung. Nichts als Verständnis und Gewährung. Fast fühle ich mich verpflichtet zu bleiben. Aber ich habe eine Aufgabe. Die Mutter drückt mir einen Geldschein in die Hand und ich nehme ihn an, denn ich reise als ihr Geheimagent. Ich hätte ihn auch sonst angenommen, denn ich habe kein Geld, ich bin nicht sparsam. In einem Anfall von Verdrossenheit denke ich: andre in meinem Alter haben ein Auto. Aber ich denke es nur mit dem Kopf. Mir selbst kommt es nur darauf an, möglichst rasch zu Herrn Y zu gelangen. Ich wäre per Anhalter gefahren, aber so, mit dem Geld meiner Mutter in der Tasche, leiste ich mir die Eisenbahn. Die Fahrt, drei Stunden, verschlafe ich, da ich nicht d e n k e n will. Schlierende Regenvorhänge an den Fenstern des Abteils, in dem ich allein bin. Es hat geregnet als ich einstieg, es regnet wie der Schaffner mich weckt um die Fahrkarte zu kontrollieren, es regnet wie ich aussteige, es regnet auf dem Weg zur Psychiatrischen Klinik, es regnet beharrlich monomanisch narkotisierend. Schlafwandlern gelingt das Unmögliche. Daß mir der Eintritt verwehrt, der Besuch untersagt werden könnte, das habe ich nie bedacht. Die Sekretärin am Empfang fragt, ob ich verwandt sei mit dem Patienten. Was soll ich ihr sagen? Um das herauszufinden bin ich gekommen. Aber das will ich ihr nicht erklären. So sage ich denn: Ja, ich bin sein Sohn. Sie verlangt keinen Ausweis, aber sie übergibt mich einem jungen Arzt, der mich in die Abteilung führt. Natürlich benützt er die Gelegenheit, seine Informationen über den Patienten Y zu ergänzen. Ich vertröste ihn auf nachher, jetzt sei ich doch etwas zu aufgeregt um zu sprechen; er zeigt weit mehr Verständnis als Mißtrauen, doch entgeht mir keineswegs, daß er mich mit der Wachsamkeit eines frisch aus der Dressur kommenden Polizeihundes eine streng vorgeschriebene Führungslinie entlang vorwärtsdrängt, indem er mit Hilfe seines Zeigefingers in der Luft den Weg markiert, und an Stellen an denen ich eigenmächtig eine Tür ansteuere oder um eine Ecke biegen will, mit einer überaus raschen Wendung seines ganzen Körpers mir einfach die Richtung verstellt. Er läßt mich fühlen, daß ich hier in fremdem Lande bin, angewiesen auf ihn, verloren ohne ihn. Der Weg ist lang. Ich habe den zugegeben absurden Verdacht, daß ich absichtlich im Kreise oder durch Labyrinthe geführt werde, damit sich der Weg meinem Gedächtnis nicht einprägen kann. Diesen

Korridor haben wir doch eben durchquert, diese Aborttür stand auch vorher halb offen, und diese glasigen Augen haben mich doch schon vor Stunden durch das Zellenfenster angeglotzt. Der Weg wird irreal. Er verläuft bereits jenseits der Raum-Zeit-Grenze, er führt mich schon spiralig in mir selbst herum. Real ist einzig der Geruch. Es stinkt. Die Analyse drängt sich mühelos auf: Lysol Kernseife Urin Knochenbrühe Elend Angst. Ich überlasse mich betäubt Charons strenger Führung. Sie endet plötzlich vor einer geschlossenen Doppeltür, Charon pocht an, ein weißbekittelter Pfleger öffnet. Das Losungswort: Alles in Ordnung? Die Antwort: Alles in Ordnung. Eiliges Geflüster zwischen Tür und Angel. Ehe ich ihn sehe, höre ich ihn, eine halblaute klare Stimme: Das erste Glied dieser Gleichung stellt die Summe über die Produkte aus den Gammamatrizen und den Ableitungen des Feldoperators Psi nach den Koordinaten dar. – Ah, sagt Charon, er hat wieder Vorlesung. Ja, sagt der Wärter, da sind sie für ein bis zwei Stunden beschäftigt, da passiert nichts. – Die Tür öffnet sich ganz. Ich finde mich mitten in einem absonderlichen Traum: Bänke und Stühle ordentlich im Halbkreis aufgestellt, besetzt mit Männern jeden Alters, die einem Vortrag zuhören. Der Vortragende: Er. Er ist groß, mager, grauhaarig. Ich sehe seinen Rücken und seine rechte Hand, die mit einem Stück Kreide eine Formel an die grün ölfarbene Wand schreibt. $\gamma\mu \dfrac{\delta}{\delta\chi\mu\psi}$

Die Stimme: Der zweite Teil (die Hand notiert: $-\lambda_0^2 \bar{\varphi}\psi\varepsilon\psi$) ist die einfachste nicht-lineare Wechselwirkung mit der Koppelungskonstante λ_0. Die Hand schreibt, die Gleichung fertigstellend: $= 0$. Die Stimme: Hier haben Sie also, meine Herren, jene Gleichung, welche alle Elementarteilchen umfaßt. Diese Gleichung ist bis jetzt Spekulation. – Aber, Herr Professor, sagt einer der Hörer, da schreiben Sie Null am Schluß. Herr Y wendet sich ihm zu. Was wollen

Sie damit sagen? – Null, sagt der andre verdrossen, Null, wenn da Null herauskommt, zu was dann alles. – Still, du Idiot, sagt sein Nachbar, der Professor wird schon wissen was das Richtige ist. – Herr Y fährt fort: Meine Herren, die Physik entwirft Modelle, Ordnungsstrukturen, versucht daraus experimentell Aussagen zu deduzieren und damit die Modelle und Ordnungsstrukturen zu verifizieren respektive zu falsifizieren. Jedes Experiment setzt eine Theorie voraus. Die Theorie also ist das Primäre. Damit ist freilich ein Bündel von Fehlerquellen gegeben. Von m ö g l i c h e n Fehlern, muß ich sagen. – Diese Fehler können und müssen ausgemerzt werden. Die klassische Physik hat vorausgesetzt, daß man Mensch und Natur streng trennen könne. Man hat geglaubt, man könne objektive Aussagen von der Natur machen, die nichts mehr vom Menschen enthalten. Aber wir können gar keine Erfahrungen machen von den Objekten an sich, sondern nur von der Art, wie sie uns erscheinen; nein, nicht u n s , sondern beispielsweise m i r . Unser Naturbild, meine Herren, ist kein Bild der Natur selbst, sondern ein Bild der gesammelten Einzelkenntnisse aller Physiker von der Natur. In dieser Gleichung (er wendet sich der grünen Wand zu) fehlt etwas: es fehlt der Mensch. Anders gesagt: es muß eine Formel gefunden werden, welche das hier (er klopft mit der Kreide auf die Wand) Gefundene plus den Finder plus die raumzeitlichen Bedingungen unter denen er fand, mit enthält, und ferner den Vorgang des Findens dazu, denn auch dies ist ein physikalischer Prozeß. Die von den Biologen postulierte Treue des Gedächtnisses respektive den Unschärfecharakter dieser Aussage müssen wir ebenfalls einbeziehen. – Das Wetter auch, sagt ein Hörer ernst und rätselhaft. Er wird niedergezischt. Herr Y fährt sich mit dem Taschentuch über die Stirn, die voller Schweißtropfen ist. Ein junger Hörer, nicht älter als ich, bringt ihm dienstbeflissen ein Glas Wasser und flüstert ihm etwas ins Ohr. Der Wichtigtuer, sagt jemand laut. Herr Y trinkt das Wasser aus und streicht dem Jungen über das Haar. Ich bemerke daß mich das ärgert. Diese beiden in ihrer traurigen Intimität... – Nein, sagt Herr Y, und er sagt es ausschließlich zu dem Jungen, der offenbar danach fragte, die Elementarteilchen sind nicht sichtbar zu machen, sie sind nicht einmal vorstellbar, in den Atomen sieht es nicht so oder so aus, da sieht es gar nicht aus; Elektronen haben zwar Eigenschaften, sie haben Körpereigenschaften und Welleneigenschaften zugleich. Siehst du hier dieses Stück Kreide. Ich werfe es. (Er wirft es in den Saal, es fällt unweit von mir zu Boden, zerbricht in zwei Teile, ich stecke rasch eines davon in die Tasche, das andre bringe ich Herrn Y, er nimmt es ohne mich anzuschauen, er fährt fort:) Ich kann seine Größe und seine Geschwindigkeit berechnen und seinen Ort bestimmen. Bei Mikrokörpern kann man das nicht. Sie sind einmal ein Punkt, ein andermal ein Wellenfeld, je nach dem Aspekt, unter dem man sie ansieht. Der Doppelcharakter eines Elementarteilchens als Materie und Strahlung macht eine gleichzeitige Messung von Ort und Geschwindigkeit unmöglich. Wenn wir sagen ›Teilchen‹, so ist das nur ein Hilfsbegriff, keine Realität. Ist das klar? – Der Junge nickt. Weiter! ruft einer der Hörer. Ja, sagt Herr Y, weiter, immer weiter, das sagen Sie so. Aber was sagen Sie zu dieser Formel (er schreibt):

$$a \cdot mV \approx h$$
$$10^{-3} \cdot 10^{-3} V \approx 6 \cdot 10^{-27}$$
$$V \approx 6 \cdot 10^{-21} \text{ cm/sek.}$$

Er dreht sich nach uns um. Da, sagt er und weist anklagend auf das V in der Formel. Das da, sagt er erbittert, wenn ich das ausmerzen könnte. – Das ist dem Churchill sein V, ruft einer freudig erregt. Victory hat das geheißen. – Nein, sagt Herr Y, das ist die Bezeichnung für den Fehler in der Geschwindigkeitsbestimmung. – Fehler schreibt man mit F, sagt einer, aber niemand reagiert darauf. – Sehen Sie, sagt Herr Y: Wenn man ein Elektron mit Licht kürzerer Wellenlänge als 10^{-8} cm anleuchten würde, so zeigte es wohl die Lage des Elektrons, übt aber gleichzeitig einen Comptonschen Stoßeffekt auf das Elektron aus und schießt es glatt aus seiner Bahn, die wir eben sehen wollten. Also: unmöglich, in ein Atom hineinzuschauen. Dieses V, meine Herren, ist das Gegenteil von Victory. Es ist meine Niederlage. Ich bin verantwortlich dafür, daß dieses V gefunden wird. Meine Kollegen sagen, Messungen an Elektronen seien grundsätzlich und – hören Sie! – unausweichlich unbestimmt. Verdammt zur Unbestimmtheit. Und die ganze Physik: verdammt zur Unbestimmtheit, zu bloßer Wahrscheinlichkeit, zum Ungefähr, seien wir doch ehrlich. Und wer ist schuld? Sie denken: der Mensch. Oder: der unzulängliche Apparat. Nein: das Elektron ist schuld; es weigert sich, gleichzeitig Ort und Geschwindigkeit bestimmen zu lassen. – Wie der Floh, sagt jemand laut; es ist der Wärter. Pscht, rufen die Hörer in zorniger Einhelligkeit. Herr Y sagt mit deutlicher Ironie: Sie haben nicht begriffen, mein Herr, daß hier nicht von Flöhen will sagen von Makro-Materie die Rede ist, sondern von jener Substanz der Welt, welche überhaupt nicht Materie ist, sondern Mathematik: eine Relation nämlich, also Geist. – Die Hörer klatschen, weil ihnen dunkel aufgeht, daß der Professor damit dem Wärter eine Abfuhr erteilt hat. – Der Floh, sagt der Wärter halblaut, ist auch eine Relation, nämlich zwischen sich und dem, den er beißt. – Er lacht über seinen Witz, aber der Arzt flüstert: Halten Sie doch den Mund; das ist doch kein Wahnsinn was der redet, das ist Quantenphysik. – So, sagt der Wärter, Quantenphysik; na, wer kanns kontrollieren. – Da ihm der Arzt einen verachtungsvollen

Blick zuwirft, setzt er gutmütig hinzu: Meinetwegen, ich verstehs nicht, aber kann schon sein, daß er heut mal wieder einen lichten Tag hat wie damals, wissen Sie wo wer da war vom na wie hieß das Institut? – Max-Planck-Institut, sagt der Arzt, aber seien Sie um Himmelswillen jetzt still, ich will zuhören. – Er hat vermutlich überhört, was Herr Y inzwischen sagte: Das Buch der Natur ist in mathematischer Sprache geschrieben. So sagt Galilei. Ich sage heute: die Wellenfunktion in höher dimensionierten Räumen, die Matrizen, sind das abstrakte Substrat des heutigen physikalischen Weltbildes. Abstrakt, ja, gewiß, aber das Tiefste, was wir heute über die Natur aussagen können. Damit ist der Materialismus, den Demokrit begründete, überwunden. Plato, meine Herren, war der Wirklichkeit ganz nahe: mathematische Formprinzipien als Resultat aller Naturerkenntnis. Relationen. Geist. Das Innerste der Materie, das, was sie zusammenhält: Geist. Wenn es uns gelänge, das V auszumerzen, könnten wir e r k e n n e n. Den Bau der Welt durchschauen. Man hat mich beauftragt, das V durch eine bekannte Größe zu ersetzen. Ich habe den Auftrag übernommen. Aber ich habe versagt. Ich . . . – Vorsicht, sagt der Wärter, das ist sein Stichwort. Er schiebt sich durch die Stuhlreihen. Ich werde es niemals können, schreit Herr Y und stürzt zu Boden. Die Hörer bleiben gleichmütig sitzen, sie kennen das offenbar. Ein Anfall, sagt der Wärter gelassen, zieht eine gefüllte Spritze aus der Tasche und beugt sich über den Professor. Alles Weitere sehe ich nicht mehr, da mir übel wird. Ich muß mich setzen. Einzig die Angst, der Arzt könnte mich aus dem Saal führen, bringt mich sofort wieder zu Bewußtsein. Epilepsie? frage ich ihn. Nein, Gehirnkrampf; anfangs blieb er tagelang bewußtlos, jetzt haben wir die Anfälle dezimiert und sehr abgeschwächt. – Ist der Fall heilbar? – Keine Antwort. Der Arzt schaut auf seine Armbanduhr. –

Dürfen Sie keine Auskunft geben? – Ich k a n n keine geben, weil ich keine weiß. Kann sein, daß im Laufe der Jahre Medikamente oder Behandlungsmethoden gefunden werden, welche... – Also praktisch unheilbar. – Auf solche Fragen antworte ich nicht. Schauen Sie, es geht schon vorüber. – Jetzt erst wage ich einen Blick auf den Kranken. Er liegt kataleptisch steif auf dem Boden, ich kann nicht sehen, daß ›es schon vorübergeht‹, die Augen sind schrecklich aufgerissen, ich sehe nur das Weiße. Zwischen Daumen und Zeigefinger hält er das Stückchen Kreide, dessen andre Hälfte ich besitze. Der Junge der ihm Wasser gebracht hat, kniet neben ihm und zittert. Jetzt sehe ich, daß er seine Hände unter den Kopf des Professors geschoben hat. Also geht jetzt, sagt der Wärter zu den Irren, für heut ist die Vorlesung aus. – Die meisten stehen gehorsam auf und gehen weg, einige bleiben sitzen, von einem steigt jetzt ein penetranter Gestank auf. Das Schwein hat sich die Hosen vollgemacht, sagt einer. – Ist ja nicht wahr, sagt der Angeklagte. – Wohl ists wahr. – Sie zerren ihn hoch und schleppen ihn aus dem Saal. Zuletzt bleiben der Arzt, der Wärter, der Junge und ich allein bei dem Kranken, der nach und nach zu sich kommt. Schließlich schaut er mich an. Besuch für Sie, sagt der Arzt. – Herr Y schüttelt den Kopf. – Wollen Sie ins Bett, Herr Professor? fragt der Wärter. – Herr Y nickt, der Wärter führt ihn hinaus, der Junge läuft wie ein Hündchen hinterher. – Und ich? – Der Arzt sagt: Kommen Sie heute nachmittag wieder. – Wer ist dieser junge Mensch da? frage ich. – Ein Schizophrener. – Wie alt? – Zwanzig. – Beruf? – Seine Eltern haben eine Metzgerei hier im Ort, er ist nicht immer hier, manchmal können wir ihn für Monate heimschicken. – Was tut er da? – Er geht ins Abendgymnasium. – Und will Physik studieren. – Dazu wird es wohl nicht kommen. – Wenn es sich nur um eine wie sagt man Jugendschizophrenie handelt? – Ich bin nicht befugt, über Patienten zu sprechen. – Die beiden haben offenbar eine Art Freundschaft. – Der Professor unterrichtet ihn, aber ich kann natürlich nicht im einzelnen kontrollieren, ob das was er ihm sagt, vernünftig oder wahnsinnig ist; aber wir haben schon mehrmals Formeln abgeschrieben, die er an die Wand zeichnet und haben sie einem Physiker geschickt, und der schrieb, sie seien fast alle durchaus richtig und der modernen Physik entsprechend; einige allerdings ergäben keinen Sinn. – Sagen Sie mir eines, bitte: sperrt man ihn wegen dieser Anfälle ein oder gibt es noch schlimmere Gründe dafür, ich meine: könnte man ihn nicht freilassen, wenn man ihm einen Wärter gäbe? – Der Arzt schüttelt den Kopf. – Und warum nicht? – Bitte fragen Sie nicht. – Herr Doktor, ich bin sein Sohn. – Aber er ist ja nicht verheiratet! – Nun, und? Ich möchte ihn zu mir nehmen. – (Ob ich das wirklich möchte und wie ich das verwirklichen könnte, weiß ich nicht, aber es scheint mir, daß ich es tun m u ß , obgleich ein Teil meines Wesens mich verhöhnt.) Ausgeschlossen, sagt der Arzt. – Ist er denn etwa gefährlich? – Ich sage das ironisch, aber der Arzt schaut mich stumm an. Dann sagt er: Ab drei Uhr können Sie ihn besuchen. – Und kann ich allein sein mit ihm? – Wir werden sehen. – Vier Stunden in einem kleinen Gasthof. Ein stillstehendes Meer von Zeit. Es regnet in dieses Meer, es regnet Zeit. Sonst ereignet sich nichts. Ich habe mich selbst verdammt, hier auszuhalten. Der Versucher sagt: wozu das, steh auf, geh fort, fahr nach Hause, du bist doch frei. Ich antworte darauf mit sturem Bleiben. Der Versucher sagt: Im Ernst, was versprichst du dir von der Begegnung, du weißt doch ganz genau, daß er nicht dein Vater ist und (der Versucher erspart mir nichts) daß du überzählig bist hier, dein Platz, dein möglicher Platz, er ist besetzt, ist dir das nicht klar? Doch, das ist mir klar. Nun gut, ich bleibe, weil ich nun

einmal hier bin und weil mich der Mann interessiert.
Ist doch nicht wahr, Tobias; du bleibst, weil du meinst,
eine Spur gefunden zu haben. Eine Spur, was für eine
Spur, wessen Spur, wohin führt sie, und wieso geht sie
mich, ausgerechnet m i c h etwas an? Weil zufällig meine
Mutter vor soundso vielen Jahren sich von Herrn Professor Y ein Foto mit Autogramm erbat. Lächerliche
Sucht, geheimnisvolle Bezüge herzustellen. Unrealistisches
Vorhaben: sich einen Vater auszusuchen, einen zu konstruieren. Aber will man denn einen Irren zum Vater?
Warum nicht. Befragt nach dem Vater, sagen können:
Ich bin ein illegitimes Kind, mein Vater ist Atomphysiker,
Nobelpreisträger (nein, das ist er nicht, aber vorgeschlagen war er dafür), er ist im Irrenhaus, unheilbar. Das
wäre fast so gut wie: meine Mutter Kellnerin, mein Vater
ein unbekannter Besatzungssoldat. Wirklich? Wäre es
nicht eher wie: mein Vater, der abgesetzte König der
Zigeuner? Stimmt doch alles nicht. Wie ist es denn? Ich
weiß nicht. Doch, ich weiß: ich möchte, dieser Mann sei
mein Vater, damit ich einer schrecklichen Realität ins
Auge schauen, mit ihr ›fertig werden‹ müßte; eine harte
Wirklichkeit möchte ich mir aufladen, eine g r o ß e Wirklichkeit, eine die zu tragen und für die zu leben es
l o h n t. Das ist es: I c h   w i l l   d i e   g r o ß e   F o r d e r u n g. Ja, gut, aber bleiben wir auf dem Boden der
Tatsachen: dieser Mann i s t nicht dein Vater, das weißt
du doch. Nein, ich weiß es nicht, ich k a n n es nicht
wissen. Und angenommen den Fall, es wird dir b e w i e s e n, daß er es nicht ist? Nun, so will ich diesen Mann
zum Vater s e t z e n. Und wie stellst du dir das p r a k t i s c h vor? Gar nicht stelle ich mir das vor. Ist erst der
Akt der Annahme erfolgt, wird sich alles andre ergeben.
Alles kommt jetzt darauf an, daß e r mich als Sohn anerkennt. Und dieser Junge mit dem Glas Wasser? Nun,
den auszustechen, dürfte doch nicht unmöglich sein. Wir

werden sehen... Drei Uhr. Es regnet. Der junge Arzt ist nicht da. Irgendein Wärter führt mich den labyrinthischen Weg. Dem Wärter eilt es nicht. Zweimal bleibt er stehen, um mit einem andern Belangloses zu schwätzen. Beim zweiten Male koche ich vor Ungeduld und gehe einfach weiter. Aber ich finde mich bald vor einer verschlossenen Tür und muß froh sein, die Stimme des Wärters, der mich sucht, wiederzuhören. Geduld, sagt er, hier drinnen zählt nichts als Geduld; ich bin schon dreißig Jahre hier; wie ich jung war, da war ich als Patient hier drinnen, und dann, wie ich geheilt war, hat es mir draußen nicht mehr gefallen, da bin ich zurückgekommen als Wärter, und bin geblieben, und möchte nimmer hinaus; hab vergessen wies anders sein könnte; das hier ist eine W e l t , ganz eine Welt für sich, da gilt nichts, was draußen gilt, und was hier drinnen gilt, das ist draußen nichts. – Kennen Sie den Professor Y? – Ja freilich kenn ich den. Schon fünf Jahre lang kenn ich den; seit er hereingekommen ist. – Ist er wirklich unheilbar? – Das dürfen Sie mich nicht fragen. – Könnte man den nicht nach Hause nehmen? – Den? Nein, nein, was denken Sie, das ist kein leichter Fall. – Aber die Anfälle sind doch nicht schwer. – Die Anfälle, die Anfälle, das ist es doch nicht. – Hat er jemand ermordet? – Die Krankheitsgeschichte hat der behandelnde Arzt. – Aber Sie wissen sie doch. – Ich weiß nichts. – Ich b i t t e Sie. – Ach, junger Herr, es gibt Sachen, die weiß man besser nicht. Ich darf ja nichts sagen. Seien wir froh, daß es ihm jetzt besser geht. Ist jammerschad um den Mann. Vielleicht daß einmal was erfunden wird, das ihm hilft. Sonst wärs besser, er... – Der Wärter setzt ein Kreuz auf ein imaginäres Grab. Wir sind angelangt. Durch das Türfenster sehe ich ihn, auf seinem Bett sitzend, einen Block auf den Knien, schreibend und zeichnend. Jetzt blickt er auf, hebt gestört die Brauen und wendet sich wieder seiner

Arbeit zu. Ich schäme mich einzutreten. Darf ich allein...? Der Wärter nickt. Da, Herr Professor, Ihr Besuch. – Bitte, sagt er nicht allzu höflich. Der Wärter läßt uns allein, aber ich fühle, daß er sich nicht weiter als einen Meter von der Tür entfernt und dort Wache bezieht. Herr Y arbeitet weiter, ich stehe da und weiß kein Wort zu sagen. Schließlich legt er Block und Bleistift weg. Nun? fragt er. – Ich bin Tobias, Sohn von Melanie Kelbeck. – Das sagt ihm offenbar nichts, ich lasse den Faden fallen und greife einen andern auf. Ich habe heute vormittag Ihre Vorlesung gehört, Herr Professor. – Er winkt ab. Vorlesung, sagt er, Vorlesung; ich spreche zu mir selber, nicht zu den Narren. Von denen hat doch nicht ein einziger auch nur eine Spur physikalisch-mathematischer Vorbildung. Aber was soll ich tun: seit ich einmal in einer Phase geistiger Störung eine Vorlesung hielt, wollen sie immer wieder etwas hören, und ich tu ihnen den Gefallen. – Aber einer scheint doch etwas zu verstehen. – Jakob, ja, der hätte das Zeug zum Physiker, aber er ist krank. Und Sie, was wollen Sie bei mir? – (Soll ich ihm einfach glatt heraus sagen, was mich herführt? K a n n nicht.) Ich bin Mediziner, das heißt Student im dritten Semester, und interessiere mich für Naturphilosophie. Darf ich Sie einiges fragen? – Ich bin kein Philosoph, ich bin Physiker, ich habe es mit wißbaren Dingen zu tun. – Oh, Sie haben heute vormittag... – Nehmen Sie das nicht ernst, ich rede nur so vor mich hin, was mir einfällt, das gehört zu meiner Krankheit. Ich weiß gar nichts außer einigen Formeln der Quantenphysik. Ich hoffe allerdings noch einiges zu erfahren, auch wenn ich hier keine Möglichkeit zu Experimenten habe. Ich brauche sie nicht. Die können andre, draußen, machen. Ich berechne, ich stelle die Theorie auf. – Sie haben heute vormittag gesagt... – Er unterbricht mich von neuem. Sie sollen nicht auf das hören, was ich s a g e. Woher, denken Sie, kommt meine Geisteskrankheit? – Daher, daß Sie an der Physik selbst verzweifelt sind. Sie sprachen von dem Faktor V. – Das ist ein Name, ein Bild, verstehen Sie. Ein Symbol ist das. Heisenberg, er war mein Lehrer, wurde damit fertig. Er hat gesagt: es gibt eine Grenze für die widerspruchslose Anwendung der Begriffe Energie, Impuls, Geschwindigkeit. Er hat gesagt: es ist ein Vorurteil, diese Begriffe der Makrophysik auf das Atomgeschehen anzuwenden. Er fand die Unschärfebeziehungen. – Ehrlich gesagt, verstehe ich das nicht genau. Können Sie es mir erklären? – Erklären? Nein. Aber denken Sie sich zwei Figuren gezeichnet in zwei parallelen nah beieinander liegenden Glasplatten, und denken Sie sich ein nicht sehr genaues Mikroskop auf der Mitte zwischen den beiden Ebenen. Stellen Sie das Mikroskop scharf ein, so bekommen Sie von beiden Platten halbwegs scharfe Bilder. Nehmen Sie aber ein sehr scharfes Mikroskop, so können Sie nur von einer Platte ein scharfes Bild bekommen. Je schärfer man die eine einstellt, um so unschärfer wird die andre. Sehen Sie, das ist es, was ich heute vormittag meinte: früher, mit der klassischen mechanischen Physik, bekam man von den Elementarteilchen unscharfe Bilder und darum, nur darum konnte man glauben, man könne beides zugleich bestimmen: Ort und Geschwindigkeit. Jetzt aber, in der neuen Physik, wissen wir, daß man niemals zugleich eine Ort-Raum-Bestimmung und eine energetische Beschreibung eines Elementarteilchens vornehmen kann, weil es sich nämlich um zwei verschiedene Ebenen der Wirklichkeit handelt. Verstehen Sie jetzt? – Ein wenig. – Wenn Sie sich mit neuer Physik befassen wollen, so müssen Sie alle Vorstellungen aus der Makrowelt fallenlassen. Sie dürfen sich gar nichts mehr vorstellen. Sehen Sie, wir sagen: Teilchen. Wir tun also, als sei das etwas, das, wenn man es nur richtig vergrößern würde, schließlich doch gesehen werden könnte. Wir sagen auch: Welle, Kraft, Arbeit, Brechung. Aber das ist so, wie wenn man sagt: Schutzengel haben Flügel zum Fliegen. Unsre Sprache, nicht nur die der Physik, arbeitet mit Begriffen und Vorstellungen aus einer Welt, die sehr grob ist. Inadäquate Bilder für Kinder sind das. Wenn ich sage Teilchen, so muß ich sofort sagen: nein, nicht Teilchen, das gibt es nicht. Wenn ich sage Welle, so muß ich sagen: nein, so ist es nicht. In jeder Aussage muß ich gleichzeitig die Verneinung bringen. – Aber, sage ich, das ist nur in der Physik störend; für mich ists einfach zu denken: alles ist Bild und Gleichnis. – Ja, ja, aber w o f ü r Bild und Gleichnis? Wissen Sie das? Nein? Ja? – Sie haben zuerst selber gesagt, die Alternative Ja oder Nein stimme nicht, es gebe das tertium. Also? – Glauben Sie nicht auch, daß, wenn wir nur die richtigen Wörter finden würden... – Was? Wofür? – Ich glaube, es ist so: weil wir die Fähigkeit haben, uns Raum und Zeit vorzustellen, können wir Erfahrungen von der Welt machen. Aber diese Erfahrungen entsprechen nur unseren aprioristischen Fähigkeiten. Wenn wir in uns andere Voraussetzungen schaffen würden, so könnten wir andere Erfahrungen machen. Verstehen Sie? Es ist mein Unglück, daß ich verpflichtet bin, aller Spekulation zu mißtrauen, und doch weiß, daß... Aber lassen wir das. Wo ist eigentlich Jakob? Ich muß ihm heute etwas über Materiewellen sagen. Sehen Sie (er zeigt mir seinen Block mit einer Zeichnung von vier einander überlagernden Wellen), das kann er schon verstehen. – Ich unterdrücke ein ekelhaftes und bitteres Gefühl, das nur Eifersucht sein kann; ich übergehe es. Noch eine Frage, sage ich, aber er unterbricht mich: Kennen Sie das Märchen vom Fragen? Es stammt aus Asien. Die Erde ruht im Weltall. Worauf ruht sie? Auf dem großen Elefanten. Und der Elefant, worauf steht der? Auf der großen Schildkröte. Und worauf steht die? Diese Frage darf man nicht stellen. Warum nicht? Man darf eben nicht. Warum nicht? Darum nicht. Wer verbietets? Weiß man nicht. Woher weiß man, daß das Verbot existiert? Man weiß es. Aber ich (er steht auf), ich frage. Und ich würde die Antwort finden, wenn – (er beugt sich zu mir und flüstert mir ins Ohr:) ich habe einen Feind, der immer dann, wenn ich die Formel gefunden habe, die Formel für d e n Zusammenhang, mehr sage ich nicht, immer dann, wenn ich dabei bin sie niederzuschreiben, mich zu Boden wirft, um mich in eine Phase des Wahnsinns fallen zu lassen. Wie er aufpaßt! Er ist immer da. Er ist Physiker, er versteht alles was ich schreibe, aber er weiß m e h r , wahrscheinlich a l l e s. Er könnte es mir sagen, aber er will nicht. Er will den Ruhm für sich behalten. Sie können sich nicht vorstellen wie er aufpaßt, daß ich die gefundene Formel in dem Augenblick vergesse, in dem ich sie notieren will. Jetzt ist er nicht da. Als Sie eintraten, ging er fort. Er kommt nur, wenn ich allein bin. Wenn er da ist, kann ich arbeiten, dann ist alles klar. Er hält mich in Abhängigkeit, in Hörigkeit, verstehen Sie. Einmal hat er mir angeboten, mich die Formel finden und behalten zu lassen, wenn ich sie niemandem weitergäbe, sondern ins Grab mitnähme. Bis jetzt habe ich mich geweigert. Natürlich, nicht wahr? Oder was würden Sie tun an meiner Stelle? – Was würde er Ihnen antun, wenn Sie sich einfach nicht an den Pakt hielten? – Wie das? – Schreiben Sie die Formel auf und geben Sie sie mir. – Er springt auf: Oh, er schickt Sie, um mich zu versuchen, wer sind Sie? – Aber nein, ich ... – Es hat keinen Wert, mich zu erpressen, solange ich noch nicht ganz zermürbt bin. – Aber ich bin kein Bote. Lassen Sie sich erklären: ich habe ein Foto von Ihnen gefunden, und ich wünschte mir, Sie seien mein Vater, deshalb ... – Vater? Was ist das? – Haben Sie nie einen Sohn gehabt? – Er seufzt. Immer diese unpräzisen Bezeichnungen aus der

Makrowelt; verstehen Sie denn nicht, daß ich den Materialismus, aus dem solche Begriffe stammen, nicht anerkenne? Aber ich sehe, ich muß Ihnen meine endgültige Absage handschriftlich mitgeben. Ich nehme den Ruf nicht an. Ich treibe meine Arbeit auf eigene Faust weiter. Ich allein. – Er reißt ein Blatt von seinem Block und schreibt quer darüber: N e i n. Dann faltet er das Blatt viele Male, so daß es zuletzt ein kleiner Papierball ist. Hier, bringen Sie ihm das. – Aber wo ist er denn? – Ach so, freilich, das ist schwierig. Aber Sie werden ihn schon finden. Beschäftigen Sie sich mit folgendem Problem: Hat das einzelne Atom die Freiheit, zu zerfallen oder nicht? Anders formuliert: Ist das Schicksal eines Elementarteilchens kausal bedingt oder nicht? Sie werden sehen: schon ist er da. Und jetzt entschuldigen Sie mich, ich habe zu arbeiten. In etwa einer Stunde können Sie mir Jakob schicken. Grüßen Sie Heisenberg von mir. – Er setzt sich wieder aufs Bett, nimmt Block und Bleistift und beginnt zu schreiben. Der Kopf des Wärters erscheint im Türfenster. Ich gehe. Der Wärter führt mich schweigend durch das Labyrinth zum Ausgang.
Und nun, Tobias?
Ich entfalte die Papierkugel, streiche das Papier glatt, lese ›N e i n‹, mir ist, als müßte ich noch andere Wörter und Sätze finden, aber da steht sonst nichts. Ich wickle das Stück Kreide in das Papier und stecke das Päckchen in meine Hosentasche.
Und dann?
Dann gehe ich im Regen durch die Ulmenallee.
Und dann?
Dann sitze ich im leeren Wartesaal am Bahnhof. Und wenn Sie es genau wissen wollen: ich weine. Man hat schließlich nur ein bestimmtes Maß an Fähigkeit, einen tollgewordenen Physiker zu ertragen.
Und dann?

Dann weiß ich nicht weiter. Es gibt nichts mehr zu tun für mich.
Erlaubst du, daß ich mich in dein Leben mische?
Nein, das erlaube ich nicht. Lassen Sie mich in Frieden. Ich sitze hier und werde hier sitzen bleiben solange es mir paßt, und es wird mir passen, immer hier sitzen zu bleiben.
Das wird man dir nicht gestatten, Tobias. Man wird dich vertreiben, wenn man den Wartesaal schließt.
Bis dahin ist lang, bis dahin bin ich vermodert und nicht mehr da.
Hör zu: der nächste Zug wird in einigen Minuten einfahren.
Nun und?
Der Zug fährt in die Stadt zurück.
Reden Sie mit mir nicht wie mit einem Irren.
Mir scheint, ich rede vernünftig.
Ich habe einmal gelesen, daß ein Mann, dem ein andrer meuchlings den Kopf abgeschlagen hat, seelenruhig noch zehn Minuten weiterspaziert ist über eine Frühlingswiese. Was der die zehn Minuten lang gedacht hat ohne Kopf oder was der Kopf allein so mitten zwischen den Himmelsschlüsseln und Gänseblümchen gedacht hat, möchte ich wissen. Ich jedenfalls habe bis jetzt gedacht. Ich habe mich nach meinem Tod noch einige Meter lang erinnert. Man kann, soviel ich weiß, in einer Sekunde ein paar tausend Meter Film träumen. Wenn ich jetzt aufhöre zu reden und zu denken, dann bin ich wach und folglich nicht mehr da. Möchte nur wissen, warum ich nicht aufhöre zu träumen. Ich schau mir verwundert zu bei diesem Nichtaufhören.
Tobias, der Zug fährt ein.
Ja der Zug. Der Zug, der zieht. Gezogen geworfen getrieben. Ich kann einsteigen, wenns beliebt. Man steigt in ein Geschäft ein. Sonderbare Geschäfte gibts, zum Bei-

spiel Lebensmittelgeschäfte. Wer davon ißt, wird nicht sterben, heißts im Märchen, nein, so heißts ganz anderswo. Der Zug fährt, wirklich er fährt, und an die Fenster regnet es, der Regen der regnet jeglichen Tag, es regnet mir ins Herz hinein, ganz lauwarm und sanft. Unaffected by the march of events he passed from men's memory. Tobias is passing from the world's memory. Was? Sie haben mich aber erschreckt, Mann, Schaffner! Eine Fahrkarte? Braucht man, um dahin zu fahren, auch eine Fahrkarte? Sie verstehen nicht, Herr Schaffner, ich will nicht wohin fahren, ich will dahinfahren. Von hinnen. Ist das klar? Nein? Ich soll vernünftig reden? Als ob in meinem Wahnsinn nicht Vernunft wäre und Methode. Also, ich versuche zu erklären: ich kam vor un- oder ur-denklichen Zeiten aus einer Stadt gefahren, es regnete, ich suchte etwas. Die Fahrkarte, meinen Sie? Nein, die hatte ich, damals hatte ich noch eine. Wer hofft, hat auch eine Fahrkarte. Ob ich vielleicht eine Rückfahrkarte habe? Nein, wieso, ich fahre ja nicht zurück. Wenn überhaupt wohin, fahre ich vorwärts. Ich brauche also eine Vorwärtsfahrkarte. Ich soll keine dummen Witze machen? Ich soll zahlen? Aber gewiß, Herr, für Vorwärtsfahrkarten muß man immer zahlen, sogar viel mehr als für Rückfahrkarten. Was kostet die Karte? Zwölf Mark fünfzig? Nicht mehr? Ich habe leider nur zwölf Mark dreißig, sehen Sie. Was geschieht nun mit mir? Kann ich zwanzig Pfennige vor dem Ziel aussteigen? Nein? Der Zug hält nicht bis zum Ziel? Das heißt also, ich muß mitfahren, bis der Zug am Ziel hält? Ich könnte abspringen. Ich erinnere mich dunkel, das schon einmal getan zu haben, aber es hat, scheint mir, den falschen Effekt gehabt. Sie wollen mir die zwanzig Pfennige schenken? Zu gütig. Geben Sie mir Ihre Adresse, dann kann ich sie Ihnen rückerstatten. Nein? Also danke. Sie sind überhaupt sehr teilnahmsvoll. Sie meinen, ich habe einen

Todesfall in der Familie? Wieso? Wie kommen Sie darauf? Weil ich geweint habe. Ach so. Ja, ein Todesfall. Eine Todesfalle. Ich selbst bin todesfällig. Gewesen, genau gesagt. Was ich jetzt bin, ist mir ganz und gar unklar. Sie nicken so verteufelt humorvoll und verständnisinnig. Ach so, ich begreife: hier steigen wohl öfter solche ein, die aus der Anstalt kommen. Sie sind im Nebenberuf Irrenzugschaffner, wie? Irrenheimschaffer. Ja, ich komme aus der Anstalt. Aber nicht ich bin wahnsinnig. Hier, lesen Sie, was auf dem Zettel steht. Was? Es steht nichts darauf? Auf der andern Seite? Auch nichts? Geben Sie her. Bei Gott, es steht nichts mehr darauf. Habe ich den Zettel verwechselt, verloren? Aber nein, ich habe ja eben das Stückchen Kreide daraus gewickelt. Ich schwöre Ihnen, Herr Schaffner, es s t a n d darauf. N e i n stand darauf. Er selbst hat es geschrieben. Und nun ist es nicht mehr da. Nur das Kreidestück. Das gebe ich Ihnen n i c h t. So, jetzt haben Sie es zerbrochen. Was tun Sie denn? Auf den Boden zeichnen? Lassen Sie sehen. Eine Stadt. Wie Kinder sie zeichnen. Sie sind wohl ein Sonntagsmaler? Ein Primitiver? Was schauen Sie mich denn so an? Zeichnen Sie ruhig weiter. Also, das ist eine Straße. Und ein Gartentor. Aber das ist das unsre! Woher kennen Sie, woher wissen Sie... Unser Haus. Die offne Tür. Ein Mensch. Mein V... also mein Vater. Und jetzt ein Zimmer im Haus, und die ganze liebe Familie versammelt inklusive die von den Toten auferstandene unsterbliche Martine. Muß das sein? Ja? Die ganze Wirklichkeit? Was tun Sie denn jetzt? Was soll das? Eine physikalische Formel, quer über das alles hin? Halt, nicht auslöschen! N i c h t ! Was haben Sie getan. D i e Formel. Es g i b t sie! Ich habe sie gesehen. Schon weiß ich sie nicht mehr. Sehen Sie, jetzt weine ich. Ich wollte sie aufschreiben. Was? Sie läßt sich nicht notieren? Von niemand? Es genügt, sie einmal gesehen zu haben? Gehen

Sie nicht fort! Sie können mich doch j e t z t nicht allein lassen. Was fragen Sie? Ich höre Sie so schlecht, so von weit her nur noch. Wie ich heiße? Tobias. Ich heiße ... hören Sie noch? Ja, ich b i n Tobias!